本书受到云南师范大学学术精品文库资助出版项目、云南师范大学教育学一流学科建设经费资助。

地方高校教育资源内部配置的绩效评价研究

盛永红 著

中国社会科学出版社

图书在版编目（CIP）数据

地方高校教育资源内部配置的绩效评价研究／盛永红著 . —北京：中国社会科学出版社，2024.3
ISBN 978–7–5227–3124–7

Ⅰ.①地… Ⅱ.①盛… Ⅲ.①地方高校—教育研究—中国 Ⅳ.①G649.2

中国国家版本馆 CIP 数据核字（2024）第 040708 号

出 版 人	赵剑英
责任编辑	高 歌
责任校对	李 琳
责任印制	戴 宽

出　　版	中国社会科学出版社
社　　址	北京鼓楼西大街甲 158 号
邮　　编	100720
网　　址	http://www.csspw.cn
发 行 部	010–84083685
门 市 部	010–84029450
经　　销	新华书店及其他书店
印刷装订	三河市华骏印务包装有限公司
版　　次	2024 年 3 月第 1 版
印　　次	2024 年 3 月第 1 次印刷
开　　本	710×1000　1/16
印　　张	19
插　　页	2
字　　数	276 千字
定　　价	109.00 元

凡购买中国社会科学出版社图书，如有质量问题请与本社营销中心联系调换
电话：010–84083683
版权所有　侵权必究

序

近年来，我国高等教育取得了长足的发展。然而，教育资源的有限供给与高校的发展需求存在一些矛盾，高等教育资源相对短缺和配置绩效不高的问题仍然存在。究其原因，主要是各高校未能有效开展资源绩效评价，亦未建立基于绩效评价驱动的教育资源配置模式。绩效评价规范、资源配置科学是办好高等教育的必要条件，也是实现2035年中国教育现代化教育目标的重要保障。在中国式教育现代化推进的征程中，在建设高质量教育体系的背景下，探讨高校内部资源的优化配置与绩效评价问题，引导高校实施基于绩效驱动的教育资源配置模式，具有重要的学术意义与实践价值。

作者长期在地方高校资产管理和审计部门工作，置身于教育资源配置与绩效评价的现场，致力于地方高校教育资源绩效评价方面的思考和研究。这本书是他多年实践和理论探索的结晶。

该研究综合运用问卷调查、访谈、数理统计等方法，以Q大学为例，全面调研案例高校教育资源内部配置绩效评价的现状与问题，以问题为导向，从两种逻辑起点进行分析——一方面，在新公共管理理论指导下，关注地方高校教育资源的内部配置绩效，资源配置领域适度嵌入市场合理"基因"，引入竞争意识和绩效评价，建立竞争和绩效机制；另一方面，在第四代评价理论关照下，回应并克服"管理主义倾向""未重视评价的教育价值"和"过分强调实证的科学范式"，发挥评价对象的主体性和意义建构，建立基于高等教育价值规律的回应、协商、共同建构的评价模式。从上述两种逻辑起点出发，该研究建构以"绩效"和"多元共建"为核心要素的地方高校内部教育资源内部配置绩效评价的二维理论分析框架,使市场规律和教育规律两种力量在地方高校内部场域达到逻辑平衡——既追求资源配置绩效,又追求多元共建评价模式,以期达到地方高校教育资源内部配置绩效评价的本性回归。

在二维理论分析框架的基础上,研究从评价主体、评价指标、评价标准、评价方法等方面构建地方高校教育资源内部配置绩效评价体系。在评价指标方面,从目标达成、高质量发展能力、产出效益三个维度构建了人才培养、科学研究、服务社会、学科建设、目标达成与发展能力5个教育活动产出的一级指标。与以往研究相比,该研究所提出的产出指标在一定程度上体现了教育活动的经济属性、社会属性和人文属性。依据所构建的评价体系,研究以Q大学为案例,对其2018年、2019年、2020年各学院教育资源配置绩效情况进行实证分析,并在实证分析与借鉴的基础上,提出地方高校教育资源内部配置绩效评价的改进建议。

综上所述,该研究采取指标体系构建与调查实证相结合的方式方法,对我国地方高校内部教育资源的配置绩效问题进行了较系统深入的探讨。其创新之处表现为以下几个方面:一是以新公共管理理论和第四代评价理论为视角,在深度剖析一所地方高校资源运用的基础上,提出地方高校教育资源内部配置绩效评价的二维理论分析框架;二是构建了地方高校教育资源内部配置的绩效评价体系,强化了评价体系的教育规律和人文属性;三是对Q大学教育资源内部配置情况进行了实证研究,形成了对于大学内部各学院资源配置绩效的基本判断。

当然,地方高校教育资源内部配置绩效评价问题绝不是通过出版一本专著就能解决的,这仅是一位高校管理者的探索性研究心得,其中难免有不足之处。希望作者在日常工作中持续关注高校教育资源配置的相关问题,做出更多更好的研究,为地方高校发展提供有益的参考。

曹能秀
2023年3月20日

目 录

第一章　绪论 …………………………………………………… (1)
　第一节　问题的提出 ………………………………………… (1)
　第二节　研究综述 …………………………………………… (9)
　第三节　研究目的和意义 …………………………………… (28)
　第四节　核心概念与理论基础 ……………………………… (31)
　第五节　研究内容、思路与方法 …………………………… (42)

第二章　Q大学教育资源内部配置绩效评价的现状调查 ……… (48)
　第一节　地方高校——Q大学基本情况 …………………… (48)
　第二节　调查设计与实施 …………………………………… (53)
　第三节　调查结果及分析 …………………………………… (60)
　第四节　调查结论与讨论 …………………………………… (79)

第三章　地方高校资源配置绩效评价：一个二维分析框架 …… (84)
　第一节　以竞争促资源绩效：基于新公共管理理论的
　　　　　逻辑起点 …………………………………………… (84)
　第二节　多元共建评价：基于第四代评价理论的
　　　　　逻辑起点 …………………………………………… (102)
　第三节　地方高校教育资源内部配置绩效评价：二维分析
　　　　　框架尝试 …………………………………………… (119)

第四章 地方高校教育资源内部配置绩效评价体系的设计……（129）
　第一节 基于二维分析框架构建评价体系…………………（129）
　第二节 绩效评价体系设计…………………………………（139）

第五章 Q大学教育资源内部配置绩效评价实证研究…………（180）
　第一节 Q大学教育资源内部配置绩效评价………………（180）
　第二节 Q大学实证案例分析的结论与思考………………（231）

第六章 地方高校教育资源内部配置绩效评价的策略…………（237）
　第一节 建立教育资源内部配置的绩效评价机制…………（237）
　第二节 注重绩效评价结果运用……………………………（248）
　第三节 提升教育资源内部配置绩效评价的效能…………（258）

第七章 研究结论与展望…………………………………………（268）
　第一节 研究结论与创新之处………………………………（268）
　第二节 研究不足与展望……………………………………（271）

参考文献……………………………………………………………（275）

附　录………………………………………………………………（290）

后　记………………………………………………………………（297）

第一章 绪论

教育资源是高校教育活动得以展开的基础，直接制约着高等教育的供给程度。在当前我国高等教育资源有限的情况下，如何优化资源配置和提高资源配置绩效是一个重要的课题，而如何开展教育资源内部配置的绩效评价又是重中之重。

第一节 问题的提出

2021年，全国共有普通高校3012所。其中，本科院校1238所（含本科层次职业学校21所）；高职（专科）院校1486所[①]。高校有公立和民办之分。在公立高校，存在部属高校和地方所属高校，部属高校通常为传统985高校、211高校以及目前"双一流"建设高校，这部分高校大约140所左右，长期获得国家重点支持，处于竞争的优势地位，获取资源能力强，位于我国高等教育的金字塔顶端。地方高校隶属地方政府管理，数量庞大，约有2500所，约占我国高等教育的95%，多为教学研究型、教学型或者应用型高校，是我国高等教育普及的主要力量。地方高校显著特点是地方性，获取资源能力较弱。

一 经济新常态下资源供给转变对高校教育资源配置提出新要求

我国在2012年实现了财政性教育经费占国内生产总值4%的目

[①] 教育部：《2021年全国教育事业统计主要结果》，http://www.moe.gov.cn/jyb_xwfb/gzdt_gzdt。

标。在后4%时代,经济社会发展呈现出由高速增长转化为中高速增长。国家宏观经济发展面临需求收缩、供给冲击、预期转弱三重压力。在中央财政和地方财政经费"吃紧"的大环境下,过"紧日子"成为常态,对高等教育的财政投入增长压力明显加大。2002年至2018年,地方高校生均总经费总体增速缓慢,完全来源于生均政府预算内经费的增长,且省域间生均总经费呈现不平等状况。[①] 经济体制改革和经济发展的新常态都对我国教育经费投入的总量、结构和机制提出新的要求。后4%时代,高校教育资源总量性的短缺正在缓解,但高等教育资源依然稀缺,并且体制性、制度性、结构性的教育资源短缺正在凸显。同时,新冠疫情进一步加剧了高校资源供需矛盾。随着疫情对我国经济的制约,我国各级政府也势必放缓对高校的资源投入,加之学生退费和疫情防控带来的开支增加,无疑对高校特别是地方高校产生了深刻影响。以云南Q大学为例,2021年学生住宿费退费达600多万元。受宏观经济形势和疫情的影响,高等教育资源短期内不可能较大幅度增长,高校财政拨款收入增速放缓与高校刚性支出增加之间发展不均衡,教育资源的供需矛盾会进一步突出,有限的供给能力和持续提高的经费需求之间的矛盾仍将是高等教育系统面临的长期问题。如何发挥现有资源的内部配置绩效,实现现有教育资源要素的最优化,这也对教育资源配置提出了更高的要求。面对新冠疫情持续影响,高校通过开源节流、自我纾解无疑是最基本和有效的途径。在经济新常态下和教育投入的后4%时代,高校教育资源内部配置和使用的效能问题势必更加受到关注。

近年来,党中央对高等教育提出内涵式发展理念。内涵式发展主要是指在生产要素投入量不增加或者增加较小的情况下,将效益、效率等是高校内涵发展的基本界定因素[②],是以提升高等教育发展的

[①] 方芳、刘泽云:《迈向普及化进程中地方普通高校生均经费差异分析》,《教育经济评论》2021年第5期。

[②] 眭依凡:《大学内涵式发展:关于高质量高等教育体系建设路径选择的思考》,《江苏高教》2021年第10期。

质量和效率为目的的发展模式，是在发展形态上重视规模适度、结构协调、资源配置合理，追求数量、质量、规模、结构、效益的统一的发展模式①。本质上，发展方式转变为质量和效益的中介变量是发展要素配置转变，要求高校以优化高等教育内部资源配置为手段，以资源要素为依托向质量和效益方面转型升级，通过调整高等教育发展要素的不同组合，发挥资源配置的导向作用和杠杆调节作用，进而由高度的资源依赖向效率和质量转型升级②。因此，改进资源要素配置方式进而改进高校教育资源内部配置绩效显得日益重要。

二 提升教育资源内部配置绩效是地方高校发展面临的重要课题

资源配置绩效评价是外部利益相关者对地方高校质量问责的构成部分。地方高校教育资源内部配置绩效评价更多是在逐渐增加的财政紧缩的框架下开展的，政府在对地方高校的角色概念从"公共物品"转向了"教育投资"。以云南为例，《云南省"十四五"高等教育事业发展规划》在保障措施中指出："完善突出内涵、注重绩效、公平合理的高等学校预算拨款制度和动态调整机制，强化评价结果与资源配置的应用，盘活利用现有资源，全面实施预算绩效管理。强化预算绩效理念，开展事前、事中、事后全过程绩效管理。"③绩效评价已经成为政府讨论地方高校质量保障的构成部分，教育资源配置情况的绩效评价作为外部利益相关者对地方高校问责质量保障体系的构成部分。

地方高校面临众多资源内部配置问题。长期以来，地方高校教育资源内部配置领域存在的突出问题有：一是资源短缺与浪费并存的问题。在教育资源依然紧缺的情况下，高校内部资源浪费与闲置现象突

---

① 眭依凡：《引领高等教育内涵式发展：高等教育研究适逢其时的责任》，《中国高教研究》2018 年第 8 期。
② 钟秉林：《优化高等教育资源配置 推进高等教育内涵发展》，《重庆高教研究》2014 年第 1 期。
③ 云南省人民政府办公厅：《云南省"十四五"高等教育事业发展规划》，http：//www.yn.gov.cn，2022 年 1 月 5 日。

出，配置主体更多关注配置的投向和数量，重过程轻结果，重投入轻产出，重占有轻绩效，教育资源得不到充分利用，出现资源冗余现象；二是资源配置结构错位问题。在近年教育资源总量短缺逐步缓解的同时，质量、结构逐步凸显。资源配置更多关注建设新校区、增设新专业等规模方面，但特色学科建设、本科教育质量、高层次人才培养与引进方面成为资源配置盲区，存在内部资源供需结构错位，配置结构失衡；三是配置模式影响配置效率的问题。资源配置模式反映高等教育资源管理的基本机制。① 资源配置模式与资源配置效率是不可分割的，合理的配置模式既解决资源短缺和资源浪费问题，又兼顾配置的均衡与公平。如何在计划和市场之间寻求平衡点，把计划的制约和市场的功利降到最低，是高等教育资源配置迫切需要解决的问题。上述三个问题表明，地方高校在国家基础性资源供给有限、竞争性资源获取不足的情况下，资源配置还不能适应我国高等教育发展的步伐。若想解决上述资源配置问题，关键问题与核心问题是如何提高教育资源的内部配置绩效，这个问题涉及资源配置的主体、模式、效率等，也是上述三个问题的共性问题，起到纲举目张的作用。

地方高校面临如何提升资源内部配置绩效问题。教育资源的优化配置是决定高等院校发展的重要因素，高校发展的过程就是资源被有效充分利用的过程②。目前，地方高校不可能无限、自由地从外部获得所需资源，需要强化内部教育资源的充分利用。作为地方高校，由于历史与地理原因，其发展一方面面临行政性资源投入有限的现实，另一方面竞争性资源处于劣势，在外部教育资源投入有限和引入竞争机制的背景下，地方高校必须走资源的内部挖潜之路，以此提高办学效益和自身竞争力。教育资源绩效是反映教育发展状况的重要指标，也是表明高校教育管理科学水平重要尺度。地方高校需提升教育资源内部绩效，发挥评价的正确导向，完善资源配置机制，实施精细化的

---

① 李长文等：《高校资源配置模式与绩效》，北京师范大学出版社2001年版，第15页。
② 王连森：《大学发展的经济分析——以资源和产权为中心》，高等教育出版社2013年版，第45页。

资源动态配置，可有效克服教育资源的边际效益递减规律。提高教育资源的使用效能是资源发挥其效益、服务学校发展的关键保障，是地方高校当前精细化管理的重心，也是提升地方高校内部治理水平的核心环节。

三 开展教育资源绩效评价是地方高校自身发展的应然诉求

地方高校开展自身绩效评价有其现实政策依据。近年来，教育部、科技部等印发了《深化新时代教育评价改革总体方案》《关于扩大高校和科研院所科研相关自主权的若干意见》等政策文件，提出要明确高校绩效目标及指标，要按照权、责、利、效相统一原则，实施高校分类评价，对高校实行中长期绩效管理和评价考核，评价结果作为单位财政拨款、科技创新基地建设、绩效工资总量核定等的重要依据，进而引导不同类型高校进行科学定位，办出自身特色和水平。国家相关教育法规表明，地方高校开展自身绩效评价是贯彻实施国家高等教育相关政策的必然要求。

地方高校开展教育资源绩效评价，可以规范自身发展。科学的绩效评价要坚持一定的价值取向，在评价实施的过程中，可以通过价值取向设置相对应的指标体系，进而通过评价来规范地方高校的良性发展。当前，地方高校不同学科和院系发展缺乏导向性指引，不同学科各自为政，学校层面缺乏统筹，导致地方高校内部发展呈现无序的状态。规范是前提，发展是永恒。地方高校需要通过资源绩效评价制度和规则来引导、保障地方高校的健康发展，通过绩效评价来提升自身发展质量，提高师生的主动性和积极性，推动自主评价和自觉发展，进而引导地方高校将职责充分发挥出来，最终实现以绩效评价规范自身发展。

地方高校开展教育资源绩效评价，是促进效率和公平有机统一的主动选择。效率和公平相统一是当前地方高校高质量发展的重要机制。地方高校开展资源绩效评价既要受效率理念的引导，也要受公平理念的引导。效率可以促进高质量发展，公平可以保障教育的稳定。

一方面，地方高校教育资源绩效评价要建立多样化、分层次、高效率的评价指标体系，提高绩效评价的活力，促进地方高校快速发展；另一方面，地方高校通过绩效评价也要建立弱势学科或传统学科基本补偿机制，放弃"一刀切"的简单粗暴管理模式，对教育资源绩效评价中处于弱势的院系通过补偿原则来保障发展的公平。两者结合，通过绩效评价进而实现地方高校发展过程中公平与效率的有机统一。

地方高校开展教育资源绩效评价，是一种旨在提高自身质量和水平的积极、自律的行为。高校内部开展绩效评价能够促使学校的教育、管理人员信任评价，可以自主地掌握和提出问题和解决问题的过程。高校绩效评价的根源要从高校内部入手，建立高校内部完善的自我评价机制，发挥高校在绩效评价的主导和主动作用。高校内部明确主体责任和重视内部评估，才能真正发挥高校自我管理和自我评价的作用。地方高校教育资源内部配置绩效评价，要充分吸纳、借鉴西方高校绩效评价的经验和教训，借鉴国外的多元理论基础，从理论角度审视教育资源绩效评价在地方高校实施中的合理性与可行性，并在实践中形成中国情景下的本土的特色理论，并在实践中不断探索，建立具有指引性和操作性的政策方案，并配以完善的保障机制、运行机制和反馈机制，在实践中不断探索、推进地方高校教育资源绩效评价，从而创新我国地方高校高质量发展的新模式。

地方高校开展教育资源绩效评价，是促使自身发展的内生动力。资源配置绩效的改进是有规律可循的，可在某种程度上预测以及给予适当的干预与控制。构建一套符合地方高校实际、适应新时代需要的教育资源内部配置绩效评价体系，对于进一步释放地方高校创新活力、培养地方社会经济需要时代新人至关重要。地方高校绩效评价的目的是构建一个完善的绩效评价监督体系，帮助地方高校改善管理、构建品牌、凝练特色、提高资源使用效率、提升办学效益和办学水平、满足社会大众对地方高等教育的需要和期盼。开展地方高校绩效评价，在充分考虑地方高校发展产出或结果的基础上，力求通过对自身内部不同院系投入和发展条件差异考核产出结果的判断，将评价着眼于众多教育资源使用效率、投入产出的效益之上。地方高校绩效评价作为对地方高校进行全面质量评价的有效手段，必将成为促进我国地方高等教育质量提升的重要推动力。

四 改进教育资源绩效评价是提升地方高校内部治理的重要手段

地方高校开展教育资源配置绩效评价成为一种管理趋势。地方院校立足地方、根植地方，以竞争的方式获得外部资源的能力有限，只有通过内部资源配置绩效的分析，及时发现学校资源配置和学校管理中的问题，才能优化资源内部配置模式，挖掘资源内部使用质量。绩效评价不仅有助于政策制定者和社会各界了解高校办学信息，而且为地方高校自身教育质量保障实践提供了有效工具。开展高校教育资源内部绩效评价，内部绩效得到改变，那么整个高校的绩效也势必得到提升，高校整体绩效得到提升，那么其发展呈现效率和质量特色，也就是高校外部绩效得到提升，这样便可得到政府、企业、社会、家长、民间及各种社会组织的认可，继而又可获得更多外部资源，使高校整体呈现出良好的发展态势。

绩效评价是地方高校教育资源内部治理的必然要求。资源的稀缺性，迫使人们关注资源绩效。地方高校教育资源内部配置结果如何，需要绩效评价来鉴定。我国高校现行校院两级管理模式，院系是高校的办学主体。对内部院系开展绩效评价是保证高校合理配置资源和提高办学效益的基础，是实现高校质量、结构、效益协调发展的重要途径。在简政放权的大背景下，为加强对校院二级管理的结果的关注和对资源配置结果的关注，对二级院系教育资源绩效评价是未来高校深化校院二级管理体制改革的重要抓手，是地方高校内部资源管理的重要环节，是提升资源效能的重要手段，对地方高校资源配置起着考核、监督和激励作用。

地方高校面临资源的动态绩效评价问题。管理学家德鲁克曾说"你不能评价，也就不能管理"。在我国高等教育"管办评"分离要求下，正在实施"双一流建设"与以往重点建设计划不同之处在于，从"双一流"建设的总体方案到实施办法都反复强调"以绩效为杠杆""更加突出绩效导向""建立健全绩效评价机制""制定科学合理的绩效评价办法，开展评价""开放竞争、动态调整"等要求，其核心要义是注重动态绩效管理，意味着绩效评价将是今后国家统筹治理高等教育的一个重要的出发点，而高校教育资源绩效评价是基于资源视角的高校绩效评价，也是动态评价中的一个重要内容。地方高校目前虽然在"双一流"建设中处于边缘范围，但也要主动融入国家和省域"双一流"战略。以绩效评价为导向的教育资源配置成为高等教育战略管理的新方略，也是当前地方高校"双一流"建设中具有重要现实意义和应用价值的关键问题，成为政府、社会以及高校自身的必然诉求。

地方高校绩效评价还不能适应自身管理与发展需要。高校自身高质量发展以治理绩效提升为基础，绩效责任制是提升教育效能和实现教育目标的要害。当前，无论是国家层面还是省域层面，高校资源绩效评价大多由外部的第三方实施，而且基本都是事后评价。部分地方高校管理方式传统，精细化管理滞后，内部构建的、旨在强化过程管理的绩效评价体系较少，这使得标准缺失、效益不高成为较为普遍的问题。部分地方高校为了提高办学效益和提升整体管理水平，开始引入绩效评价，但目前评价缺乏一套完整、公认的方法支持，很多高校对绩效评价了解不够，实践经验不足，有些直接套用企业的绩效评价模式，有些根据经验或评价目的选取考核指标，更多的是绩效评价过程难以实施或流于形式。地方高校绩效评价亟待解决的问题有：第一，缺乏基于地方性为特色的战略分解的绩效评价指标系统和科学绩效考核框架，未将办好人才培养作为对地方高校教育资源内部配置绩效评价第一职责。第二，绩效评价尚缺乏完整、科学的框架和相对应的有效实施工具，缺乏一种可以把高校战略分解、流程优化以及利益相关者利益平衡融为一体的方法。第三，现有绩效评价体系没有充分考虑利益相关者的利益诉求，缺乏推动绩效评价的内在动力和自我发展与改进的外在动力。

另外，笔者长期从事地方高校资产管理和绩效审计相关工作，担任资产部门与审计部门负责人，置身于地方高校资源配置与绩效评价的现场，结合多年工作实际和当前地方高校教育资源管理现状，笔者深深感受到，有必要对当前地方高校教育资源内部配置情况和绩效情况进行总结梳理，对当前地方高校教育资源内部配置的绩效评价问题进行反思。对教育实践进行反思、做一个反思的实践者是教育博士初心、使命和职责所在。"跳出资源管理看资源管理"，通过行动中反思和反思中行动，理论与实践相结合，建立适合当前地方高校教育管理实践的绩效评价模式，可以更好地推进地方高校教育资源内部配置的绩效评价。

综上，在当前我国高等教育发展的时代背景下，考虑地方高校教育资源配置现实，地方高校需强化教育资源的内部利用，挖掘资源内部潜力，建立绩效导向的资源内部配置模式，提高既有教育资源的绩效。其中，引入资源绩效评价机制，开展地方高校教育资源内部配置绩效评价，是提高资源配置绩效的核心要义，对其研究涉及以下三个层次的问题：一是地方高校教育资源内部配置绩效的现状到底如何？二是怎么开展地方高校教育资源配置的绩效评价？三是如何通过改进绩效评价提高资源配置的绩效，从而提高教育资源在地方高校高质量发展中的贡献度？本书以理论与实践相结合的方式，试图对上述问题进行探索，着力解决地方高校发展面临的资源内部配置绩效问题。

第二节　研究综述

文献是一个研究领域的知识地图，文献综述是研究的逻辑起点，也反映了研究的学术规范。针对地方高校教育资源内部配置绩效评价，从国内研究、国外研究两个方面梳理。

一　国内研究

高校教育资源配置的研究属于教育经济学研究的范畴，研究采用经济学的理论与方法来分析高等教育现象，是建立在多学科、多领域基础上的应用研究，近年来一直是教育学研究者们关注的重点问题。绩效评价是绩效管理的核心，也是国内近年高校管理理论和实践的热点问题。国内研究从以下四个方面梳理。

（一）高校教育资源配置的研究

长期以来，高等教育资源配置是我国学术界一直研究的热点问题，研究的主要内容涉及资源配置的内涵、主体、模式、机制、效率、转型等方面。

在高校资源配置内涵与属性方面，范先佐对"教育资源配置"的定义是："在教育资源数量一定的情况下，如何将有限的人力、物力、财力在教育系统内部各组成部分，或在不同子系统之间进行分配，以期所投入的教育资源得到最充分的利用，尽量满足社会各方面对教育的需求，以求教育持续、协调、健康发展。"在高校教育资源配置的界定上，刘晖认为高等教育资源配置是指社会（包括政府、企业、个人）对高等教育事业投入的人力、财力、物力在各种不同用途上的分配，按照领域可划分为高等教育资源宏观配置、高等教育资源中观配置和高等教育资源微观配置。[1] 王伟清提出基于需求的教育资源配置系统观，教育资源的配置是指根据教育目标系统对各种教育资源在质与量方面的需求而进行的合理科学配备，还包括依据这些教育资源本身的性质特点以及资源之间的相互关系而进行的安排布置。[2] 上述研究既有从配置者视角对资源配置进行的界定，也有从需求者视角进行的界定。在内涵方面，高校教育资源多以人、财、物为主。

在高校教育资源配置的主体方面，冯艳等人认为，高等教育资源配置主体是指在高等教育资源配置过程中发挥配置基础性作用的运行载体和运行基础。[3] 夏丽萍认为在高等教育资源配置过程中，不同资

---

[1] 刘晖：《论高等教育资源的合理配置》，《教育研究》1994 年第 12 期。
[2] 王伟清：《"教育资源学"及其创建》，《教育与经济》2006 年第 1 期。
[3] 冯艳、李岩鹰：《高等教育资源优化配置基本理论问题研究述评》，《现代教育管理》2012 年第 11 期。

源配置主体之间相互影响、协同作用,共同形成了高等教育资源配置主体的有机整体。① 吴立保认为,高等教育资源配置主体正在由单一主体转变为多元主体,逐步形成了政府、市场和高校的三角配置体系,形成了多元主体之间的利益博弈与制衡。② 余宏亮提出政府掌舵、市场导航、大学划桨是当前我国高等教育资源优化配置的基本路径。综合以上研究,总体来说,我国资源配置主体由计划经济时代政府是唯一主体逐渐演变为政府、社会、个人等多方参与的多元化格局。③

在高校教育资源配置的模式方面,王善迈认为,高等教育资源应该实行政府主导下的市场调节。刘亚荣认为中国高等教育资源配置机制存在政府和市场"双轨"现象,配置方式要改变过去的路径依赖,要形成政府和市场双轨和谐的局面。④ 康宁等认为高等教育资源配置的模式是多种模式的"混合体",政府和市场只是基础模式,还有另一种力量(学术),它们三者相互影响、共同作用。⑤ 曾加荣认为,在我国经济转型时期和高等教育普及化初期,高等教育资源配置模式应在发挥市场机制的基础上利用价格引导的杠杆作用来提升资源配置的效率。⑥ 任初明等人指出,高校目前主要通过计划行政审批、评审竞争和市场交换三种途径获得外部资源,这三种资源配置方式分别受到行政权力、学术权力和经济实力控制,体现出以权力为轴心的资源分配特征。⑦ 康宁指出高等教育资源配置转型应以"增量创新"和"存量调整"相结合的方式,通过渐进性制度创新使原有集中计划配

---

① 夏丽萍:《高等教育资源配置研究》,博士学位论文,四川大学,2006年,第2页。
② 吴立保:《高等教育资源配置的多主体分析及优化策略》,《研究生教育研究》2011年第1期。
③ 余宏亮:《高等教育资源优化配置模式及路径选择》,《教育与职业》2009年第14期。
④ 刘亚荣:《从双轨到和谐:中国高等教育资源配置机制的转轨》,浙江大学出版社2010年版,第9页。
⑤ 康宁:《高等教育资源配置转型的基本规律及其发展趋势》,《教育研究》2011年第4期。
⑥ 曾加荣:《高等教育资源优化配置问题的思考》,《西南交通大学学报》(社会科学版)2003年第1期。
⑦ 任初明、付清香:《权力为轴心:我国教育资源配置方式分析》,《现代教育管理》2011年第12期。

置模式逐渐向地方政府、高校、市场以及新型公共服务组织转移。综上研究，早期高等教育资源配置模式有计划模式和市场模式两种模式，现代高等教育存在计划模式、市场模式、混合模式三种方式。①

在教育资源配置转型方面，康宁认为，高等教育资源配置转型符合"帕累托改进"意义上的累进过程，采取边际增量改革举措、尊重教育收益滞后性规律与强调改革的稳定性原则是保持资源配置转型期持续制度创新节奏的原因。② 杜育红等人结合我国高等学校内涵发展的关键核心问题，从学科建设的资源配置逻辑、人力资源配置的逻辑、教学资源配置的逻辑、科研资源配置的逻辑、学校与院系资源配置的逻辑五个方面厘清高校资源配置的应然逻辑，提出了促进高校内涵式发展的资源配置改革的建议。③ 钟秉林认为，高等教育资源配置机制与高等教育发展方式、发展进程紧密相连，既往的高等教育资源配置方式偏重行政计划手段和过度外延发展，并且配置结果和绩效缺乏科学合理评价，为推进我国高等教育发展方式的转变，高等教育资源配置要秉承质量为本、优化结构的理念，切实保障公平与效率。④ 上述研究表明要不断强化资源配置转型的制度创新和配置逻辑思考，结合高等教育发展形势，提高资源配置效率。

在高校资源配置策略方面，王津泼、刘爱东认为，鉴于不同高校的层类差异和区域差异，高校在权力、时间、资源类型、配置力度等方面，建议实施资源的梯度配置来提高资源的使用效率，实现价值与效率的双赢。⑤ 吴立保认为采取"公平配置"与"竞争获得"的两种

---

① 康宁：《改革开放40年我国高等教育资源配置转型及其发展趋势》，《高等教育研究》2019年第4期。

② 康宁：《高等教育资源配置转型的基本规律及其发展趋势》，《教育研究》2011年第4期。

③ 杜育红、袁玉芝：《高等学校资源配置的逻辑与内涵发展》，《教育与经济》2017第3期。

④ 钟秉林：《优化高等教育资源配置 推进高等教育内涵发展》，《重庆高教研究》2014年第1期。

⑤ 王津泼、刘爱东：《高校资源配置梯度差异性探讨》，《教育发展研究》2008年第21期。

资源投入机制，可以实现资源配置过程中公平与效率的和谐。李长文在研究了高等教育资源配置的核心范畴和基本逻辑后，提出了绩效导向的高校资源宏观配置机制，提出了高校内部资源配置的分权模式。①彭勃提出了高等教育资源生态化配置与培植。② 总体来看，资源配置呈现梯度配置、分权配置和生态化配置态势。

在地方高校教育资源配置方面，杨思宇认为，在我国师范生免费教育政策出台后，如何配置高校尤其是高等师范院校的教育资源成为一个非常重要的问题，由于教育资源配置与使用的复杂性，不可避免地存在着诸多影响因素。教育资源配置与使用的好坏，直接影响高等师范院校的办学效益和质量，直接关系我国教师教育的建设与发展。③于启新认为，地方高校在办学经费紧张，在高等学校规模、结构、布局调整中，应通过优化规模、优化结构和优化管理，提高教育资源的利用效率。④ 已有研究表明，地方高校与中央部署高校教育资源存在明显的"马太效应"，优化教育资源配置对地方高校来说显得尤为紧迫。

综上，国内对高校教育资源优化配置问题从内涵、主体、模式、转型、效率等方面进行了广泛的研究，提供了大量可以借鉴的素材，为本书奠定了必要的基础，同时，随着高等教育形势与政策的演变，以问题为导向，研究趋势朝着分层与分类研究、重视配置效率的评价研究、配置的全局均衡与局部均衡研究、合理需求与供给研究、配置模式对配置效率的影响研究等方面发展，这为我国高校教育资源配置的未来发展提供了理论与实践空间。

(二) 高校教育资源内部配置的研究

关于高校教育资源内部配置，我国学者的研究主要集中在内部配

---

① 李文长：《高校资源配置模式与绩效》，北京师范大学出版社2011年版，第53页。
② 彭勃：《高等教育资源的生态化配置与培植》，博士学位论文，中国矿业大学，2008年，第106页。
③ 杨思宇：《论我国高等师范院校教育资源的合理配置与管理》，《科技信息》（学术研究）2008年第29期。
④ 于启新：《地方高等师范教育资源优化配置的思考》，《信阳师范学院学报》（哲学社会科学版）2000年第4期。

置的主体分析、存在问题、配置方式、配置效率方面。

在高校教育资源内部配置的问题与主体分析方面。周巧玲、谢安邦指出我国高校内部资源的配置面临的困境有：校内教育资源配置的效率与公平难以兼顾，资源配置决策中行政权力和学术权力难以包容，资源配置方式中集权与分权的力度难以精准把握。建议高校依据自身发展战略方向整合教育资源，监督资源配置权力运行，克服配置决策中的非理性因素影响，加强配置评价监督，使资源配置的目标与责任挂钩。[1] 涂朝莲分析了高校内部资源配置失衡问题，资源错配表现在资源的数量、形态组合、配置对象时空分布以及职能等方面，外部资源配置总量不足、管理目标与高等教育规律偏离、多元主体参与机制缺失、平均主义与竞争机制滥用、利益与情感因素偏颇等都可导致高校资源配置失衡。[2] 蔡连玉、眭依凡指出公立高校内部资源配置受到行政力量、学术力量、市场竞争和人际关系的直接影响。高校作为教学科研组织，有其符合教育规律的应然资源配置逻辑。[3] 高校内部资源配置在制度治理上需要强调配置制度的刚性约束，用制度抑制配置的偏差和失误，允许不同利益相关者充分博弈和投票，尽可能平衡资源配置各种影响因素，使配置整体逻辑渐进式符合高等教育规律。

在高校教育资源内部配置方式研究方面。林刚、刘爱东、胡卓君等学者提出分类、梯度、权变等配置方式。林刚、李响指出分类发展是高校走出资源短缺的理性选择，当前实施分类发展要依据高校目标定位下整体发展的总需求，并尊重和倾听各利益主体的现实状况与合理诉求，推动实施资源配置与学科分类发展、学院分类转型、教师分类管理、学生分类培养等联动机制。[4] 刘爱东指出高校内部资源配置

---

[1] 周巧玲、谢安邦：《对高校内部资源配置的思考》，《高等教育研究》2011 年第 9 期。
[2] 涂朝莲：《高校内部资源配置失衡问题》，《江苏高教》2013 年第 2 期。
[3] 蔡连玉、眭依凡：《大学内部资源配置及其制度选择研究》，《清华大学教育研究》2017 年第 6 期。
[4] 林刚、李响：《分类发展：地方综合性高校内部资源配置的优化逻辑》，《教育评论》2018 年第 11 期。

的梯度差异性是由高校目前已形成的层类、等级决定的,教育资源的梯度差异配置可以达成高校资源配置的整体优化。① 刘爱东以梯度理论为基础提出高校内部资源梯度配置的优化策略选择,高校内部资源配置与高校的类型、层次和办学定位有直接关系。② 胡卓君指出高校内部物力资源公平配置受到诸多主客观因素的影响,高校应根据不同情形进行策略选择,以渐进式、权变式方式推进内部物力资源配置的公平化进程。③ 从已有研究来看,学者多倾向于建立高校教育资源渐进式、梯度式、权变式的内部配置方式。

在高校内部教育资源配置实证研究方面。王志学、姜天龙用 DEA 方法验证了吉林省 19 个高校的内部教育资源配置绩效,指出吉林省高校教育资源总体能够满足发展的基本需求,但是其中 4 所高校在内部教育资源投入产生冗余,3 所学校投入的资源没有产生应有的绩效。整体来看,高校内部教育资源配置实证研究还不够,还需对地方高校现有资源内部配置情况进行充分的实证研究。同济大学、天津大学、上海交通大学等高校对内部二级学院开展了教育资源配置绩效评估,樊秀娣通过对同济大学内部院系绩效评估的实践探索,总结出了评价的目的、内容、方法与程序。

综上,由于高等教育系统内外各种因素对高等教育结构产生影响,高校内部资源分配也出现了诸多问题。深入思考和研究这些问题,认真审视和制衡高校内部资源配置,对引导高校科学发展将会有积极的意义。众多学者对我国高校内部资源配置的影响因素、理论逻辑、实证分析与实践困境进行研究,进而提出资源配置制度选择的政策性建议,具有理论价值与现实意义。高校教育资源内部配置研究不断呈现研究不断深入和细化的趋势,但也存在内部资源配置研究理论

---

① 刘爱东:《院校层类设置和内部资源配置差异的探讨》,《辽宁教育研究》2008 年第 10 期。
② 刘爱东:《高校内部资源梯度配置的策略选择》,《国家教育行政学院学报》2009 年第 7 期。
③ 胡卓君:《教育公平与大学内部物质资源配置的策略选择》,《中国高教研究》2009 年第 1 期。

基础缺乏、研究内容体系不完善、操作性不强等现象,全面的、科学的、系统的高等教育资源概念、种类、特征、内涵、外延的论述还不够,在后续的研究中需进一步关注。

(三) 高校教育资源配置绩效的研究

在高等教育资源配置效率方面,国内学者从理论研究、实证研究等不同角度对高等教育配置效率进行了研究,其中实证研究方面,有学者从国家宏观层面进行量化研究,有学者从区域或省域层面进行实证研究。

在理论研究方面,厉以宁的《教育经济学》和"教育的社会经济效益理论"、闵维方的"规模效益理论"等,分别从高等教育的投资收益率、高等教育规模效益等角度进行了研究。王善迈认为,教育资源利用效率作为从经济学中移植过来的范畴,指教育资源消耗与教育直接产出成果的比较。[①] 杨钋提出以绩效为基础的高等教育资源配置模式是未来高等教育财政政策的发展方向。[②] 西广明认为,基于教育资源视角评价高等教育资源效率的研究现实及发展趋势,目的在于启发高等教育资源思想,证实高等教育资源存在的结构性流失,寻找资源配置合理性及提高资源的使用绩效的途径与方法。[③] 吴立保指出,基于市场导向的资源配置制度创新中,通过高等教育资源配置多元主体之间相互博弈与制衡,最终会形成"政府主导"与"市场调节"并存的混合式高等教育资源配置方式,采取公平配置、竞争获得两种机制,实现资源配置过程与结果上公平与效率的共生。[④]

在实证研究方面,部分学者从宏观层面对我国高校教育资源效率

---

① 王善迈:《改革教育财政拨款体制 提高教育资源配置效率》,《教育研究》1995年第2期。
② 杨钋:《以绩效为基础的高等教育资源分配——比较的视角》,《教育发展研究》2008年第7期。
③ 西广明:《高等教育资源利用效率研究述评》,《黑龙江高教研究》2008年第8期。
④ 吴立保:《高等教育资源配置的多主体分析及优化策略》,《研究生教育研究》2011年第1期。

进行量化研究，如：阎凤桥、闵维方率先对全国616所高校相对经济效率进行了大样本调查，认为我国高等教育资源存在"木桶现象"，资源配置利用率不高。① 李福华对我国1000余所高等院校人力、物力和财力等方面资源配置使用率情况进行了统计，研究得出我国高校资源配置整体上利用率并不高，不同高校存在较大的效率差别。② 李红宇等基于DEA模型对我国高校"985工程"2010—2013年资源绩效进行研究，借助相关系数分析"985工程"资金结构与配置效率的互动关系。③ 李航等使用我国1995—2014年30个省份面板数据，得出全国范围内高等教育资源配置综合效率、纯技术效率和规模效率，发现近年来规模效率呈现提高趋缓，但纯技术效率20年间未发生明显变化，对我国高等教育整体效率有所抑制。④ 叶前林、岳中心等采用DEA分析方法对2014—2016年我国31个省份高等教育资源配置效率进行研究，发现大学生人均教育经费指数对高等教育资源配置效率具有显著正相关影响，而地方经济发展实力、教育资源投入规模和高等教育资源配置结构对高等教育资源配置效率具有显著负相关影响。⑤ 蔡文伯、黄晋生采用DEA和Malmquist指数法对我国高等教育资源的配置效率进行分析，发现我国高等教育资源的技术效率水平总体较低，高等教育全要素生产率动态来看处于上升期，并指出高校内部的管理技术革新是推动效率提升的主要动力。⑥ 管永刚对我国31个省份高等资源投入产出效率进行分析，发现我国高等教育资源配置效率还

---

① 阎凤桥、闵维方：《对于我国高等教育资源配置中存在的"木桶现象"的探讨》，《教育与经济》1999年第2期。
② 李福华：《高等教育资源利用效率评价指标体系》，《陕西师范大学继续教育学报》2000年第3期。
③ 李红宇、曾孟夏、吕艳：《高等教育资源利用效率与高校"985工程"实施绩效分析》，《中国高教研究》2014年第5期。
④ 李航、李成明、曲扶摇、白柠瑞：《资源配置、内涵发展与"双一流"建设分析——来自全国高等教育效率测度的证据》，《技术经济与管理研究》2018年第11期。
⑤ 叶前林、岳中心、何育林、李刚：《"双一流"建设下我国高等教育资源配置效率研究》，《黑龙江高教研究》2018年第3期。
⑥ 蔡文伯、黄晋生：《高质量发展视域下我国高等教育资源的配置效率研究》，《黑龙江高教研究》2019年第8期。

存在一定的提升空间，纯技术效率是制约技术效率的关键所在。①

在实证研究方面，部分学者从区域层面或省域层面对我国高校教育资源效率进行量化研究，如：马丹利用熵值法构建了我国高等教育资源配置绩效评价指标体系，定量评价了湖北省高等教育资源配置效益。② 赵祥等学者对贵州省高校资源配置的有效率、投入冗余率和产出不足率进行计算，发现贵州省高等教育资源配置效率不足。③ 熊莉对江西省高等教育资源使用效率进行研究，发现资源总量产出效率较高，但成果性产出效率存在不足，建议通过优化投入机制、促进资源在高校间的合理流动来提高高等教育资源的利用效率。④

综上，国内学者对高等教育资源利用率进行了比较深入的探讨，出了许多科研成果，对高等教育改革与实践产生了重要影响。总体来说，高等教育资源效率研究特点：高等教育资源利用效率的研究基本上是运用经济效率理论，高等教育资源利用率专门的理论研究较少。经济视角的高等教育资源利用率评价指标体系研究较多，其他视角较少。研究更多从效率角度，还没有拓展到效率、效能、经济的3E绩效范畴。对高校的资源利用效率问题评价较多，而对院、系、专业级的资源利用效率评价极少涉及；除了专家评价等方法以外，以量化方法为主。

（四）高校绩效评价研究

在高校绩效评价方面，从教育评价、高校绩效评价两个层面进行综述，其中，高校绩效评价从理论、实践、存在问题三个角度进行综述。

在教育绩效评价方面，教育评价是根据一定的标准，在系统而科学地收集和运用信息基础上，对教育活动发展变化的过程和结果进行

---

① 管永刚：《基于超效率DEA模型的高等教育资源配置效率分析》，《黑龙江高教研究》2019年第2期。
② 马丹：《熵值法在高等教育资源配置效益评价中的应用》，《煤炭高等教育》2008年第5期。
③ 赵祥、胡支军：《DEA模型在高等教育资源配置评价中的应用——以贵州省为例》，《教育理论与实践》2009年第30期。
④ 熊莉：《江西省高等教育投入产出效率的实证分析》，《中国科教创新导刊》2009年第28期。

价值判断的过程。教育评价活动是在事实判断的基础上进行的价值判断。殷雅竹等人认为，教育绩效评价对从目标设定、资源使用、过程安排到效果呈现的教育活动全过程实施动态评价。教育绩效评价应以社会效益为主，难以形成绝对划一的评价标准，要兼顾外部评价与内部评价。① 林梦泉等人分析了教育评价面临的困境，分析评价改革与方法创新的紧迫性，研究了计量评价的本质与"客观"性、同行评价的本质与"主观"性，教育评价要以基于客观事实的同行评议为基础，探索"融合评价"的新方法。② 陈燕等人通过分析现有教育绩效评价理论与方法现状，对已有的广义教育绩效评价的理念进行分析，提出评价应遵循教育发展规律，结合高校建设目标和管理机制，在"绩效思维"理念下，综合分析教育资源投入与产出关系来评价教育绩效。③

在高校绩效评价研究方面，对其研究大致可以分为三个阶段：第一阶段为1985—2008年，这一阶段主要针对单项绩效评价研究。20世纪80年代以后，我国高等教育质量管理也开始倾向于用绩效指标进行绩效管理。教育部在1985年和1990年颁布了《普通高等学校教育评估暂行规定》等相关制度，为我国高等教育绩效评价提供了政策依据，从实际情况看，主要开展了教学评估、学科评估、专业评估等，大学建设发展绩效评价未能有效开展。第二阶段是2009—2015年，这一阶段主要是将高校综合性的组织机构进行绩效评价研究。如中央教育科学研究院对70多所教育部直属高校的投入与产出进行绩效评价。学者张男星④对高校绩效评价进行系统的理论研究，以高等

---

① 殷雅竹、李艺：《论教育绩效评价》，《电化教育研究》2002年第9期。
② 林梦泉、任超、陈燕、吕睿鑫：《破解教育评价难题 探索"融合评价"新方法》，《学位与研究生教育》2019年第12期。
③ 陈燕、林梦泉、王宇、任超、廖婕：《广义教育绩效评价理论与应用方法研究》，《中国高教研究》2019年第5期。
④ 张男星：《中国高等教育发展报告》，教育科学出版社2012年版，第3页；张男星：《高等学校绩效评价报告2013》，《大学》（研究版）2016年第2期；张男星：《高等学校绩效评价报告》，科学出版社2018年版，第2页。

教育的逻辑起点—高深知识为切入点，揭示了目前在高等教育领域中实施绩效评价的必然性和合理性，从高校绩效评价的发展历程、思想基础、基本原理、指标体系，对我国教育部直属高校不同年份开展了绩效评价，并探讨投入产出趋势与绩效影响因素，在高等教育界产生反响。卢彩晨认为西方发达国家受新公共管理运动的影响，美国高等教育领域实施了绩效评价机制，并在强化高校绩效责任、提高高校效率、优化资源配置等方面取得了一定成效。[①] 姜华、吴跃等基于"投入—产出"的绩效评价模型，选取10项投入指标和9项产出指标，确定了高校绩效的评价模型，对辽宁省27所省属本科高校开展了绩效评价。[②] 江苏、上海等地高校在实践中探索性推行自主综合性绩效评价。第三阶段为2016年至今，多样化绩效评价阶段。目前，高校绩效评价的研究不断呈现多样化，高校绩效评价无论是形式、内容、主体，无论是理论还是实践，从不同角度不同方式进行研究，高校绩效评价逐渐理性化和科学化。如2022年于畅、高向辉等分析了高校绩效评价的理论逻辑、现实依据，并以某省实践为例进行反思。[③] 学者王建华也对高校绩效评价进行了反思，指出高校绩效评价忽视了人的主体性。[④]

综上，我国高校绩效评价的研究，不断呈现主体多元化、研究内容既有整体绩效评价，又有各领域的专门绩效评价，既有实证分析又有实践探索，尽管我国高校开展绩效评估的历史不长，但从文献涉及的内容来看，非常丰富，几乎涉及高校办学的各个方面，绩效评价的理念已经普遍渗透到高校工作之中。

（五）地方高校教育资源内部配置绩效评价研究

王平心、殷俊明从内部流程、组织能力等五个方面构建了高校内

[①] 卢彩晨：《高等教育绩效评价的缘起及功能》，《复旦教育论坛》2011年第3期。
[②] 姜华、吴跃等：《省属本科高校绩效评价研究》，《大连理工大学学报》（社会科学版）2013年第1期。
[③] 于畅、高向辉等：《高校绩效评价的理论逻辑、现实依据及实践探索》，《现代教育管理》2022年第5期。
[④] 王建华：《对高等教育中问责与绩效评价的反思》，《现代教育管理》2020年第7期。

部绩效评价的基本框架,设置了绩效指标体系,采取多种方法,对高校内部单位的绩效进行了评价。李静以高校内部绩效评价为切入点,阐述云南师范院校内部绩效评价方法,并对云南省师范院校内部绩效进行分析。①冯瑛等人对地方高校专项资金绩效评价指标体系构建进行研究,分别从财务、客户、内部运营、学习与成长四个层面建立了评价指标体系,并提出运用层次分析法确定指标权重、在模糊综合评价法下实施定量化综合评价的思路。②赵小萍使用多层次 RAM 模型为基础的三阶段 DEA 和 Malmquist 指数方法,对地方某高校内部院系办学效率进行评价,发现 2013—2015 年的办学平均效率值提高了 1.97%。③河南师范大学基于综合定量指标法在校内开展了二级学院资源配置与绩效量化评价的尝试与探索,并且积累了一定的成功经验。

上述地方高校教育资源配置绩效评价给本书提供了借鉴,但现行的研究仍然还不够成熟、存在研究内容体系不完善、研究的结果和数据信度不高、评价的结果缺乏权威性而难以推广等问题,需要引起高等教育管理部门和从事该课题研究的学者共同关注,需规范研究与实证研究相结合,着力提高绩效评价的可操作性。

二 国外研究

通过文献分析,国外高等教育资源配置研究比较有限,从国外资源配置研究、资源配置效率、教育评价与绩效评价、高校教育资源配置与提高高校资源效率方面四个方面梳理。

(一) 资源配置研究

在资源配置宏观理论分析框架上,以新制度经济学、克拉克经典

---

① 李静:《基于 C—2R 模型的云南高师院校内部绩效 DEA 评价研究》,硕士学位论文,云南师范大学,2014 年,第 45 页。
② 冯瑛、张红轶:《地方师范院校专项资金绩效评价指标体系构建——基于平衡计分卡的研究视角》,《会计之友》2017 年第 19 期。
③ 王志学、姜天龙:《吉林省高校内部教育资源配置研究——基于 DEA 模型》,《现代教育科学》2017 年第 2 期。

"三角协调"理论、资源依赖理论分析高校与政府的关系,分析大学为何受政府和市场影响以及大学转型发展。西方国家高等教育资源配置核心问题有:高校、政府与市场的关系,政治对高校资源配置的影响,科学统计与价值选择在高校资源配置中的意义,学术与资本的关系等。美国著名经济学家米尔顿·弗里德曼1954年在其《政府在教育中的作用》指出,政府对公共教育资源的垄断,降低了公立学校的办学效率,且存在资源浪费现象。支持弗里德曼观点的学者从公共选择理论、新公共管理理论出发,将市场机制引入高等教育领域,之后,新问责主义或新公共管理理论正被广泛应用于高等教育机构运营和科研经费配置中。以美国为例,要求各高等教育机构向公众报告其业绩,要求各机构直接或间接将业绩和预算划拨挂钩。Saunders认为英国大学的资源配置模式演示了政治经济学的原理,它体现了高等教育从为公共利益到为个人利益的转换。[①] Tandberg对高等教育资源配置相关政治影响因素进行研究,指出选举竞争、选民投票率、州长预算决定权、任期限制、政府结构、政治文化等因素影响高校资源配置。Browne认为,由于市场化产生的高等教育机构之间的竞争是推动高校教育质量提高的最优机制。[②] Sallee、Resch和Courant把高等教育作为一个系统来考虑,研究如何进行资源优化配置的问题。Tahar和Boutellier提出了新公共管理理论下的高等教育资源配置。[③] Fowles等依据资源依赖理论分析公立高等教育机构与教育资源配置相关的行为。[④]

[①] Murray Saunders, "A Political Economy of University Funding: the English Case", *Journal of Higher Education Policy and Management*, Vol. 34, April 2012, pp. 2 – 5.

[②] Tandberg David A., "Hillman Nichola, Barakat Mohamed. State Higher Education Performance Funding for Community Colleges: Diverse Effects and Policy Implications", *Teachers College Record: The Voice of Scholarship in Education*, Vol. 116, No. 12, Dec 2014, pp. 11 – 14.

[③] Sadri Tahar, Roman Boutellier, "Resource Allocation in Higher Education in The Context of New Public Management", *Public Management Review*, Vol. 15, No. 5, May 2013, p. 15.

[④] T. Austin Lacy, Jacob Fowles, David A., "Tandberg, Shouping Hu. U. S. State Higher Education Appropriations: Assessing the Relationships Between Agency Politicization, Centralization, and Volatility", *Policy and Society*, Vol. 1. No. 1, Jan 2017, pp. 2 – 7.

(二) 资源配置的效率的研究

Walter 认为高等教育资源效率的高低应以资源投入要素的组合比例为标准来区分，只有最优的要素组合才能产生效率最大化。[①] Ryan 定量分析了学生毕业率与学生入学成绩、教学经费支出、学生科研经费支出等 13 个自变量之间的关系，研究表明学生毕业率与教学经费支出、学生科研经费支出正相关，与支持学生职业发展的服务支出和学校公共管理支出负相关，并提出高校资源应多向教学和科研方面倾斜的资源优化配置建议。[②] Bren 和 Raab 运用 DEA（包络数据分析方法）方法对美国前 25 名国立大学和国立文科学院相对效率进行评价分析，建立的评价模式输入指标包括：具有博士学位头衔的教师占全体教师的百分比、师生比、生均教育经费支出、学生平均入学成绩、生均学费五个指标，输出指标包括：学生毕业率和新生就学率两项指标。研究结果表明美国新闻的质量排名与狭隘的 DEA 生产效率标准所隐含的排名呈反比关系，提出通过调整特定的投入指标来检验示范大学技术效率的提高。[③] Thanassoulis 使用 DEA 的方法分析了英国高等教育机构的成本和效率。[④] Hicks 则认为，业绩拨款的理由是资金应该流向业绩明显的高校业绩好的，高校应该比业绩不够好的高校接收到更多拨款，从而使创造业绩者获得竞争优势而刺激疏于创造业绩的高校致力于创造业绩。

在高校内部院系评价方面，英国学者 Beasley 认为评价高校的整体办学效益会掩盖不同学科间的差异，他通过改进模型，运用 DEA

[①] McMahon Walter W, "Potential Resource Recovery in Higher Education in the Developing Countries and the Parents' Expected Contribution", *Economics of Education Review*, Vol. 7. No. 1, Jan 1988, pp. 4 – 5.

[②] John F. Ryan, "Institutional Expenditures and Student Engagement: A Role for Financial Resources in Enhancing Student Learning and Development?" *Research in Higher Education*, Vol. 46. No. 2, Feb 2005, p. 4.

[③] Breu Theodore M., Raab Raymond L., "Efficiency and Perceived Quality of the Nation's 'Top 25' National Universities and National Liberal Arts Colleges: An application of Data Envelopment Analysis to Higher Education", *Socio-Economic Planning Sciences*, Vol. 28. No. 1, Jan 1994, p. 3.

[④] Thanassoulis E, "Kortelainen M, et al. Costs and Efficiency of Higher Education Institutions in England: a DEA Analysis" *Journal of the Operational Research Society* No. 7, Jul 2011, p. 1282.

方法，以一般性经费开支、资产设备开支和科研经费作为输入变量，以高校本科生人数、研究生人数、科研收入以及英国官方权威机构定级作为输出变量，对英国 50 多所高校的物理系和化学系的绩效进行评价。① Colbert 等人运用 DEA 方法构建模型，评价了 Ben-Gurion 等大学 24 个学院的 MBA 运行相对效率，该模型以学院运营经费支出和教师薪资作为输入指标，以专利收入、出版物数量、毕业学生数、科研项目获奖数目作为输出指标，采用 DEA 用来确定三个国外 MBA 项目与几个顶级美国 MBA 项目的相对效率。② Zilla、Abraham 和 Arieh 采用 DEA 方法的 CCR 模型实证研究了以色列班古里昂大学各个院系的相对绩效，研究发现与纯经济学方法相比，高校内部绩效运用 DEA 的方法，评价结果更具说服力和解释力。③

（三）教育评价与绩效评价研究

在教育评价方面，第一代评价理论产生于 19 世纪末至 20 世纪 30 年代，侧重于"测验和测量"，评价等同于测量，评价者的角色是测量技术员，其任务是选择测量工具、组织测量、提供测量数据。④ 第二代教育评价产生于 20 世纪 30 年代至 50 年代后期，侧重于对"测验结果"作"描述"，注重对绩效与目标匹配程度进行描述，评价者的角色是描述者，延续了技术员的定位。⑤ 第三代教育评价理论产生于 20 世纪 50—70 年代，核心是"判断"，第三代评价理论认为评价活动不仅限于描述，更要注重价值判断，评价者的责任是不但要测量

---

① Beasley J. E., "Comparing University Departments", *Omega*, Vol. 18. No. 2, Feb 1990, pp. 171 – 183.

② Amy Colbert, Reuven R. Levary, Michael C. Shaner, "Determining the Relative Efficiency of MBA Programs Using DEA", *European Journal of Operational Research*, Vol. 125. No. 3, May 2000, pp. 1 – 3.

③ Sinuany-Stern Z., Mehrez A., Barboy A., "Academic Departments Efficiency Viadea", *Computers & Amp; Operations Research*, Vol. 21. No. 5, May 1994, pp. 543 – 556.

④ 卢立涛：《测量、描述、判断与建构——四代教育评价理论述评》，《教育测量与评价》（理论版）2009 年第 3 期。

⑤ 卢立涛：《回应、协商、共同建构——"第四代评价理论"述评》，《内蒙古师范大学学报》（教育科学版）2008 年第 8 期。

和收集各种数据，而且还要制定一定的判断标准与目标。第四代评价理论兴起于20世纪80年代的美国，以回应和协商为重要标志，代表人物古贝和林肯。这个时期的教育评价提出了"共同建构""全面参与""价值多元化""评价中的伦理道德问题"以及"应答性资料收集法""建构主义评价法"等评价思想和方法。

在绩效评价方面，自20世纪30年代，西方国家开始了严格意义上的绩效评价，绩效评价对象包含组织绩效评价、个人绩效评价，理论体系包含生产有效性理论、行为科学理论、战略管理理论等。在绩效评价方法上，自20世纪30年代以来，西方各个管理学派已经提出了20多种绩效评价方法。在西方发达国家对公共部门的绩效管理尤为重视，绩效评价一直在高校管理中起着重要的作用。进入21世纪后，美国颁布了《高等教育行动计划》（简称APHE），以建立高校绩效评价系统。针对绩效评价实践中问题，坎贝尔（Campbell）研究提出30个具体指标的绩效衡量清单，体现了绩效的多因素性与多层次性特征。布雷德拉普（Bredrup）指出，组织的绩效应包括三个方面，即有效、效率、可变。

（四）高校绩效评价研究

高校教育资源的有效利用关系到高等教育质量的提高，教育资源绩效评价是世界高等教育评价的普遍趋势。美国教育经济学家菲力浦·库姆斯指出："为了生存，高等学校必须在降低每一个学生的开支的同时，寻求提高学校内部效率的各种措施，以维护和提高教学质量。"[①]英国学者史密斯和韦伯斯特指出："大学在管理公共资源方面效能低下，大多数大学只注重从外部获取资源，不考虑管理的效率和效益，获得的资源越来越多地用于行政支出，而非教育、科研的开支。"[②]

美、英、澳等西方国家均不约而同地将对高校的绩效考核结果与财政拨款挂钩，引入竞争性拨款，以此促进高校的良性发展，优化资源配

---

① ［美］菲力浦·库姆斯：《世界教育危机——80年代的观点》，赵宝恒等译，人民教育出版社2000年版，第25页。

② ［英］安东尼·史密斯、弗兰克·韦伯斯特主编：《后现代大学来临》，侯定凯等译，北京大学出版社2014年版，第130页。

置。美国是进行高等教育绩效评价最早的国家之一，美国实施联邦政府和州政府两个层级的高校绩效评价，其绩效评价体系覆盖范围广、持续时间久、理论体系丰富，有较强的研究价值。英国是实施高校绩效评价政策最典型的国家之一，受新公共管理思想影响，英国1985年开始实施"高校绩效指标联合工作组"，1999年全面实施高校绩效评价。

在其他国家研究方面，有学者对巴西高等教育专门的绩效评价制度进行研究，构建了巴西高等教育评价指标体系，对评价内容、评价标准、评价方法合理规范，经各方评价得出结果，提升了巴西高等教育资源的使用绩效。伊朗伊斯兰自由大学 Fereydoon Azma 在对高校组织绩效评价及指标体系构建时，运用主成分分析法，根据关键绩效指标（kpi）提出一个评估大学绩效的概念框架，构建了151个高校绩效评价指标和大学绩效评价的三个概念框架。[①]

综上，国外高校教育资源配置与提高高校资源效率方面的研究，侧重实证分析和个案研究，偏好计量经济学分析。由于西方高等教育系统比较开放，其研究视野较为开阔，研究内容覆盖了大学与政府、市场的关系、政治对资源配置的影响、资源配置与经济的良性互动、在资源配置中重视科学统计与价值选择等范畴。基于政治制度和国情，以美国为代表的西方发达国家一般不涉及高等教育资源配置转型问题，高校资源配置的相关研究与我国有一定的偏差，但追求高校资源利用效率是世界高校共同面临的问题，分析国外高校资源管理的相关研究，对深化我国高校教育资源配置的理论和实践具有参考借鉴。

三 已有研究述评

高等教育资源配置及其绩效评价一直是教育经济学的热点问题，也是高等教育学的现实问题，国内外学者对高校教育资源内部配置绩效评价进行了相关研究，呈现出三个趋势。

---

① Fereydoon Azma, "Qualitative Indicators for the Evaluation of Universities Performance", *Procedia-Social and Behavioral Sciences*, Vol. 21. No. 2, Feb 2010, pp. 1–5.

一是定量与定性相结合。既往研究既有理论思辨性的研究范式，又有以数据为主的实证研究，研究方式呈现定性与定量相结合的特征。实证研究中有的采用 DEA 方法，也有的采用层次分析法、模糊综合评价法、专家评价法等。

二是重视高校教育资源效率的评价。高校教育资源绩效评价综合利用教育经济学、教育管理学、教育社会学、教育统计学等相关理论知识，科学合理地运用资源配置方法，构建中国"本土化"的教育资源配置评价体系。

三是重视高等教育资源配置模式对配置效率的影响。资源配置模式与配置效率是相互影响的，配置模式的不同会产生不同资源利用效率，配置效率是对配置模式合理与否的检验，因此，高校资源配置研究倾向于在二者结合的研究中找到适合我国的、有效率的高等教育资源配置方式。

总体来说，国内外关于高校教育资源内部绩效评价方面积累了丰富的研究成果和研究经验，开展了有益的探索，例如：教育资源评价的理论探索、评价指标的选取、评价要注意的问题等方面，对本书而言有很多值得借鉴的内容。但当前已有研究也面临诸多挑战，主要集中以下三个方面。

一是在资源绩效评价取向上，教育价值存在"弱化"倾向。目前针对高校教育资源绩效评价主要借鉴的是管理学和经济学等对企业实施绩效评价的研究。然而，大学的本质是高等教育的灵魂，高等教育自身的独特性、复杂性和内隐性决定了在高等学校中实施绩效评价与在企业中实施绩效评价有着根本性的不同。当前教育资源绩效评价未在经济效率和社会效率之间找到更为契合的方法，不同程度存在"工具理性"彰显而"价值理性"不足的倾向。

二是评价体系的科学性有待提升。目前，关于高等教育资源配置评价指标体系多是借鉴国外资源配置评价指标体系，在方法上多采用非参数方法中的数据包络分析法，过于推崇科学范式。但由于高等教育资源投入与产出具有长效性，直接套用该方法得到的研究结果缺乏一定的科学性，容易造成高等教育资源配置的评价过程陷入误区，如其评价理念和指标过于强调服务外部社会组织，而以绝对量的变化作为评价的重要标准。评价重视经济资源而忽视非经济资源，指标选取未从系统角度考虑，偏向于可量化的显性指标，忽略了隐性的投入和产出。因文史类、理工类、师范类、艺术类、综合类等高校的投入产出规律有差别，目前研究未对不同类型的高校资源配置针对性研究，分层次、分类型的资源配置绩效研究还不够。

三是对高校的资源利用效率问题评价较多，对院、系、专业级的资源利用绩效评价较少，多数评价研究属于状态评价、总结式评价，而不是过程评价。评价的范畴多从效率角度，而不是绩效角度，还没有拓展到效率、效能、经济的3E绩效范畴。总体而言，我国学者对高校内部教育资源绩效评价的研究尚处于初期阶段，理论指导实践相对滞后。同时，教育资源绩效评价在具体实际中可操作性较低，推广性有待提高。评价结果具有相对性，教育资源的动态监管不够。

本书将在充分吸收、借鉴已有研究的基础上，从在原有教育资源内部配置效率的基础上，从绩效角度进行评价，进一步拓展高校教育资源内部配置评价的研究范畴，努力彰显地方高校教育资源内部配置绩效评价的教育价值，尽力实现技术性与人文性的统一，着力形成理论基础扎实、评价指标内容设计合理、数据信息来源渠道多元化、数据真实可靠、评价主体多元化、评价方法多样化、实施程序严谨的绩效评价体系[①]，充分发挥绩效评价的功能，为地方高校和相关的教育主管部门掌握高校教育资源的投入与产出状况服务，进而为地方高校高质量发展服务。

第三节 研究目的和意义

一 研究目的

本书从高校主体性出发，依据自主评价的原则，在考察地方高校

---

① 盛永红：《教育评价视角下高校经济责任审计评价指标体系研究》，《商业会计》2021年第20期。

教育资源内部配置绩效评价现状的基础上，为地方高校教育资源内部配置构建应然的绩效评价体系，通过建立地方高校教育资源内部配置绩效评价体系并实施绩效评价，唤醒与激发地方高校资源意识、竞争意识和绩效意识，防止教育资源使用内卷化，解决资源配置过程中的边际效益递减现象，改进资源绩效评价策略，提高教育资源配置绩效，避免资源的浪费与闲置。研究的直接目的是为地方高校教育资源内部配置绩效评价提供方向上的指引，最终目的是通过评价手段把有限资源精准地配置到高校发展的急需环节，使有限资源发挥最大效益，努力实现资源利用的"帕累托改进"，从而促进地方高校内涵发展。具体目标有以下几个方面。

一是打破地方高校院校教育资源"重分配、重占有、轻效用"的现状。开展地方高校教育资源绩效评价能打破高校效率低下的情形，能提高高校教育资源的使用效率和打破资源"重分配、重占有、轻效用"的现状，唤醒高校资源意识、竞争意识和绩效意识，防止教育资源局部使用内卷化，从而避免闲置浪费，消除资源冗余现象。

二是构建教育规律指导下的地方高校教育资源内部配置绩效评价体系。对高校内部教育资源绩效评价判断、成因及改进方法与途径等成果是内涵式发展战略实施的基础性依据。在遵循教育规律下，通过地方高校教育资源内部绩效评价，通过投入与产出分析以及绩效的纵向和横向分析，促使地方高校校内部资源管理自我诊断与自我改进，总结阶段性资源使用情况，查找结构性短板，呈现优势与不足，促使高校主动认识、关注、发现、解决办学活动中的资源配置问题，进而不断进行办学优劣势态的自我诊断、改进与发展，形成自我约束的机制。

三是实现地方高校校教育资源配置绩效的"帕累托改进"。教育资源是高校科学研究、人才培养和服务社会的条件与保障。对地方高校校教育资源的内部绩效评价是促进高校科学发展的一种手段，评价不是目的，以评促改，通过完善资源配置绩效评价策略，优化资源配置、改进资源绩效才是高校教育资源内部绩效评价的旨归。

二 研究意义

研究的理论意义有以下几个方面。一是有益于完善高校绩效评价理论。教育资源配置问题是当前高校管理的重点与热点问题，教育资源绩效评价是高校绩效管理的重要组成部分。资源约束引起的管理模式的改变，是当前中国高校管理所发生的最深刻的变化。研究有助于丰富与完善高校绩效评价理论，为高等教育实施目标管理制度的改革奠定理论基础。二是有益于细化高校教育资源配置管理理论。通过理论分析、现状调查，进而形成高校教育资源影响因素框架，可以细化高校教育资源配置管理理论，特别是细化高校内部教育资源配置的管理理论，厚实高校内部资源使用效率研究，也为提出教育资源配置优化途径提供了理论基础。三是有益于充实高等教育评价理论。与高校学科、专业评价类似，高校教育资源绩效评价是高校评价的重要组成部分，内容涵盖人力资源绩效评价、财力资源绩效评价、物力资源绩效评价等内容，因此，研究有利于充实高等教育评价理论，克服"五唯"顽疾，扭转不科学的高等教育评价导向。

研究的实践意义包括以下几个方面。一是把握地方高校教育资源内部配置绩效的基本现状与基本问题。通过对Q大学进行深入细致的调查与分析，比较全面地、系统地从各种不同的角度考察高校教育资源使用现状，从而更好地折射出地方高校教育资源关注的维度与范畴。二是建立地方高校教育资源内部配置评价的操作体系，为准确、客观、科学评价地方高校教育资源提供工作依据。研究以解决实际问题为出发点，将指标体系设计、评价过程、成果推广与高校管理实践紧密结合，通过系统建立评价体系，有助于明晰高校资源管理的重点，从而提高高校教育资源管理工作的针对性，强化绩效评价的教育规律，为高校改进资源配置绩效评价提供决策参考。三是总结地方高校教育资源评价的实施经验，为改进高校教育资源绩效评价提供建议，为高校资源配置管理改革提供借鉴，有助于高校完善教学、科研、人事、财务、资产等系列管理制度。对有限的教育资源进行合理的分配，有助于国家和高校制定相应的教育资源管理政策和措施，促进高校对资源的优化调节，提高资源利用效率，以更好地保障高校的教学科研活动，提高管理科学化水平，从而推动高校内涵式发展。

第四节　核心概念与理论基础

一　核心概念

地方高校教育资源内部配置绩效评价的内涵厘定既是深化高校教育资源内部配置认识的基础，同时也是判别高校教育资源内部配置绩效的重要依据。为此，有必要通过"绩效评价""高校教育资源""高校教育资源配置""地方高校"等概念的厘定来划定研究的边界、明确研究内容的内涵与外延。

（一）绩效评价

1. 绩效

从词源学的角度来看，绩效由组织活动的"绩"和"效"构成。即"做得更好且成本更低"。"绩"是指业绩、成绩，是事物表现出来的属性。"效"是指效率和效益，效率表示为生产的投入—产出之比，效益体现产出与期望值之间的比较。绩效是从管理学角度反映一个组织或个人在一定时期内投入产出情况。绩效是评价实践活动有效尺度和客观标准。绩效包含效率（efficiency）、效能（effectiveness）、经济（economy）的3E原则。绩效按照被衡量行为主体层次的不同，分为组织绩效、群体绩效和个人绩效。

绩效与效率、效益的区别在于：效率是指活动过程中所费与所得的动态对比；效益是社会范围内经济活动所费与所得的结果静态对比；绩效是包含经济上所费与所得的过程和结果之静态和动态对比，除了经济上，绩效还包括政治、社会、文化、科技、生态等方面的内容，绩效的范围和内涵更为广泛。

2. 评价

评价是从特定的目的出发，根据一定的标准，通过特定的程序，在充分收集事实资料的基础上对客体做出的价值判断，是对客体满足主体需要程度的判断。① 评价是参与评价的人或团体关于评价对象的一种主观性认识，是综合计算、观察和咨询等方法的一个复合分析复杂过程。美国第四代评价专家古贝和林肯在其指出，评价是对人民和进步的投资。② 评价涉及评价主体、评价客体和价值主体三个要素。

3. 绩效评价

绩效评价是根据既定的评价标准和评价程序，运用一定的评价方法，按照评价指标和标准对评价对象的业绩进行的考核与评价。绩效评价是绩效管理系统的一个环节，要更好地进行绩效管理，必须先进行绩效评价。绩效评价有认识作用、考核作用、引导作用、挖潜作用。绩效评价根据评价对象的不同分为政府绩效评价、企业等营利性组织绩效评价、非营利性组织绩效评价（包括高校、医院绩效评价）等。绩效评价的内容分为业绩评价和态度评价，工作流程如图1-1。

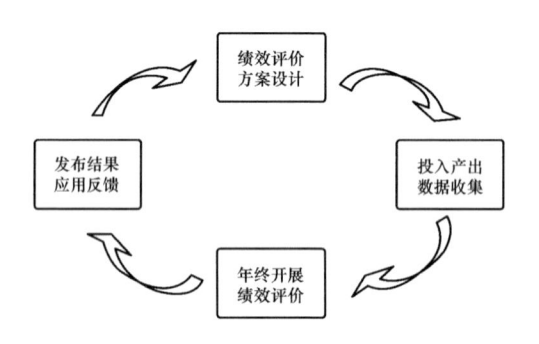

图1-1 绩效评价工作流程

将绩效评价概念沿用至高等教育这一非营利性组织的重要领域即

---

① 白宗颖：《以高校绩效管理推进高等教育治理现代化》，《现代教育管理》2019年第7期。

② ［美］埃贡·G. 古贝、伊冯娜·S. 林肯：《第四代评估》，秦琳、蒋燕玲译，中国人民大学出版社2008年版，第1页。

是高校绩效评价。高校绩效评价是指在高等教育系统中，依高校条件、特色、管理及资源使用情况，政府、社会或高校自身通过确定评价指标、评价标准，对高校的业绩进行考核和评价，客观地反映绩效结果与教育目标的达成度。高校绩效评价表现为高校的教育投入与符合社会经济发展需要的教育产出之间的对比关系，是政府和社会了解高校运行状况的一种手段，是评价高校办学情况、制定高校发展政策、分配高等教育资源和强化高等教育管理的重要举措。高校绩效评价包括三个层次：一是政府和社会对高校的绩效评价；二是高校对内部院系的评价；三是院系对教师和学生个体的评价。

（二）高校教育资源

1. 教育资源

范先佐将教育资源配置定义为："在教育资源一定的前提下，如何将有限的人力、物力、财力在教育系统内部各个组成部分，或在不同子系统之间进行合理分配，以期所投入的教育资源得到最充分的利用，尽量满足教育利益相关者对教育的需求，以求教育系统持续、协调、健康发展。"[①] 王嵘将教育资源认作为能够保证教育活动、教育实践正常进行教育条件，并且指出这些条件不仅包括人力、财力、物力等方面，还包括保证这些因素发挥作用的政策条件、制度条件、环境条件等。[②] 张忠家将教育资源定义为教育活动中投入的人力、物力和财力的总称。[③]

本书借鉴上述界定，将教育资源界定为教育过程中所占用、使用和消耗的人力资源、物力资源和财力资源。

2. 高校教育资源

因高校教育资源是一个处于学科边缘的问题，因此，对高校教育资源的界定可谓是众说纷纭。有学者认为，高等教育资源作为稀缺资

---

① 范先佐：《论教育资源的合理配置与教育体制改革的关系》，《教育与经济》1999年第3期。
② 王嵘：《贫困地区教育资源的开发利用》，《教育研究》2001年第9期。
③ 张忠家：《大学教育资源优化配置研究》，武汉理工大学出版社2014年版，第145页。

源，主要指人力资源、物力资源、财力资源，属于"三要素说"。如肖昊指出，高等教育资源是指用于高等教育事业发展的人力、物力、财力的总和。[①] 王善迈、崔玉平认为，教育资源是教育过程中占有、使用、消耗的人力、物力和财力资源的统一称谓。[②] 李祖超、范先佐、闵维方、康宁等一批学者对教育资源进行了界定，高等教育资源的内涵与外延得到拓展，进入"多要素说"阶段。李祖超认为教育资源是指社会经济资源中，输入教育过程的人力、物力、财力、信息和时间资源的总称。[③] 宋华明、范先佐认为高校教育资源是一个具有特定内涵的概念，是高校教育事业得以高效率运行的各类资源的总和，既包括人力、财力、物力等有形硬资源，也包括思想、办学理念、管理制度、校园文化等无形软资源。[④] 康宁、闵维方[⑤]认为高等教育资源是指维系、组成、服务于高等教育系统的泛资源，包括人力、物力、财力和制度力。戴胜利等[⑥]、岳武[⑦]认为，高校教育资源除了人力、物力、财力等有形资源外，还包括知识、信息、管理制度等无形资源。综上，高校教育资源涉及层面甚广，不同视角下对其的界定是不同的，同时对其界定也是一个不断发展与完善的过程，其内涵由经济资源为主逐步拓展到经济资源和非经济资源并重的局面，其中高校教育资源包括人力、物力、财力和其他类型的资源（主要指无形资源），这种概念界定得到更多专家学者的认可，逐步成为主流的界定，虽还有其他界定，但更多是对上述资源界定的细化。

---

① 肖昊：《高等教育资源合理配置的几个理论问题》，《煤炭高等教育》1996年第4期。
② 王善迈、崔玉平：《教育资源优化配置：中国教育改革与发展中的经济学课题——王善迈教授专访》，《苏州大学学报》（教育科学版）2014年第4期。
③ 李祖超：《我国教育资源短缺简析》，《高等教育研究》1997年第6期。
④ 宋华明、范先佐：《高校教育资源优化与办学经济效益》，《教育与经济》2005年第3期。
⑤ 康宁、闵维方：《中国经济转型中高等教育资源配置的制度创新》，《高等教育研究》2005年第6期。
⑥ 戴胜利、李霞：《高等教育资源配置能力综合评价研究——以长江沿岸九省二市为例》，《教育发展研究》2015年第9期。
⑦ 岳武：《中国高等教育资源配置改革问题及对策研究》，博士学位论文，东北师范大学，2012年，第12—17页。

具体到地方高校内部时，因研究场域为同一高校内部，属高等教育资源微观配置，鉴于是内部评价和校本评价，部分教育资源如制度资源、时空资源、信息资源、文化资源等资源因校内实现充分共享而无须区别，为了体现大学本质特征，阶段性聚焦观察资源使用状况，本研究认为，高校教育资源是指高校拥有的或者可支配的各种资源的总和，是人们从事高等教育活动的条件和基础。高校教育资源包含人力资源、财力资源、物力资源。其中，人力资源是蕴藏在教师身上的劳动能力，主要体现在教职工数量和专任教师素质；财力资源为高校或院系办学提供的办学经费保障；物力资源体现在高校办学的固定资产，含仪器设备和学院用房。

(三) 高校教育资源内部配置

1. 资源配置

《现代经济词典》对资源配置的定义为：资源配置是指在资源的稀缺性约束下，任何一个社会或组织都必须通过一定的方式，把有限的资源合理分配到各个组织领域中，以实现资源的最佳利用。厉以宁认为，资源配置是指经济中包括人力、物力、财力的各种资源在各种不同的使用方向之间的分配。本书认为资源配置为投入组织中的人力、物力、财力资源的各种比例关系。综上，资源配置是指对相对稀缺的资源在各种不同用途上加以比较分析后所做出的分配抉择。

2. 高等教育资源配置

康宁等人将高校教育资源配置定义为对投入高校教育发展事业中的人力、物力和财力等教育资源进行分配，以达到教育资源的最优利用。[①] 一般来说，依据教育资源配置主体和影响范围不同，可以将高等教育资源配置分为三个层次：一是宏观配置层次，国家合理统筹安排有限的高等教育资源并将其分配于不同地区。二是中观配置层次，

---

① 康宁、闵维方：《中国经济转型中高等教育资源配置的制度创新》，《高等教育研究》2005年第6期。

将一定区域内的教育资源分配于空间区域内不同的地区。三是微观配置层次，高校对自身拥有或控制的教育资源进行合理组织和充分利用，实现教育资源最大效益。

3. 高校教育资源内部配置

高校内部的教育资源配置是根据校内各院系、各部门的状况，对从各种渠道所得到的学校现有的教育资源进行校内配置，将教育资源分配给相关院系、部门、机构和个人，用于学校人才培养、科学研究和建设发展，从而发挥高校的职能和作用，获得社会的普遍认可，进而获得更多的教育资源。[①] 本书认为，高校教育资源内部配置主要是指将社会（包括政府、社会、企业、家庭及个人）投入学校的所有人力、物力、财力等教育资源合理配置到各个学院、部门，并使之为学校事业发展发挥最大效用的过程。高校内部资源配置属于微观层面的资源配置。学校层面涉及资源配置，学院层面涉及资源使用或占用。

（四）教育资源内部配置绩效评价

教育资源内部配置绩效评价是依据一定的教育目标，通过确定定性与定量相结合的评价指标、评价标准，对教育资源的内部配置状况进行的考核与评价。绩效评价是资源绩效管理的核心实现机制，是资源重组和再造的路径选择。实施教育内部绩效评价是地方高校提高内部资源配置绩效的基础，也是高校综合改革与内涵式发展的基础和重要组成部分。地方高校教育资源内部配置绩效评价是通过投入、产出判断学校的效能，是对高校内部院系资源配置的绩效、质量、功能、价值以科学的手段和方法做出合理评价的活动。

（五）地方高校

当前，在我国通行的高校分类定位研究中，将高等教育一般分为三个层次：以培养创新人才为主的研究型大学、以培养应用型人才为

---

① 廖志鹏、尹芳、周力：《现代大学制度下高校内部资源配置机制探析》，《当代教育理论与实践》2016年第8期。

主的一般普通高校和以培养技能型为主的职业专科院校。地方高校在群体数量上占我国高校总数的95%[①]，以培养应用型人才为主责，主要特色体现在地方性、应用性和区域性，多为教学研究型本科院校，是建设我国高等教育强国体系的重要组成部分，是推进我国高等教育进入普及化阶段的主力军。

本书的地方高校主要指省属重点地方大学和地方普通本科高校。以云南为例，主要包括云南师范大学、曲靖师范学院、大理大学、昆明学院、保山学院、文山学院、玉溪师范学院、楚雄师范学院等公办本科高校。地方高校的人、财、物等资源以地方政府配置管理为主，具有地方性、大众性和应用性的特点。

地方高校的主要责任是为地方发展培养人才，地方性是地方高校的最大优势和特色。

地方高校因地方经济发展水平不同，大多存在资源短缺现象，特别是西部院校和边疆院校，且在国家重大科研项目和重大招标项目中普遍处于资源竞争弱势地位，总体来说，资源（特别是财力资源和人力资源）仍是地方高校高质量发展面临的最大瓶颈。因此，对地方高校而言，与"双一流"高校相比，教育资源内部配置的绩效评价显得更为紧迫。

以地方高校为研究对象，一方面，不同层次高校的绩效评价价值取向不同。"双一流"高校以学科建设和科学研究为主，为研究型大学或研究教学型大学；地方高校更多以本科教育为主，为教学研究型大学或教学型大学。地方高校尽管存在理工类、综合类、艺术类、师范类等不同类型高校，但近年来都呈现出综合发展的态势。结合获取研究资料的可能性。另一方面，选择自己熟悉的地方高校，便于获取研究资源。

鉴于地方院校内部机关管理部门不承担教学科研任务，实体学院

---

① 王小兵、刘畅：《实然到应然：地方高校地方性的评价与路径探索——基于湖南省7所高水平地方应用学院相关数据的分析》，《河北师范大学学报》（教育科学版）2021年第6期。

是学术权力与行政权力共存的组织，高校的人才培养、科学研究、学科建设都落脚在实体学院，是高校最基本的实体单位，"院为实体"，因此，本书教育资源内部绩效评价的对象是实体学院，不包含高校内部机关管理部门。

二 理论基础

（一）新公共管理理论

新公共管理产生于20世纪七八十年代，西方国家传统政府运行体制难以适应急剧变化的社会环境，出现了政府规模膨胀、财政赤字等问题，在此背景下，新公共管理应运而生。新公共管理理论的基础为公共选择理论及新制度经济学理论，强调在公共管理中引入竞争机制来提高服务质量，重视以市场或顾客为导向引领政府改革，代表人物有胡德（Hood）、奥斯本（Osborne）、盖布勒（Gaebler）、波利特（Pollitt），主要观点有：一是政府角色转变，职能重新定位，政府由公共服务的垄断者转变为公共服务的监督者和竞争者；二是政府服务以顾客为导向，将市场指导思想引入公共系统；三是政府要广泛采用分权或授权方式进行管理；四是政府应放松严格行政管制，实施明确的绩效目标控制；五是提倡政府采用私营部门在创新、效率、质量等方面的实践，如成本—收益分析、全面质量管理、目标管理等。

新公共管理理论认为，经济学中的资源稀缺、效率等原则要求公共组织部门必须重视资源的合理化配置，注重成本与收益的分析，公共部门在实现管理的过程中尽可能地合理使用资源，尽可能避免浪费。同时，以顾客为导向的服务理念要求公共组织及时回应公众的问责。问责不是为了公共组织的决策提供政策咨询，而是评价公共组织是否实现了预期的目标。实行绩效评价的目的在于克服传统政府管理模式的三个缺点：一是缺乏整体方向和目标；二是公共组织的不同部门缺乏提升凝聚力的协调机制；三是无法评价公共组织人员谁在做什么，产生什么效果，付出多大代价。绩效被广泛应用于公共组织管理中用以全面反映和评价公共组织的表现。

由于高等教育具有准公共产品性质，这决定了高等教育管理具有市场化的内在基础。由于当今世界经济结构正由工业化生产模式转变为以知识和科技为主体的发展模式，这促使世界各国政府不得不重新审视高等教育的角色、作用和功能，以明确改革发展的方向。新公共管理为高校资源管理提供了改革范式，要求高校资源管理领域关注市场、充分赋权、追求效率、讲究绩效，激发高校竞争意识，强调高校在资源管理领域实施明确的绩效目标控制，重视资源配置的效率、效果和质量并对其进行测量和评估。高校教育资源绩效管理的理论基础是新公共管理理论，高等教育资源绩效评价的管理理念、管理方式正是新公共管理理论的忠实执行者，通过绩效评价加强高校管理是新公共管理理论最直接的体现。地方高校大多是受公共财政支持的，在新公共管理理论的牵引下，地方高校必须回答教育资源是否发挥了最大的使用效能，从而接受政府和大众的检验，并积极提高自身竞争力。

新公共管理理论对本书的意义：一是以市场机制为基础，优化地方高校教育资源内部配置绩效评价。新公共管理理论主张，要以市场机制的标准配置资源，积极发挥市场在资源配置中的作用，并以市场的标尺来评价资源的供给绩效，建立市场导向型的资源配置模式。二是以目的为导向，建立地方高校教育资源有效的责任机制和绩效评价体系。新公共管理理论要求公共组织注意活动的产出和效果，实施严格的目标控制，以此来实现资源的最大效用。考证地方高校教育资源内部配置的情况，要通过指标体系来衡量院系的组织绩效，把资源的输入和教育成果输出作为考核标准，以此评价教育资源内部配置情况，并建立一种资源配置和使用的责任机制。三是将有限竞争机制引入地方高校教育资源配置领域。由于地方高校教育资源紧缺情况，有必要推进地方高校教育资源配置模式改革，实行以竞争为主要手段、兼顾其他方式的资源配置模式，以此来解决行政配置模式带来的绩效及质量低下的问题。

新公共管理理论对本书的具体应用在于：一是强化了地方高校教育资源的绩效责任。对绩效责任的强调使地方高校内部管理发生了较大转变，地方高校有传统注重过程管理逐步转变为注重管理的绩效和结果，在实行校院两级管理的同时，通过评价和绩效建立竞争运行规则。二是强化了地方高校内部的竞争意识。提高竞争力是地方高校质量保障的重要手段，提高竞争力需要提高效率，需要通过竞争的机制来配置资源，对地方高校教育资源内部配置绩效评价，可以促使高校内部树立竞争意识，从而提高资源的办学效率。三是有效推动地方高校绩效评价的研究和相关制度制定。为了实现对地方高校绩效评价的目的，需要一个科学适用的评价工具来检验高校内部院系的质量和效能。绩效指标被运用于高校内部质量检查、决策导向和声望信息等，而且绩效评价逐步成为高等教育管理的政策工具。

（二）第四代评价理论

美国教育评价专家埃贡·G. 古贝和伊冯娜·S. 林肯在20世纪80年代末在后现代主义和建构主义的理论基础上提出第四代评价理论，该理论提出前三代理论存在评价的管理主义倾向太浓，忽视价值的多元化，过分强调科学实证主义的方法。该理论认为，评价是对被评事物赋予价值，评价本质是一种心理建构过程，评价描述的并非事物真正、客观的状态，而是评价主体关于评价对象的一种主观性认识，评价的最终结果是评价主体基于对评价对象的认识通过协商而整合成的一种共同的、一致的看法。

第四代评价理论强调以"回应"与评价利益相关的人为评价出发点，主张全面参与的原则，以"协商"为途径达成共同的心理建构，构成了"回应—协商—共识"的建构型方法论，主张通过价值协商使评价活动建立在共同接受的教育价值基础上。第四代评价理论认为，评价者的核心任务就是通过收集各种资料，梳理出不同相关利益相关者、不同环境中的建构，并运用协商的方式，逐步改变、统筹不同意见上的分歧，协调不同价值判断标准，引导不同评价者达成共识，实现共同的心理构建。

第四代评价理论针对前三代评价理论存在的浓厚的管理主义倾向、忽视价值的多元性、过分强调科学实证主义方法、自上而下缺乏评价交流与合作等不足，更加关注评价促进发展的功能、重视被评价者的意见，注重用质性的研究方法在自然的情景中促进评价者和被评价者之间的信息沟通和反馈。第四代评价理论为解决当前我国高校评价中的问题提供了新的视角和分析范式。高校教育资源的绩效评价要建立在协商与共同接受的教育价值之上，要强调"回应"，注重"协商"，克服"行政主义""管理主义"，共同建构高校绩效评价体系。

第四代评价理论对本书的意义在于将"响应""协商""共同建构"作为绩效评价的重要方式。一是确立"响应"作为地方高校教育资源内部配置绩效评价的起点。第四代理论指出，评价不仅仅是为了证明，更是为了改进。要将发展性评价作为地方高校教育资源内部配置绩效评价的理念，绩效评价着重在于提高绩效评价质量，从而促进高校教育资源配置优化。为此，要提倡"响应式聚焦"，一方面是对象的响应，包括评价者、被评价者、评价代理者；另一方面是内容上响应，将被评价者及其他利益相关者的主张、焦虑和争议进行回应，以平衡和解决不同利益相关者持有的评价差异。二是确立"共同建构"作为地方高校教育资源内部配置绩效评价的本质。第四代评价理论强调要重视不同群体的价值评判标准，克服管理者或者评价者单一价值评判标准，要注重与参与评价活动的不同主体进行共同心理建构，通过回应、协商从而不断地进行协调，减少分歧进而达成一致的价值判断标准。三是确立"协商"作为教育资源内部绩效评价的过程。资源内部绩效评价要以"建构主义方法论"为依据，在自然的情景下，与被评价单位针对新的主张、焦虑和争议进行不断的协商，允许被评价者发表不同意见，尊重被评价者的意见。

第四代评价理论对本书的具体应用体现在评价的主体、方式、标准、功能的转变。一是评价主体转变在于要尊重多元价值需求。第四代评价理论注重对评价主体的多元考虑和多元参与，重视对评价参与相关主体的尊重，并在评价过程中体现公正平等性。多元主体参与到评价中，改善评价相关主体的关系，提高评价结果的质量。二是评价方式转变在于注重使用多种方式。依据第四代评价理论，要形成地方高校教育资源绩效内部配置建构性绩效评价，注重定性评价与定量评价相结合，形成性评价与总结性评价相结合，级别评定与分数评定相结合，注重运用问卷、访谈、观察等不同方式。三是评价标准的转变在于不同标准的结合。地方高校教育资源绩效内部配置绩效评价在评价标准上，邀请被评价学院共同参与价值判断标准的建构，既要参照个体学院在群体中的相对位置，也要注重基于一定标准的评价，不过于注重某一种标准，将标准参照与常模参照有机结合。四是评价功能的转变在于重视发展功能发挥。第四代评价理论运用解释学的方法，注重评价在循环协商中进行，侧重发挥评价的反馈、激励和引导，促使教育活动全面改进。地方高校教育资源内部配置绩效评价不仅要发挥资源使用绩效的鉴别功能，也要发挥资源绩效评价的激励发展功能，切实发挥绩效评价的作用。

第五节　研究内容、思路与方法

一　研究内容

研究的角度是地方高校教育资源管理。对于地方高校而言，学校拥有教育资源内部配置主导权力，院系拥有教育资源使用权力。绩效评价是在地方高校内部牵引主导下，多方参与开展的绩效评价，绩效评价的内容是教育资源配置，绩效评价的对象是内部院系。

本书围绕如何构建地方高校教育资源绩效配置的绩效评价体系这一核心，具体内容如下。

一是通过Q大学的个案调查，从现状出发，以问题为导向，论证当前地方高校构建资源配置绩效评价的必要性，为构建评价体系打基础。二是论证构建教育资源配置绩效评价的理论分析框架，这是构建评价体系的基础和遵循。三是通过参与、协商等方式共同建构地方高校教育资源内部配置的绩效评价体系。四是以Q大学为案例，对评价体系进行实证分析，以个案验证评价体系。五是对地方高校教育资源内部配置绩效评价体系进一步改进建议和思考。

二 研究思路

研究从地方高校教育资源内部配置现状出发，围绕和聚焦资源内部配置的绩效评价体系这一核心，遵循"为什么"开展绩效评价、"怎么样"开展绩效评价的逻辑思路，以 Q 大学为案例，通过实证调查得出资源配置情况及绩效评价情况存在问题，得出开展教育资源内部配置绩效评价的必要性。以问题为导向，借助相关理论，构建适合地方高校教育资源内部配置的绩效评价体系。对评价体系在 Q 大学进行实证研究，进而提出改进评价体系的举措。

研究主题是对教育资源内部配置的绩效评价，涉及、分解为教育资源配置和教育资源绩效评价两个维度。资源配置是绩效评价的标的或对象，关注"评价什么"，绩效评价是对资源配置效果开展的评价，关注"如何评价"。因此，从新公共管理理论出发，分析地方高校教育资源配置，从第四代评价理论出发分析地方高校教育资源绩效评价，从上述两个维度对地方高校教育资源内部配置绩效评价进行研究。

以新公共管理理论为基础，在指标构建及评价过程中，从高等教育资源的概念、作用和当前高等教育资源配置存在的问题出发，认为高校教育资源内部配置要注重市场、绩效与质量，充分赋权，将资源配置权力中心转化为服务中心，重塑资源管理方式，将教育资源配置的关注点从主体中心配置转变为客体中心使用，在资源配置中引入绩效评价，把绩效评价作为改进高校教育资源的管理工具，绩效评价要注重绩效意识、引入竞争和市场机制。

以第四代评价理论为基础，高校教育资源内部配置绩效评价，在注重绩效和实证的同时，又要克服"管理主义倾向""工具主义""过分强调科学实证主义"带来的弊端，不将评价作为纯粹的管理工具，评价的结果并非终极意义上的"事实"，而是由包括评价者以及由于评价而处于风险之中的利益相关者通过互动而实际创造的一种结果。要坚守评价的初心，注重价值的多元性，注重评价的教育价值和学术内生规律①,依据共同的教育价值,依托地方高校、专家学者、专业组织共同研究制定指标体系,凝聚最大共识,构建相关利益主体的"回应—协商—共识"评价模式,彰显评价的人文属性,以此提高教育资源绩效评价的科学性、合理性与可操作性。

高校教育资源内部配置绩效评价,涉及高校教育资源配置和绩效评价两个领域,从本体论、认识论、方法论三个层次,综合运用新公共管理理论和第四代评价理论,结合现状调查,构建高校教育资源绩效评价的基本原则和基本维度(目标达成、建设效能、投入产出、发展潜力、内部管理等维度),构建综合绩效评价模型,建立科学、合理、有序的评价体系与模式,从而实现评价科技理性与价值理性的统一,真正促进高校资源效用的最大化。研究具体分析框架见图1-2。

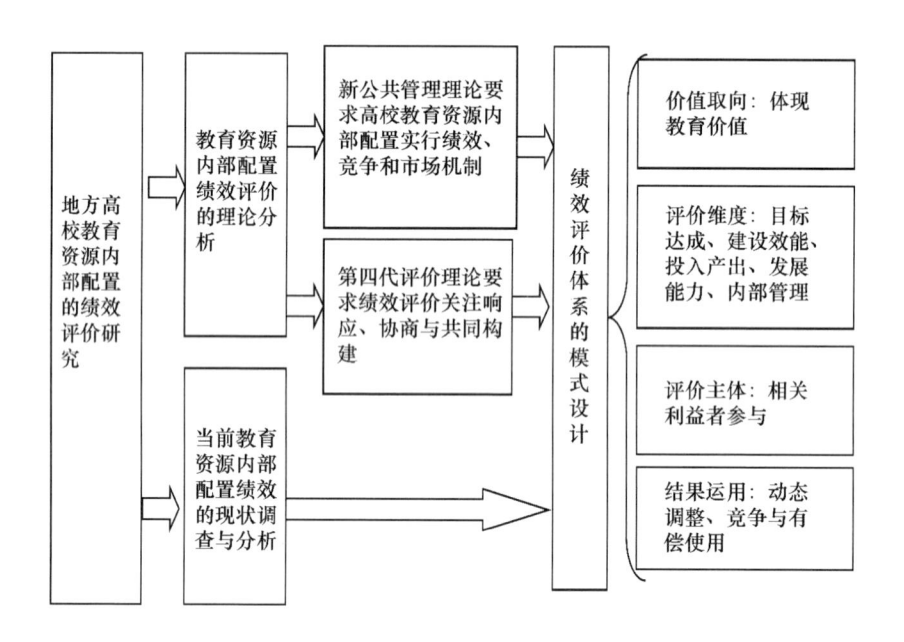

图1-2 研究具体分析框架

---

① 盛永红:《教育评价视角下高校经济责任审计评价指标体系研究》,《商业会计》2021年第20期。

研究分析框架为技术路线提供了理念遵循。研究从理论分析和现状调查出发，以新公共管理理论与第四代评价理论为基础，构建包含价值取向、评价维度、评价主体、结果运用等方面的教育资源内部配置绩效评价体系。研究以当前我国高等教育内涵式发展和"双一流"建设为切入点，以如何提高高校教育资源配置效率为主题，站在高校教育资源管理者立场，基于微观评价与内部评价视角，构建高校教育资源绩效评价的若干基本维度，在对若干地方高校现状调查的基础上，构建地方高校教育资源配置绩效内部评价体系。为了验证、检验、完善评价体系，也为了更好地提出改进建议，研究以Q大学为案例，进行具体实证评价，对评价结果从共享机制、绩效机制、动态调整机制等方面运用，针对评价情况进行分区分类，分析影响地方高校教育资源绩效的影响因素，提出改进教育资源配置绩效的可操作建议。整个研究路线遵循问题、理论分析框架、评价指标建构、案例验证、结论。针对研究的内容，在研究分析框架的指引下，形成本研究的技术路线（图1-3）。

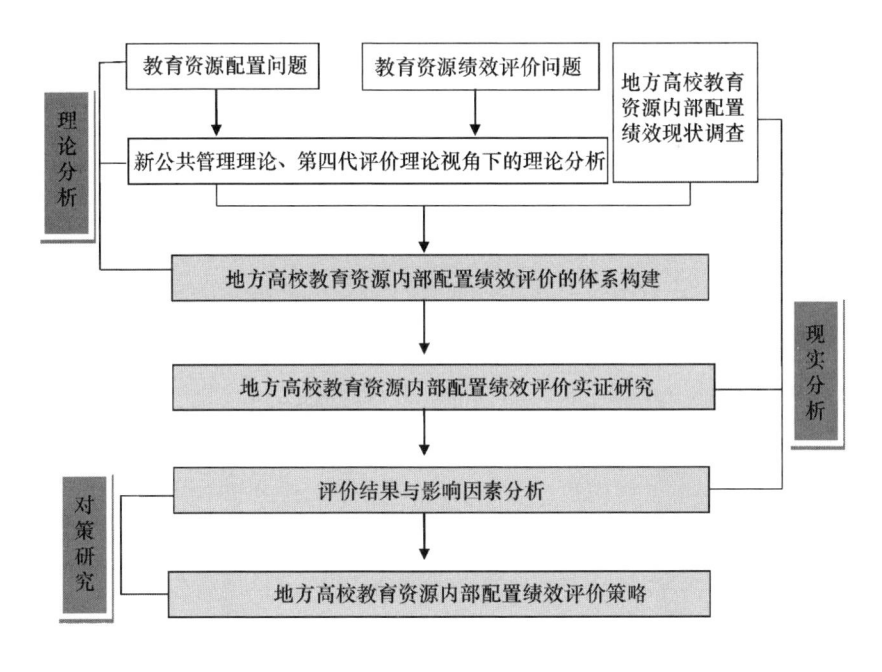

图1-3 研究技术路线

三　研究方法

鉴于高校投入产出量化的特殊性，需要采用一套科学的方法对地方高校教育资源内部配置的合理性与有效性进行科学的评价。本书拟采取下列方法。

（一）文献研究法

文献研究法是按研究选题的需要，对一系列的文献进行收集、比较、综合，从中提炼出选题研究现状及动态的方法。文献研究法是利用文献间接考察社会现象的研究范式。本书通过收集、阅读、鉴别、分析、整理高校教育资源内部配置有关文献材料，全面、正确地研究地方高校教育资源内部配置绩效评价问题，形成科学认识。

（二）问卷调查法

问卷调查法通过制定详细周密的问卷，要求被调查者据此进行回答以收集资料的方法。依据新公共管理和第四代评价理论分析，拟从目标达成、建设效能、投入产出、发展潜力等维度制作《地方高校教育资源内部配置绩效评价调查问卷》，向 Q 大学师生发出问卷 2000 份以上，以调查了解教育资源目前使用现状与问题、师生对教育资源的关注点，为构建指标体系奠定基础。

（三）访谈法

访谈法是通过访员和受访人面对面地交谈来了解受访人的心理和行为的心理学基本研究方法。在理论分析和文献研究的基础上，通过走访地方高校，深度访谈教师、学生、管理者 30 名以上，以把握目前高校资源绩效评价现状、存在问题及改进建议。

（四）数理统计法

数理统计法是运用统计学的方法对数据进行分析、研究导出其概念规律性。本书主要使用数理统计方法：包络数据分析方法（DEA），以从学校角度对高校内部院系教育资源配置的绩效进行总的评价。采取模糊综合评价，在模糊环境下，考虑多种因素影响，定性与定量相结合，对 Q 大学 19 个学院进行模糊综合评价。

（五）个案研究法

个案研究法是教育研究中一种常见的质性研究方法，个案研究通过详尽地收集某一特定对象的相关资料从而对其展开较为全面深入的调查追踪和细致分析，进而掌握其现状或发展变化过程。在教育学领域开展个案研究的目的各不相同，但大多都是描述、解释和评价某些特定的教育现象。应用个案研究，既要在个案的基础上把研究结论推广到地方高校中去，又要深掌握和验证现实状况，通过点面结合确保研究的逻辑严密性。要选择较为典型的案例作为个案研究对象。本书选择 Q 大学作为个案研究对象，选择主要是基于如下考虑：一是具有代表性。Q 大学近年来初步开展了教育资源绩效评价，能代表资源配置绩效评价的前沿性问题、关键性问题和实质性问题。二是具有全面性。Q 大学地方高校，覆盖多个学科领域，具有文理兼备的学科，具有本科、硕士、博士的学位授予权。三是具有典型性。Q 大学近年印发了《Q 大学资源配置与绩效量化指标体系》，通过综合改革正在开展资源绩效评价。

世界原本就在一片混沌之中，现实问题就像是一大片沼泽泥潭，解决问题没有学科之分。仅凭一个学科难以解决现实的问题，做好高校教育资源内部绩效评价研究，要充分利用管理学、教育学、经济学等不同学科去尝试解决。在研究方法上要坚持以下原则：一是理论分析与行动研究相结合；二是定性分析与定量分析相结合；三是文献研究与实证调研相结合；四是本土研究与国际借鉴相结合。

第二章 Q大学教育资源内部配置绩效评价的现状调查

当前我国地方高校教育资源的使用状况到底如何呢？为了解地方高校教育资源配置绩效的现状和存在的问题，为了避免问题的"先入为主"或"不由分说界定"，本书在文献研究的基础上，选取Q大学为个案研究对象，通过访谈和问卷调查等方法，对其资源使用客观现状与问题进行摸底调研和系统考察，进而针对当前地方高校教育资源配置绩效评价存在问题根源来开展研究，以便进行更好的反思和改进。

第一节 地方高校——Q大学基本情况

一 Q大学简介

Q大学是一所有80余载办学历史的省属重点师范大学，是教育部和省级政府"省部共建"高校，属于国家中西部基础能力提升工程重点建设高校，被誉为"红土高原上的教师摇篮"。学校有哲学、经济学、法学、教育学、文学、历史学、理学、工学、管理学和艺术学10个学科门类，形成多学科协调发展的学科与专业格局。学校属于教学研究型大学，具有地方性、区域性特点。近年来学校实施"顶天立地"协同创新科研战略，主动为地方经济建设和社会发展作贡献。通过在教师教育、人才培养、课程建设、学分制等方面的改革和创新，完成了由传统师范院校向以教师教育为特色的综合大学的转型。

第二章 Q大学教育资源内部配置绩效评价的现状调查

Q大学作为地方高校，拥有3.4万名师生，教师队伍中有教育部"长江学者"特聘教授、万人计划领军人才、国家突出贡献专家、国家"百千万人才工程"、国家级教学名师等一批专家学者，学校有博士、硕士和本科学位授予权，拥有6个博士学位授权一级学科和6个博士后流动站。在教育部第四轮学科评估中，Q大学有15个学科排名在全国高校前70%，其中，地理学学科排名进入前20%，教育学学科排名进入前40%。Q大学目前有87个本科专业，其中15个专业入选国家一流建设点，16个专业入选省级一流建设点，3门课程入选国家一流本科课程，43门课程入选省级一流本科课程。近年来，Q大学先后获国家级、省级教学成果奖88项（包括国家级教学成果一等奖在内），在教育部本科教学工作水平评估中获得优秀。学校毕业生就业情况评比位列全国高校50强、地方本科院校10强。

Q大学拥有教育部创新团队、省科技创新团队、省哲学社会科学创新团队等省部级创新团队22个。学校有国家太阳能热水器质量监督检验中心、中国—老挝可再生资源开发与利用联合实验室两个国家级平台，教育部重点实验室、教育部工程研究中心、省工程技术研究中心、省重点实验室、省哲学社会科学研究基地等省部级科研平台及基地50余个。"十三五"期间，该校共获得国家重点研发计划项目或课题3项、国家自然科学基金与省联合基金重点项目3项、国家自然科学基金206项、国家社会科学基金重大项目3项、国家社会科学基金125项。

Q大学坚持协同创新，主动服务地方经济建设和社会发展。Q大学依托传统优势学科和重点研究机构，通过地方研究院、新型科技研发机构以及在地方建设的一批卓有成效的产、学、研合作平台，促进了科技成果转化和文化创意产业发展，在马铃薯品种培育、太阳能利用、生物质能等方面形成了一批富有自身特色的产学研合作领域。

Q大学实行校、院二级管理体制，以学院为单位开展教学科研与学科建设工作。在充分论证的基础上，于2016年重组和调整了学院，设置教育学部、法学与社会学学院、文学院、历史与行政学院、外国语学院、经济管理学院、泛亚商学院、马克思主义学院、传媒学院、音乐舞蹈学院、美术学院、体育学院、数学学院、物理与电子信息学院、化学化工学院、生命科学学院、信息学院、地理学部、能源与环境科学学院19个教学科研实体学院。上述学院也是本书对Q大学教育资源内部配置绩效评价进行研究的客体。

学校通过在教师教育、人才培养模式、课程体系、学分制、教学内容、教学方法等方面的改革和创新，完成了由传统的师范教育向现代教师教育、由传统师范院校向以教师教育为特色的高水平大学转型。Q大学在当前地方高校推进一流学科建设和开展一流本科教育的政策话语体系中具有较强的普遍性，作为评价样本要具有典型性与代表性。

二 Q大学教育资源内部配置绩效评价基本情况

受地方政府财政能力、财政政策等因素影响，加上新校区建设，经费投入、师资力量、平台资源等人力、财力、物力资源呈现短缺现象，在国家教育资源配置改革的社会背景和地方高校内部管理体制改革的助推下，针对资源供需现实困境，Q大学近年来逐渐意识到，实施资源绩效评价是必然趋势，构建学科、学院、学校自身的绩效评价体系，不断优化资源配置结构与方式是推进Q大学发展建设的关键因素与根本路径，也是实现一流师范大学建设目标的重要保障。Q大学目前采取足额保障人员、学生、民生等基本支出，剩余资源再进行发展项目的分配方式，Q大学也正探索开展资源内部配置的绩效评价探索。近年来，学校教育资源绩效评价方面开展了以下工作。

一是初步建立科学的绩效考核评价机制。为引导和激励内部院系提高资源配置和使用绩效，为提高内部院系效率和积极性，加快学校内涵式建设的步伐，促进学校各项事业持续、健康、高质量发展，在遵循"实绩考查与服务评价相结合、突出重点和兼顾一般相结合、定量考核与定性考核相结合"等基本原则的基础上,学校建立了《Q大学机关职能部门、直属单位绩效考核实施方案》《Q大学校内预算管理办法》《Q大学资产资源管理办法》等规章制度,初步制定《Q大学资源配置与绩效考核指标体系》《Q大学学院(系)工作目标绩效考核实施方案》。

二是明确了资源配置绩效评价考核内容。Q大学内部院系绩效考核内容分为人才培养、科学研究、学科建设和社会服务等模块,各相关职能部门以各模块考核办法为依据,对院(系)年度工作分类进行资源配置绩效考核。教学工作主要考核在本科生和研究生教学、教研方面的工作绩效。科研工作主要考核在科研项目、科研成果等科研工作方面的绩效。学科建设主要考核在学科、平台和学位点建设等方面的工作绩效。社会服务主要考核在校市校企合作、横向项目和科技成果转化、创新创业和咨询服务等方面的工作绩效。人才队伍建设主要考核在人才队伍培养、人才引进、人才队伍结构、人才队伍管理等方面的工作绩效。院(系)资源绩效考核于年底进行。Q大学对内部院系资源投入由财务、资产等相关职能部门据实报送,如财力资源内部配置的统计范畴见表2-1。

表2-1　　　　Q大学财力资源内部配置统计　　　　单位:元

编号	学院名称	财力资源总额	人员经费				教学运行经费			校内科研运行经费			
			工资	岗位津贴	奖金	人才经费	小计	本科生	研究生	小计	六项基金	科研项目配套	科研平台经费	其他	小计
01	数学学院													
02	物理与电子信息学院													
03	化学化工学院													

续表

编号	学院名称	财力资源总额	人员经费				教学运行经费			校内科研运行经费				
			工资	岗位津贴	奖金	人才经费	小计	本科生	研究生	小计	六项基金	科研项目配套	科研平台经费	其他	小计
04	能源与环境科学学院														
05	地理学部														
06	生命科学学院														
07	教育学部														
08	经济管理学院														
09	外国语学院														
10	泛亚商学院														
11	马克思主义学院														
12	历史与行政学院														

注：1."人员经费"包括在岗人员工资、发至个人的岗位津贴、拨付给各学院的奖金等；"人才经费"包括引进与培养人才而支出的培养费、安家费、住房补贴等。

2."科研平台"包括重点实验室、工程中心、文科基地、研究所（中心）等。

3."六项基金"包括学校的学术出版基金、学术交流基金、国家级项目培育基金、青年基金、应用科学基金、教育科学基金。

三是强化对资源绩效评价管理与跟踪。资源绩效考核过程中，组织实施分四步：首先，由各院（系）根据各考核办法将工作业绩分模块提交各考核小组；其次，各考核小组依据各类考核办法实施考核评价；再次，考核小组将考核结果提交学校发展规划部门（考核办），学校汇总各模块考核结果并计算总体绩效；最后，考核办将绩效考核情况报学校校长办公会、党委会审议。绩效评价结果分为优秀、合格和不合格三个类别。考核结果为优秀的学院颁发绩效考核优秀单位奖，并给予资金奖励；考核结果为不合格的学院限期整改。考核过程坚持以绩效目标为导向，注重体现竞争性原则，并做到激励与约束并重、公平与效益的统一。在合法合规的前提下，学校多措并举提高项目资金使用效率。对资源的使用情况、效益情况进行跟踪和监控，发现问题及时采取相应措施，提高资金资源配置绩效，保障绩效目标实现。通过初步开展绩效评价，内部院系一定程度上加强了对资源的管理和使用，但评价中也存在效能不高、针对性不强等问题。

第二节　调查设计与实施

一　调查设计

（一）调查目的

本书通过对Q大学的师生、校领导、院系负责人、资源管理者、专家学者等的调查，从不同角度了解地方高校资源配置和使用的开展现状，包括对资源配置绩效的评价情况。在新公共管理理论和第四代评价理论的视野下，了解地方高校教育资源内部配置绩效评价体系构建的主客观条件、影响因素等，并针对存在问题进行分析和总结，为进一步提高地方高校资源配置绩效提供建议。

（二）调查思路

近年来，政府一直强调注重节约资金、开源节流，也逐步通过教育资源的绩效评价对地方高校进行绩效管理，但地方高校有没有建立相关制度强化内部约束、有没有建立保障措施尚不明晰，因此，为了解地方高校教育资源配置及其绩效评价情况，本书在总结前人调查研究的基础上，围绕资源内部配置的过程、方式以及绩效评价的效果进行调查，归纳地方高校资源内部配置及其绩效评价的问题。调查内容涉及教育资源利用、教育资源配置、资源绩效情况、绩效评价情况，上述内容彼此之间存在着逻辑关系，因此能够对所研究的问题进行较为系统的描述。

(三) 调查方法

调查主要采用了文献分析法、问卷调查法和访谈法。第一步是文献分析法，通过文献查询，初步提出调查要了解的问题，然后对研究的初步设想进行验证，对不合适的地方进行调整，为问卷调查设计打下基础。第二步是问卷调查法，通过对事先拟定的内容进行多维验证，以期尽可能得出精确的结论。第三步是访谈法（包括直接访谈和间接访谈），通过与教育资源使用、配置、评价密切相关的人员进行访谈，听取受访者对提升教育资源绩效意见。

采取三种方法相结合，主要依据第四代评价理论，注重教育资源配置及其评价主体的多元性，吸纳来自地方高校不同层面、不同类型的主体参与其中共同建构，既包括与研究关联密切的群体，也包括家长和校友，从不同的角度可以探寻存在的问题或者获得解决问题的建议。采用三种方法相结合，可以相互补充、相互支撑，全面掌握地方高校教育资源内部配置开展的相关信息，从多角度认识同一问题，进而提升调查的实效性。

(四) 问卷设计

为准确把握地方高校教育资源内部配置及其绩效评价的开展情况，了解教育资源目前使用现状与问题、师生对教育资源的关注点，为从投入产出构建指标体系，教育投入从人力、物力、财力资源分析，教育产出绩效从目标达成、发展潜力、产出效益三个维度分析，本书尝试从两个维度看待教育资源配置绩效评价问题，依据新公共管理和第四代评价理论分析，从资源配置现状、关心关注的绩效评价指标、改进资源配置绩效的建议等方面设计《地方高校教育资源内部配置绩效评价调查问卷》（见附件1），题目类型有单选题、多选题、排序题（5分制量表评价题）。问卷内容设计是基于国内外相关文献借鉴、分析吸收相关资源配置类和绩效评价类调查问卷，由对Q大学及其他兄弟院校多位资源管理负责人进行咨询设计而成，问卷通过在Q大学开展试测验证信效度，并进行局部适当调整，形成最终调查问卷。

（五）访谈提纲设计

鉴于问卷调查对象所处的职责和角色不同，其填写反映的情况也稍有不同。同时，各参加问卷调查的对象由于其身份性质的原因，对地方高校教育资源配置及其绩效评价的一些详细情况的把握可能也存在偏差，为弥补问卷调查的误差，更好地把握真实情况。为此，本书专门设计了访谈提纲（见附件2），访谈内容主要有三个方面：一是您认为目前您所在学校的教育资源配置还存在哪些问题？二是若对地方高校教育资源配置情况进行绩效评价，您更关注哪些指标？三是今后对如何改进绩效评价、提高地方高校教育资源配置绩效方面有什么举措和建议？访谈对象是部分校领导、职能部门资源管理者、院系负责人、师生代表、教育管理专家和绩效评价专家，主要是面谈为主，网络邮件和电话访谈为辅。

二 调查的实施

为准确、全面了解地方高校资源利用情况，找出地方高校资源配置及其绩效评价中存在的主要问题，根据研究需要，笔者2021年7—11月对Q大学进行了系统调查。这一调查具体包括问卷调查、访谈和材料搜集。目的是了解地方高校教育资源的使用现状、资源配置存在的主要问题以及绩效评价开展情况，从而探讨问题的根源，以便提出相应的建议。

（一）问卷的发放与回收

在问卷调查方面，通过纸质问卷和电子问卷共向部分地方高校发出问卷2195份，收回有效问卷2084份。

其中，被调查对象中，学生656人，占比31.5%，专业教师863人，占比41.39%，校领导及职能部门管理者305人，占比14.65%，院系负责人及管理者214人，占比10.26%，用人单位31人，占比1.47%，家长15人，占比0.73%（见图2-1）。

◈ 地方高校教育资源内部配置的绩效评价研究

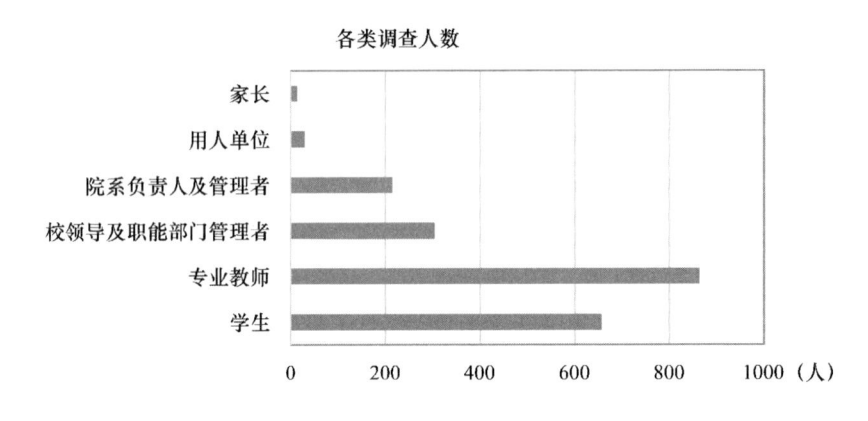

各类调查人数

图 2-1 被调查人员身份构成

被调查学科归属方面，文科占比 54%，理科占比 42%，交叉学科 4%。在调查对象的学历方面，专科 46 人，占比 2.19%，本科 981 人，占比 47.08%，硕士 913 人，占比 43.8%，博士 144 人，占比 6.93%。（见图 2-3）

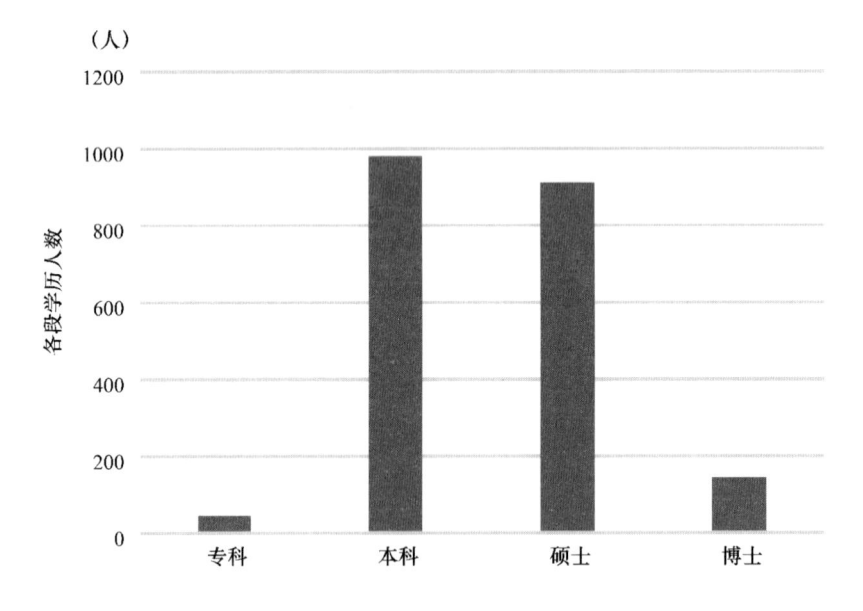

图 2-2 被调查人员学历构成

第二章 Q大学教育资源内部配置绩效评价的现状调查

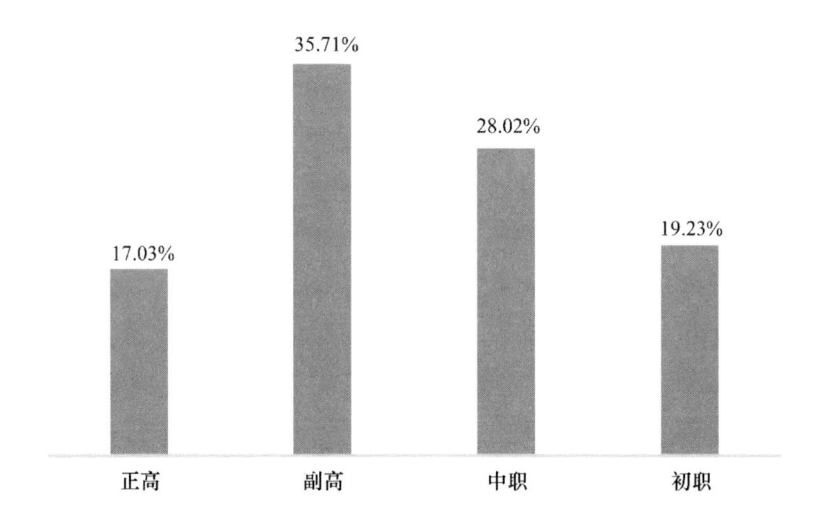

教师职称比例

图2-3 被调查教师职称构成

在被调查教师职称方面，初职占比19.23%，中职占比28.02%，副高职占比35.71%，正高职占比17.03%。（见图2-4）在被调查人员的中，身份为管理者人员中，厅级职务占比0.27%，处级占比66.22%，科级占比21.62%，其他占比11.9%。

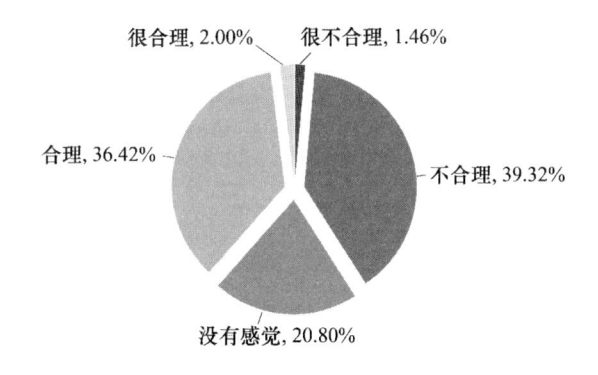

图2-4 资源配置合理度调查结构

(二) 访谈实施情况

在访谈方面,在理论分析和文献研究的基础上,通过访谈 Q 大学教师、学生、管理者共 40 名资源评价利益相关者,以把握目前高校资源配置与绩效评价现状、存在问题及绩效评价建议。采取个别访谈 32 人,集体访谈 8 人。现场访谈 25 人,受疫情影响电话或网络访谈 15 人。

表 2-2　　　　　　　　　　访谈对象一览

序号	姓名	身份	单位	访谈时间	访谈地点	访谈方式
1	KFX	研究生	能环学院	2021年9月	教室	探索性访谈
2	MZ	本科生	教育学部	2021年9月	教室	探索性访谈
3	BJH	教师、教授	体育学院	2021年9月	网络访谈	探索性访谈
4	ZYQ	教师、教授	化学学院	2021年9月	食堂	探索性访谈
5	DCJ	人事处副处长	学校	2021年9月	办公室	探索性访谈
6	YDH	资产处副处长	学校	2021年9月	办公室	探索性访谈
7	CJ	财务处副处长	学校	2021年9月	办公室	探索性访谈
8	BLS	副院长	物理学院	2021年9月	电话访谈	探索性访谈
9	LFC	副院长	经管学院	2021年9月	网络访谈	探索性访谈
10	NLY	副院长	传媒学院	2021年9月	电话访谈	探索性访谈
11	HH	办公室主任	美术学院	2021年9月	电话访谈	探索性访谈
12	YZ	院长	职教学院	2021年9月	网络访谈	探索性访谈
13	YWG	党委书记	信息学院	2021年9月	电话访谈	探索性访谈
14	LZB	院长	泛亚商学院	2021年9月	电话访谈	探索性访谈
15	CJH	副校长	学校	2021年10月	办公室	深度访谈
16	NZL	副校长	学校	2021年10月	办公室	深度访谈
17	CYL	管理者	学校	2021年10月	办公室	深度访谈

第二章 Q大学教育资源内部配置绩效评价的现状调查

续表

序号	姓名	身份	单位	访谈时间	访谈地点	访谈方式
18	LYM	管理者	学校	2021年10月	办公室	深度访谈
19	SQB	管理者	学校	2021年10月	办公室	深度访谈
20	LXM	学院院长	文学院	2021年10月	电话访谈	深度访谈
21	BLS	学院副院长	学校	2021年10月	办公室	深度访谈
22	BZM	专业教师	法社学院	2021年10月	教室	深度访谈
23	ZX	人事处处长	学校	2021年10月	办公室	深度访谈
24	ZM	人事处副处长	学校	2021年10月	办公室	深度访谈
25	NYS	发展规划处	学校	2021年10月	办公室	深度访谈
26	ZLB	副院长	法社学院	2021年10月	网络访谈	深度访谈
27	TSR	教师	法社学院	2021年10月	网络访谈	深度访谈
28	LYH	学院系主任	数学学院	2021年10月	网络访谈	深度访谈
29	LLS	副主任	教育学部	2021年10月	办公室	深度访谈
30	TJ	教授	教育学部	2021年10月	网络访谈	深度访谈
31	YKW	科长	研究生院	2021年10月	网络访谈	深度访谈
32	WY	研究生	经管学院	2021年10月	网络访谈	深度访谈
33	BYP	副院长	历史学院	2021年11月	会议集体	深度访谈
34	NLD	副院长	外语学院	2021年11月	会议集体	深度访谈
35	PL	院长	音舞学院	2021年11月	会议集体	深度访谈
36	DZF	副院长	传媒学院	2021年11月	会议集体	深度访谈
37	LXQ	主持工作副院长	数学学院	2021年11月	会议集体	深度访谈
38	XSM	院长	化工学院	2021年11月	会议集体	深度访谈
39	DXY	办公室主任	生命学院	2021年11月	会议集体	深度访谈
40	XLR	副主任	地理学部	2021年11月	会议集体	深度访谈

访谈的方式分为探索性访谈和深度访谈，其中，探索性访谈14人，主要是为寻找和聚焦研究问题而进行的访谈。访谈对象为部分学

院党委书记、院长、副院长、高校教师等。深度访谈 26 人，主要是围绕问题与研究对象紧密相关的对象而进行的深入访谈，访谈对象为分管财务的副校长、分管资产的副校长、分管人事的副校长、财务处长、国资处长、审计处长、部分学院党委书记、院长等，上述人员可以更加直观、科学、全面地了解所在地方高校教育资源配置绩效评价的实际情况，这些被访者相对于普通师生更具有代表性，能保障所获资料的真实性，使调查结论更具代表性和说服力。

第三节 调查结果及分析

因研究主题是对资源配置的情况开展绩效评价，所以对调查结果分层次阐述，首先呈现当前资源配置的真实情景，深挖资源配置的根源性问题。在此基础上，分析资源配置的绩效评价情况。

一 教育资源配置的情况

Q 大学作为一种非营利性组织，其生存和发展离不开对资源的高质量使用。对地方高校来说，教育资源是学校发展的基础，资源拥有状况、资源配置状况和资源使用状况影响着地方高校的高质量发展。

（一）资源配置的整体合理度不高

在"您认为当前地方高校教育资源内部配置合理吗？"调查中，被调查者对当前 Q 大学教育资源使用整体情况认为"很不合理"的占比 1.46%，认为"不合理"的 39.32%，"没有感觉"的 20.8%，不合理的为 61.58%，合理与很合理的占比 38.42%（图 2-5）。总体上，认为不合理的人群大于认为合理的人群。

以被调查者身份为自变量，以当前 Q 大学教育资源内部配置合理度为因变量进行交叉分析发现，对 Q 大学内部人员来说，高校院系人员对资源配置满意度较低，校领导与职能部门管理者次之，学生对人财物资源配置的关注度较低。

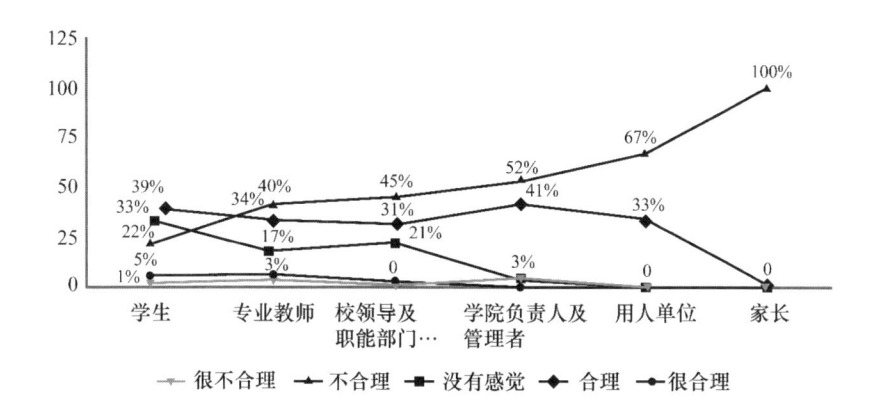

图 2-5　不同身份对资源配置合理度的交叉分析

在"您认为当前地方高校教育资源配置是否存在闲置和浪费情况?"调查中,"很突出"的占比 5.38%,"突出"的占比 40.07%,"没有感觉"的占比 28.28%,突出度为 73.73%,"不突出"占比 22.9%,"很不突出"占比 3.37%(图 2-6)。总体上认为突出的比例明显大于认为不突出的比例,表明地方高校教育资源配置存在明显的闲置和浪费情况。

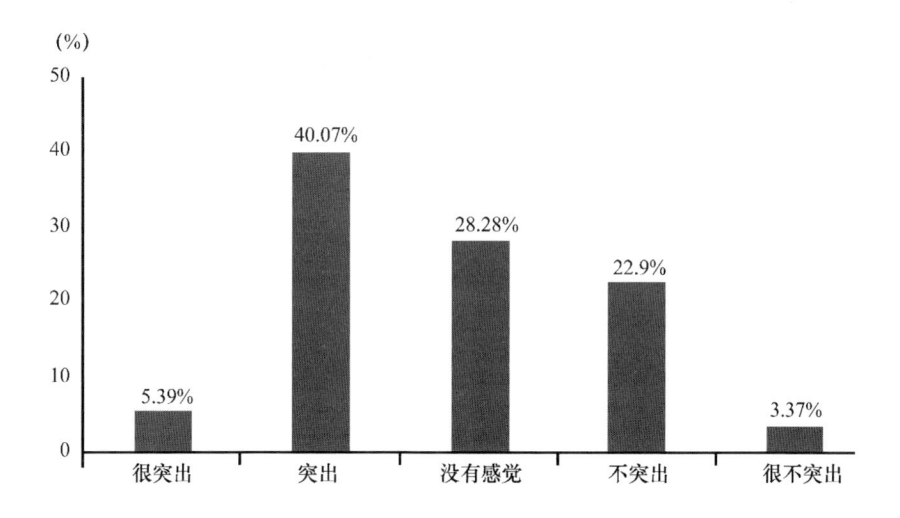

图 2-6　资源配置闲置浪费度调查结构

以被调查者身份为自变量，以当前 Q 大学教育资源内部配置闲置和浪费为因变量，进行交叉分析发现，从高校内部人员来看，高校院系人员、校领导与职能部门管理者对资源配置浪费和闲置情况表示担忧度较高。

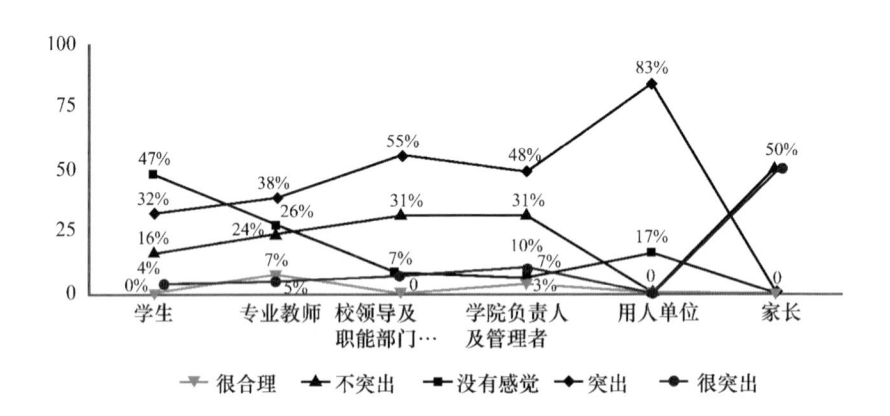

图 2-7 不同主体对资源浪费与闲置调查分布

这一点在访谈中也得到印证。Q 大学分管资产的副校长说：对学校资源绩效水平的判断，我认为目前的资产使用效率低，存在浪费行为，忽视了资产的使用效率，不同程度存在低效益情况（受访者 Q 大学 CJH 副校长）。

上述调查结论与国内相关研究一致。学者眭依凡对 100 多所本科高校的校领导、中层干部及学者共计 1299 人进行调查，发现 50.1% 的被调查者将"高等学校资源配置不科学，资源管理效率不高"作为"高校内部治理体系存在的主要问题及原因"，34.6% 的被调查者将"资源配置管理简单化及平均主义"作为"现行高校内部治理体系运行存在的主要问题"。①

针对当前教育资源配置管理中存在的问题，一半以上受访者认为

---

① 眭依凡：《转向大学内部治理体系创新：高等教育治理体系现代化的紧要议程》，《教育研究》2020 年第 12 期。

是资源短缺和使用效率低下，这也是地方高校教育资源管理面临的突出问题。虽然地方政府对教育领域的投入在不断加大，但是地方高校在资源配置的总量上依然是缺乏的。

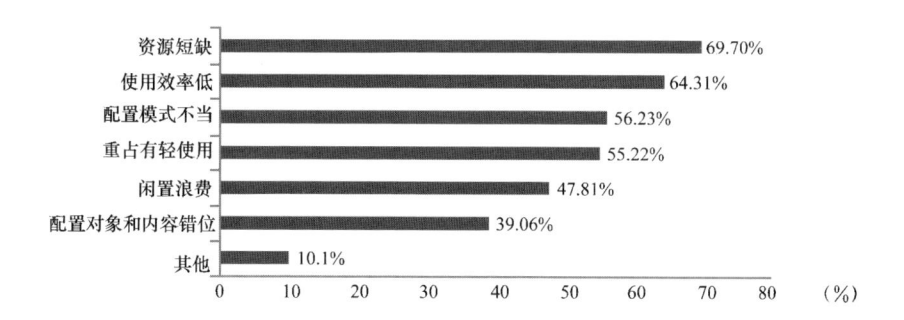

图2-8 地方高校资源配置管理存在问题的调查分布

- 资源短缺 69.70%
- 使用效率低 64.31%
- 配置模式不当 56.23%
- 重占有轻使用 55.22%
- 闲置浪费 47.81%
- 配置对象和内容错位 39.06%
- 其他 10.1%

集体访谈中，部分院系负责人表示：当前学校资源配置过程中，采用"学院申报—职能部门复核—学校批准"的方式，资源配置首先是"撒胡椒面"，均匀撒完后，看哪个学院要的资源多，根据需求情况再适当分配。这种资源配置模式是无序的模式，导致各院系"贫富不均"，促使院系产生"不用白不用"的思想。

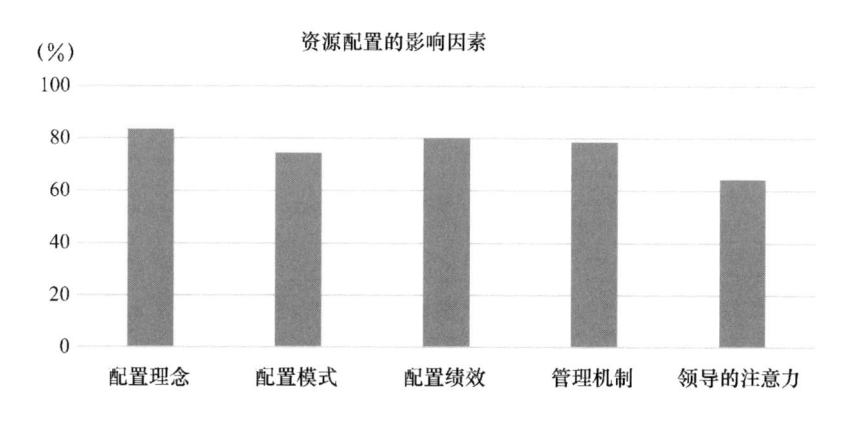

图2-9 影响资源配置的因素

针对当前 Q 大学资源配置影响因素，调查发现，首先是配置理念，其次是配置绩效，最后是配置模式和管理机制。由此可见，转变配置理念是改善配置绩效的首要任务。

(二) 资源相对短缺的同时又忽视自身的资源低效

地方高校教育资源要素之间既有联系，又相关不可替代。问卷调查发现，Q 大学目前资源配置的所包含内容主要还是以人力资源、物力资源和财力资源为主。人力资源是高校的核心，物力资源是高校的保障，财力资源是高校的关键。人力资源仍是高校第一重要资源。

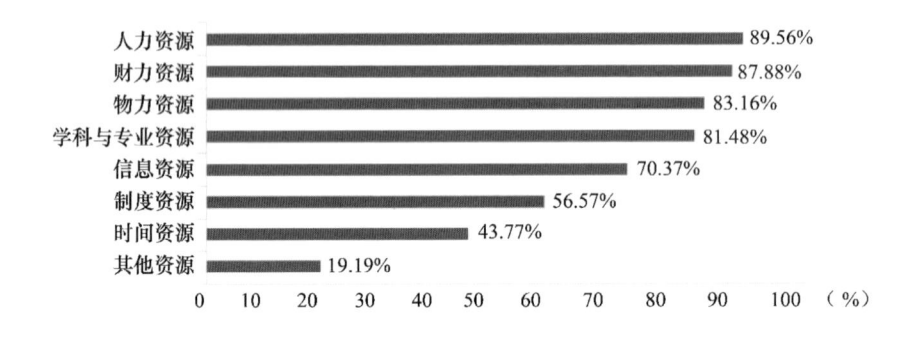

资源类型	比例
人力资源	89.56%
财力资源	87.88%
物力资源	83.16%
学科与专业资源	81.48%
信息资源	70.37%
制度资源	56.57%
时间资源	43.77%
其他资源	19.19%

图 2-10 资源配置所包含的内容

结合访谈情况，当前 Q 大学不同类型的教育资源状况总体认为存在不同程度的配置绩效不高的问题，表现如下。

一是人力资源存在隐性浪费。人力资源是高校发展中最重要的资源。Q 大学内部人力资源配置结构存在不合理情况。Q 大学专业人员招聘与学校学科发展不匹配，造成教师闲置或流失。专业技术人员的"条块分割"，平均主义的激励机制没有产生作用，表面上实行基于业绩和贡献的绩效工资实际，还是按照职称职务来固定分配个人收入；个人收入与业绩、贡献脱钩，使教师的积极性没有得到调动发挥。饱受诟病的"填表教授""报销教授"反映出人力资源配置不当。当前 Q 大学绩效工资发放产生了制度设计的价值导向歧途，运行出现了薪酬结构失衡，缺少增量绩效工资的调节与保障机制，背离了绩效薪酬改革目标，滋生了"谋生学术"的消极思想，出现了地方高校"内卷竞争"的现象。① 学院每年都会尽力争取进人指标，争取博士毕业生，争取高层次人才引进，但人才作用发挥不理想，往往重引进过程、轻激励考核，导致部分人才在学科建设中引领、凝聚作用发挥不充分（受访者人事处副处长DCJ）。Q大学人员结构不合理，内部行政机构庞杂，非教学科研人员比例偏大，新增行政人员缺乏严格的调控和配置机制，地方高校的稀缺人力资源，有很多被配置到行政后勤。高校教学科研人员的利用效率不高，有实力的教授重科研轻教学。教师的缺乏和人力资源使用不当，降低了人力资源的利用效率。

二是Q大学财力资源普遍存在经费紧张且使用结构不合理。财力资源存在来源单一和不足、配置不合理、利用效率不高等问题。教育经费来源以生均拨款和学费为主，争取外部资源少。以Q大学为例，全年预算收入13.46亿元，其中，财政拨款7.54亿元，占总收入的55.85%；教育类收费收入5.14亿元，占比23.77%；科研收入0.5亿元，占比3.71%；其他收入2.24亿元，占比16.67%。"大学获得的资源越来越多地用于行政支出，而非教学、科研和其他教育性的开支。"② Q大学从2006年开始建设新校区，到2011年基本建成，花费将近30亿元，截至2021年底，债务高达13亿元，不同校区之间的交通费每年需要500万元，给高质量发展背上了沉重的包袱，多年整体处于"保运转"状态。高校校内财力资源惯用"撒胡椒面"的平均主义分配模式，大多采用"基数加增长额"的经验式预算分配方式，年度受预算管理体制影响，年底存在突击花钱现象。科研经费使用不当，办公经费开支大，"人头"经费开支过大，如Q大学人员经费2021年支出6.27亿元，占比46%。Q大学普遍存在"灯长明""水长流"不计得失的浪费现象。

---

① 任沫霖：《高校教师绩效薪酬制度改革的困境与出路》，《江苏高教》2022年第1期。
② [英]安东尼·史密斯、弗兰克·韦伯斯特主编：《后现代大学来临》，侯定凯、赵叶珠译，北京大学出版社2014年版，第130页。

Q大学在经费使用方面，由于资源配置不合理导致财力资源的浪费情况。例如由于经费划拨不及时以及预算管理约束，存在项目结束前和年底突击花钱，在这方面，地方高校受访者均表示惋惜和矛盾心理。如多位受访者表示：

> 目前学校经费采取项目制，采用预算制度，年度零基预算。对学院来说，年底或者项目到期时会存在突击花钱的现象，仓促用钱资源的使用效率肯定不会高（受访者Q大学财务处长LYM）。

> 有时候经费刚下来，就要准备验收，验收就要抓紧资金使用，就赶快购买设备、物品等，不然也会影响结题验收。就算经费有10%的效果，也比被收回好些。经费划拨不及时，导致突击花钱。(受访者Q大学化学学院教师ZYQ)。

三是物力资源使用不充分。我国高校在发展历程中出现了一个显著特色的现象——"多校区大学"，这是当前很多地方高校规模的真实写照。为实现外延式转型发展，所调查高校在发展过程中，大多征用土地，改建和扩建教学楼、宿舍楼、办公楼，这为学校带来了沉重的经济负担。地方高校追求"大而全"，各类院系、学科齐全，这要求各类硬件设施基本都要具备，如果院系人数少，则难以避免地存在浪费现象。学院之间存在资源使用的本位主义，追求资源的"专用性"，个别学院盲目追求新设备，缺乏严密的论证和精细化管理，重复购置仪器设备，造成大量旧设备闲置、利用不充分甚至提前报废。有些仪器设备超越需求和重复采购，使用率低下，存在长时间没有开箱的情况，造成资源浪费。

> 前几年高校出现买了价值不菲的仪器设备，好几年不开箱使用，落满灰尘，等想要使用的时候，仪器设备已经过时了。(受访者Q大学资产处处长CYL)

调查发现，Q大学由于资产管理关系不明，使用权界定不清，形成了"谁都管、谁都不管"的局面，高校内部固定资产在院系调整以及人员调整时不办理使用权的转移手续，造成资产账实不符、资产闲置与浪费。行政管理人员掌握着物力资源配置权力，首先考虑自身所需的各种资源，"换一个人买一台计算机"，导致学校有限的教育资源不能得到充分利用。各院系、部门在资源方便使用的惯性影响下往往力求条块分割、自成一体、独立运行、自行管理，形成相互封闭的资源割据局面，混淆资源的所有权和使用权，造成设备仪器等硬件设备的重复购置、闲置，并需要庞大的保养、维修和管理费用，形成一种隐性的教育资源浪费。

综上，当前Q大学存在资源配置整体不合理的现象，人财物资源在短缺的同时又出现浪费现象，这些现象或许反映的是局部和个别问题，但从当前地方高校的资源拥有现状来看，这些问题的存在是不容忽视的，因为在现有资源约束下，这些行为影响和制约了地方高校教育高质量发展。

（三）资源配置以行政手段为主，资源使用的激励不足

通过访谈调查发现，由于体制和观念等多方面的原因，高校教育资源投入如此短缺的情况下，在外部资源总量不足的情形下，Q大学在内部办学资源优化配置方面仍存在诸多问题。

一是以行政配置手段为主。当前，对地方高校而言较为普遍的是"政治权力（行政权力）＞市场＞学术权力"。政治权力主导着资源的配置，以行政计划配置为主，市场和学术整体彰显不足。"大机关、小院系"。在此权力结构模式下，Q大学受国家权力配置资源的影响，仍然存在高等教育资源内部配置机制滞后、体制机制改革创新步伐缓慢、配置主体单一、配置手段政治倾向化和行政化等问题，理论界虽然呼吁多年，但实际资源配置现实改革进展不理想。同时，自主、自发组织和实施的诱致性制度创新能力低，地方高校教育资源领域普遍缺乏诱致性制度创新，尚未建立资源内部配置结果的评价机制，对资源配置的控制不完善，对资源配置决策和实施过失进行问责的机制还不健全。

二是未厘清资源配置逻辑。资源配置深刻影响着高校的专业建设、学科发展、创新活力和办学效益，Q大学自身也未厘清资源配置的逻辑，还未建立以学科、教学、科研、人才为导向的资源配置逻辑，还未建立以资源约束为基础的高校校院两级关系，还未建立权责利统一的资源使用监管和绩效评价机制。地方高校还未从扩张的、资源导向的、外部导向的逻辑向关注学科差异、提升教学科研质量的内涵发展的资源配置逻辑转变[①]，普遍存在传统金字塔式高等教育资源分配模式，教育资源配置存在惯性，盲目地朝着综合化、研究型发展。

三是内部资源配置形态组合失衡。Q大学内部资源配置失衡表现在资源的数量、形态组合、配置对象时空分布以及职能等方面。[②] 资源配置主要满足扩张带来的对教学条件的基本需求——大面积征地，新建或者扩建校区，购建教学仪器设备、后勤保障用房等。但专任教师不足，拔尖人才稀缺，特别是青年拔尖人才稀缺。

四是未建立约束和激励机制。当前Q大学形成了传统的"按需分配、无偿使用"的资源管理模式，资源配置主体更多关心资源的投向和数量，重身份、轻绩效，重投入、轻产出，存在资金浪费、经费使用效率低下的现象，凸显出高等教育资源配置缺乏约束机制、激励机制和市场竞争机制的问题，高等教育尚未建立资源的调配机制、共享机制和监督考核机制。既未建立市场导向的资源配置模式，也未建立公平公正的资源调配机制，一定程度上存在资源使用的"公地悲剧"，造成学校内部资源配置的相互博弈的困境。

> 目前的资源分配模式是"会哭的孩子有奶吃"，大家重视争取资源而忽视使用资源。例如在使用公用房方面，学院之间为了一间公用房，争得面红耳赤，得到后又不好好使用，打开房间后

[①] 杜育红、袁玉芝：《高等学校资源配置的逻辑与内涵发展》，《教育与经济》2017年第3期。

[②] 涂朝莲：《高校内部资源配置失衡问题》，《江苏高教》2013年第2期。

都是灰尘。必须打破目前的资源分配模式,强化资源意识,建立考核评价制度,建立资源动态调整制度。(受访者Q大学资产处处长CYL)

四是Q大学内部学院之间教育资源配置严重不均衡。教育资源配置不合理,优势或特色学科投资规模大,规模经济性显著,而传统与基础学科投资规模较小。特别是随着近几年对一流学科建设的重视,优势学科投资不断增加,教育投资规模学科差异加剧,重点学科因重复配置导致资源过剩,基础学科因长期资源严重不足导致办学短板,"锦上添花"多于"雪中送炭",资源投入存在盲目跟风,形成院系之间相对固化的"差序格局",造成高校内部教育资源配置成本最大化和资源使用冗余化。

当前学校为了推进一流学科建设,打造"学科高峰",举全校之力强势建设一个学科,投入大量资金、资产、资源,但从经济学原理来看,任何资源投入产出都有边际效用递减规律,投入达到一定程度给产出带来的效应不是边际递增的,会出现资源冗余现象。(受访者Q大学经济管理学院副院长LFC)

(四)过于关注资源得失,忽视资源配置绩效

调查发现,不少人将Q大学发展面临的主要问题归因于教育资源投入不足,认为增加对地方高校投入是当前乃至今后关注的首要任务,对增加教育投入有着一种盲目的冲动,地方高校对获取教育资源有着不切实际的幻想,却对自身现有教育资源的有效利用则不甚关心。地方高校现有的历年积累沉淀的资源往往比年度获得的资源更多,但高校对已有资源关注显然不够。也就是说,地方高校乃至内部院系大多更重视谋求更加充足的教育资源,存在"把资源"现象,大部分院系尽可能多地占据公用房,尽可能多地编制预算争取资金,尽可能多地争取招聘人员指标,但对已有的资源配置绩效却不给予足

够关注。地方高校从校级层面到院系层面，都会关注资源的投入，而对于学校或院系中的资源的科学管理和有效利用问题以及教育资源的绩效问题，地方高校则关注不够，措施不多，多采取"优化配置""花钱必问效，无效必问责"的方式，很少真正去追踪效用、问责效用。

> 大家更多关注争取进人、资金、固定资产和公用房，获得资源后并不关注资源的使用情况，不关注资源的效益。(受访者Q大学审计处处长SQB)

通过访谈和问卷调查发现，Q大学对于内部微观层面的资源利用和转化关注较少，促使院系过于关注教育资源总量投入，忽视资源的优化配置和高质量使用。不少高校在教育资源配置与利用方面，没有开展资源使用状况的评估，普遍存在"重分配、轻考核"，或者考核只重视产出，考核发了多少论文、培养了多少学生、获得了多少教学奖，不去从资源投入角度关注产出比，缺乏科学的评价办法，对资源如何优化调配缺乏科学的决策依据和有效的管理，固化模式严重，很少考虑资源的利用效果。无论是物力资源还是财力资源方面，Q大学存在明显的"重资源的分配，轻视资源的使用"现象，重视风风光光地引进人才，忽视后续人才作用的发挥。

> 现在资源使用监督机制不够。所谓监督机制，不能等到最后的象征性考核，那样带来的损失很大，一定要建立资源使用过程考核机制，强化资源使用的中期检查考核。高校缺钱，但最根本的还是缺管理。(受访者Q大学经济管理学院副院长LFC)

二 教育资源内部配置的绩效评价情况

(一) 开展资源配置绩效评价的观念不强

教育资源绩效评价是依据一定的教育目标，通过确定定性与定量相结合的评价指标、评价标准,对教育资源的使用状况、业绩表现进行的考核与评价。调查发现,目前我国地方高校尚未全面系统地实施教育资源绩效评价,地方高校开展资源绩效评价的高校比例较小,研究发现95%以上地方高校未从真正意义上开展资源绩效自我评价。大多数地方高校没有建立教育资源的内部配置绩效评价体系,少数开展绩效评价的地方高校往往又缺乏规范性。究其原因,地方高校还未建立提升资源绩效的意识,开展内部自主绩效评价的观念不强,没有赋予资源绩效评价机制较高地位,没有给予资源绩效评价足够重视,这就使资源绩效评价工作难以开展。

目前,从少量实施教育资源绩效评价的地方高校来看,从资源范畴看,绩效评价范围有限,或者是仅仅开展某一项绩效评价,或者就是开展流于形式,效果不理想。对于目前的Q大学绩效评价现状,调查发现,仅有4.7%的教师非常满意,17.1%的教师满意,37.2%的教师比较满意,35.2%的教师不满意,5.8%的教师非常不满意,不满意度占比41%。物力资源很少开展绩效评价,虽然年末应地方政府财政部门要求,学校都出具了绩效报告,但报告的规范性与严肃性不够,多流于形式。人力资源开展了绩效考核,但或工分制,或固定等级制,考核争议大,考核形式不稳定,未真正达到激励作用,最终限制了地方高校的可持续发展能力和核心竞争力的发展。对科研资源、学科和专业资源、人力资源(包含师生)方面的单项绩效评价相对较多,而在地方高校内部综合教育资源绩效评价相对较少。不同类型高校之间存在向"双一流"高校看齐的路径依赖,基本没有形成基于自身特色的资源绩效评价体系。衡量地方高校教育资源状况的内部绩效评价还不成熟,整体评价体系不完善、相关理论基础欠缺。

调查发现,从政策上来看,地方政府也在不断推动地方高校的绩效管理,例如云南省在制定"十四五"教育事业发展规划时,针对当前云南省教育资源的利用现状,在分析"十四五"发展面临的挑战时指出,"教育的资源配置、保障程度、质量提升还不充分",要求"建立全覆盖、全过程、全方位的教育资源监管体系,提高资源分配和使用的规范性、安全性、有效性。全面实施绩效管理,加强教育资源使用绩效评价,完善公共教育经费绩效评价制度,强化评价结果应用,根据评价结果及时调整经费投入结构,提高资源使用效益"。①

受访者谈到教育资源绩效评价的必要性,希望通过评价考核提高资源配置绩效,建议推进高校资源绩效评价要采取自上而下的思路,以绩效为导向,完善资源的宏观配置机制,同时,以宏观监控为保障,进一步下放资源使用权限。如:Q大学近年新校区建设,截至2021年底债务高达13.4亿元。必须落实过紧日子的要求,严格部门预算管理,全面实施绩效管理,促进花钱与办事、绩效与责任深度融合(受访者Q大学分管财务副校长NZL)。

在"您认为对地方高校是否有必要开展教育资源绩效评价?"中,有必要占比87.23%,没有感觉占比9.12%,不必要占比3.65%。表明大部分被调查者希望高校开展教育资源绩效评价。

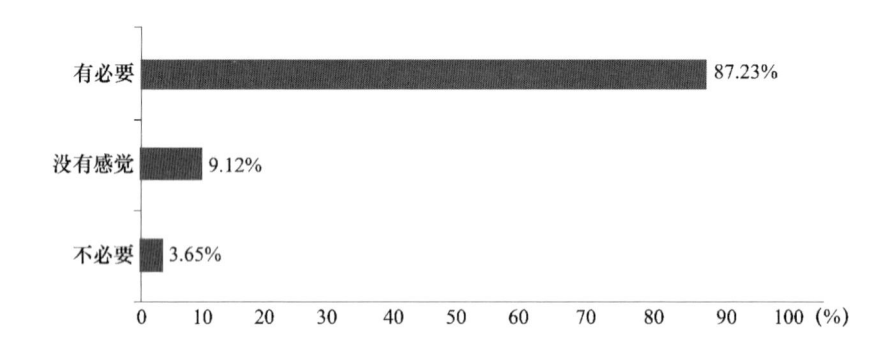

图2-11 教育资源绩效评价评价必要性

在如何开展绩效评价的调查中,在地方高校教育资源使用情况绩效评价方式上,82.83%被调查者希望以静态与动态相结合的方式开展评价。在对地方高校教育资源内部配置绩效考核的评价方法上,选

---

① 云南省人民政府办公厅:《云南省"十四五"教育事业发展规划》,http://www.yn.gov.cn,2022年1月5日。

择定性与定量相结合的占比94.59%，定量评价的占比3.37%，定性评价的占比1.68%。

（二）评价主体缺少多元利益主体的参与

无论是建设高等教育强国还是世界一流大学都应关注对人的主体性的塑造，而不仅满足于知识和人力资本的产出。① 若使地方高校教育资源内部绩效评价真正发挥激励导向，则需对绩效评价的价值进行重新审视，重塑增能性评价理念，尊重高校内部院系的主体地位，通过利益表达与辨明，共同构建利益干预与协调的"合意模型"②，凸显不同评估主体间的包容、协商、对话与沟通。③ 然而，调查发现，与部属高校相比，由于地方高校普遍存在行政权力（也包含政治权力）大于学术权力的情况，尽管近年来对加大学术权力的呼声不断，但整体处于行政主导地位的内部治理系统。Q大学各主体参与各类绩效评价方案制定和标准制定的情况见表2-3。

表2-3　　　　　　师生对绩效评价的参与度　　　　　单位:%

主体 参与度	院系负责人	专业教师	行政管理者	学生
从不参与	0.8	7.6	1.4	23.5
不参与	5.2	48.5	6.8	38.9
偶尔参与	56.0	37.4	43.9	28.9
参与	37.1	6.5	46.8	8.7
均参与	0.9	0	1.1	0

从表中可以看出，Q大学绩效评价以行政管理者制定为主，院系

---

① 王建华：《对高等教育中问责与绩效评价的反思》，《现代教育管理》2020年第7期。
② 丁福兴：《高校内部教育评价中的冲突归因及治理路径——以利益分析为解释框架》，《教育发展研究》2014年第1期。
③ 操太圣：《遭遇问责的高等教育绩效化评价：一个反思性讨论》，《南京社会科学》2018年第10期。

缺乏资源绩效评价的话语权，学生和专业教师参与度不足。特别是在评价的信息资料收集与处理方面，缺乏关键利益主体的参与和协商，信息资源收集途径单一，关键利益主体未能有效参与评价过程，造成利益相关者与评价主体单一性之间的矛盾，同时，信息的收集与处理，缺乏对被评价对象的尊重与协商，造成评价技术的简单性与教育活动的复杂性之间的矛盾。

Q 大学资源绩效评价主要实行自上而下行政主导的评价，评价主体多以学校校领导、职能管理部门为主，属于一元行政主导，存在"管理主义"倾向，主客体之间互动缺失，被评价院系和被评价师生参与不够，忽略了相关利益主体在评价中的参与作用，在多年的演进中，特别是在人力资源绩效评价方面，逐渐形成行政评价与学术自治的二元对立价值观，学校与师生就评价内容、评价方式、师生关切的问题回应、协商与共同建构不足，呈现浓郁的管理主义倾向，评价的教育价值弱化，师生的主体性作用发挥不够。在当前 Q 大学绩效管理中，评价客体被主体忽略，甚至异化为管理者的特殊权力。

> 当前地方高校资源绩效评价过程中，无论是学校对院系的考核评价，还是学校内部的教师评价，其实现方式都是自上而下的，科长可以指挥院长，评价过程中被评价者是被动的，体现了外部推动的特点，院系和教师更多扮演被动参与者的角色，评价双方难以形成主动建构的态势。（受访者 Q 大学法学与社会学院教师 TSR）

(三) 关键指标未能体现教育战略导向

地方高校的发展定位以人才培养为主导，服务地方经济社会发展，其教育活动具有鲜明的地方性、应用性特点。当前，Q 大学教育资源内部配置绩效评价指标与学校整体发展导向目标不一致，绩效评价指标未能体现对学校发展目标、内涵发展的支持，评价关键指标未能根据高质量发展目标逐层分解，资源使用绩效目标成为单纯的院系年度教学科研业绩总结的过程，重短期考核、轻中长期评价，重师生绩效考核、忽视院系乃至学校整体绩效管理、绩效评价不能引导院系行为趋向地方高校的发展目标，出现脱节现象。因此，地方高校需要适时战略性地校准院系行为与学校目标的关系，教育资源配置绩效评价目标应该为高校的整体发展导向服务，支撑地方高校使命和战略的实现。

> 从学校组织角度来看，目前的资源绩效考核对学校战略目标实现所做的贡献有限。教师考核评价作为对人力资源管理的手段，应该指向学校的战略目标，并最终为战略目标的实现服务，但目前的教师考核评价中，具体的评价指标并未指向学校的战略目标。（受访者 Q 大学发展规划处处长 NYS）

同时，资源配置绩效评价指标或标准缺乏深入研究，关键绩效指标确立模糊，考核指标设置不合理，评价标准不科学，目标不明确，评价指标在制定过程中缺乏科学的全方位调查，评价指标经过全体讨论并公示的学校所占比例很低，绩效指标虽然大多包含教学、科研等方面的内容，但参与社会服务的指标考虑较少，教育目标达成指标和发展能力指标考虑的更少，部分绩效评价的权重设计缺乏科学依据，很多权重指标的设计更多遵循历史经验，人为因素多，缺乏可操作性、时效性和现实性，不能适应新时代地方高校绩效评价的需要。

（四）评价过程改进不够

当前，Q 大学教育资源内部配置绩效评价未兼顾基于问责和基于改进的评价，评价实践中具有改进功能的评价过多地用于鉴定，引起了被评价对象的被动适应和不正当防卫。也就是说，资源绩效评价的管理工具职能得到了极端彰显，促进地方高校发展的诊断性功能、发展性功能尚未得到充分体现，很多地方高校重考核、轻改进，忽视绩效反馈，在教育资源绩效评价过程中只注重考核，对绩效考评指标的科学性分析重视程度不够，对考核的跟踪改进不够，将绩效考核静态化对待。从评价目的看，Q大学目前教育资源绩效评价是为了奖惩而开展的，而不是为了改进而开展的，评价目的存在偏差。奖惩性评价将绩效评价目标狭隘化，在定位上这种评价目的存的偏差。"为评价而评价"使绩效评价只是高校内部管理中的一个程序或流程，这种片面做法最终只能留下一份评价资料，而不产生实际效果。例如当前Q大学每年都会发布财务绩效报告，但从公布的报告中仅能看到培养了多少学生，取得了多少项目，产生多少奖项，仅从政治角度粗略涉及，深度不够，师生关注不多，院系更是重视不够，加上Q大学没有真正建立绩效评价的制度保障，长此以往，资源绩效考核会呈现形式化、内卷化现象，陷入周而复始、停滞不前的状态。受访者在谈到类似情况时，也有改进评价过程的想法，如：强化全过程预算管理，对预算执行情况和绩效目标实现程度开展"双监控"。加强绩效结果应用，根据绩效评价结果改进管理、完善政策和优化预算安排（受访者Q大学分管财务副校长NZL）。

也就是说，地方高校教育配置资源绩效评价结果运用不够科学，重视评价结果的奖惩性作用，缺少对造成结果的原因、付出的成本等进行持续深入探讨，缺少对资源配置过程中的问题的改进措施，缺乏改进效果的跟踪，模糊了绩效评价以评价促发展的实质价值，使"评价目标—评价过程—评价结果—改进机制"之间未能形成闭环结构，导致绩效评价的功能未能较好发挥，评价结果的信度和运用度不高。

（五）评价开展效果未能很好凸显评价之目的

高校管理不同于企业管理，如何将企业的高效管理方式有机地嫁接到高校，多年来一直是实践工作者都积极探讨的一个热点问题。由于地方高校作为知识分子集聚地，组织结构相对松散，教学科研运行过程存在非线性特点，教育活动是精神智力型劳动，呈现出内容高深、性质复杂、需求多样、产出鉴定周期长等特点，与企业界首先强调的绩效管理理论产生碰撞，形成评价结论的统一性与多元利益主体对评价功能的多元期望之间的矛盾，导致部分师生对资源绩效评价认同低，教育资源绩效评价功能缩水。

目前，Q大学绩效评价的过程一般局限于学院提供陈述材料，学校组织相关职能部门会议，经过听取汇报和审核材料，会议讨论评价结果。简单化的绩效考核过程，使绩效评价结果缺乏区分度，不同主体对评价结果存在较大反差，甚至引起广大师生对评价结论的争议。绩效评价的方式还是以行政主导为主，院系被动参加，师生参与少。绩效评价的制度尚未建立，大多高校也仅限于发一个通知文件，因此，考核指标体系也未真正成熟，绩效评价结果运用也仅限于干部考核、年终考核等方面，整体来看，资源绩效评价开展效果满意度不高。

> 当前学校人力资源绩效考核机制还不成熟，还未真正发挥激励作用。例如专业教师年度考核，也设置了一些量化指标，开展了轰轰烈烈的考核会议，但到最后真要给某个科研不达标的教师定论为不合格的时候，由于指标的不同解读，几经折腾，院系、人事部门最终往往会妥协，最后基本学校教师年度考核都达标了，除非某个教师受到党政纪处分。(Q大学人事处处长ZX)

> 当前学校开展了很多评价，但评价结果大多流向了接受评价的部门或对有关工作负责的人，评价报告被束之高阁，如同什么事情也没有发生过，很难促进有效的改进行动。评价忘记了"这一教育评价是谁做的""为谁做的评价""评价改进满足师生的期望吗"等问题。(Q大学法学与社会学学院教师BZM)

由于对资源绩效评价目的理解不全面，Q大学部分管理者对绩效考核结果反映的问题不够重视，没有与被考核院系形成良好的沟通渠道，导致绩效评价仅局限于鉴定，反馈运用不到位，引导改进效应不强，评价结果难以凸显评价的目的和功能，一定程度上造成评价工作走过场，评价手段置换为评价目的，评价结果利用率低，绩效评价执行效果差，激励价值发挥不够，评价功能被人为缩水等后果。

（六）强势管理价值与教育价值的冲突

部分访谈者认为，绩效评价满足了Q大学利益相关方的关切，也促进了学校的发展。绩效评价对 Q 大学的质量建设而言有其合理性，但也存在明显的缺陷。大学作为育人的载体，人才培养才是高校教育最本质、最核心的任务。教育资源绩效评价的教育价值取向通常代表了对教育行为的理性考量，教育资源评价的理念和价值导向要符合地方高校规律。

> 当前对教职工的绩效考核，更多地关注产出多少论文，做了多少项目。过于关注科研，考核指标对教师人才培养的情况关注不够，把上课情况当作一个考核底线，很多教师凭良心去上课，其实，立德树人和培养人才才是资源绩效评价的重中之重。（受访者 Q 大学体育教师 BJH）

从对 BJH 教师的访问可以看出，地方高校教育资源绩效评价中，管理者主导着评价，把管理的思维特性和行为特性带进教育资源绩效评价中，代表了其作为管理手段的行为目的，代表了管理者的利益，价值选择执行了"管理价值"职能。地方高校管理者这一强势主体主导的教育资源绩效评价客观上将评价统一到自己的价值基础上，但地方高校教育活动涉及不同的价值主体和不同的教育价值观，当强势主体基于自身的价值对教育资源绩效进行判断时，其他主体对这样的评价结果通常并不赞成，资源绩效评价的争议就在所难免了。

评价是在价值判断的基础上构建人的价值观。而地方高校教育资源绩效评价在评价理念上教育价值弱化，"管理价值至上"，"工具理性驱逐价值理性"，忽视了对大学学科教育"人文性"的关注，内涵被外延置换，忽略了地方高校中人的主体性所形成的价值理性，遮蔽了大学组织的文化存在，评价样式无法反映人的价值追求，将地方高校背后的人的价值和社会价值悬置，价值观的多元化与评价标准的统一性之间产生矛盾，造成不同利益主体对价值认同困难。在一些教育绩效评价中，指标对"人的主体性"的关注不足，存在"五唯"现象，未能体现人的价值作为第一标准的应然性，未能体现立德树人的要求，教育价值的彰显不足，绩效评价过于追求管理、控制，不能完全体现新时代对教育资源绩效评价提出的新任务和新要求。

第四节 调查结论与讨论

在调研的基础上，形成Q大学教育资源内部配置绩效评价的调查结论。以调查结论为依据，有必要坚持问题导向，梳理地方高校当前资源配置及其绩效评价存在的问题，以期改进地方高校资源配置绩效评价现状。

一 对既往资源配置绩效重视不够但改进意愿强烈

从调查中得出，当前Q大学普遍存在教育资源内部配置不重视绩效的问题。表现在教育资源配置的总量不足、合理度不高以及师生满意度不高。Q大学面临资源相对短缺的同时又忽视自身的资源浪费和配置低效问题，教育资源的配置手段依然是行政主导的配置模式，市场和竞争机制发挥不充分。从校级层面来说，普遍存在关注资源配置的过程和投向，忽视资源配置的结果，对资源配置的监督考核不到位。从内部院系层面来说，过于关注资源的得失，陷入如何多争取经费的怪圈中，忽视提升资源的配置绩效。通常，地方高校特别是地州院校作为资源最紧张的地方高校，其资源配置合理度最低，资源沉没成本较高，资源闲置和浪费度最高。由此可见，当前地方高校资源配置绩效存在的问题，虽有制度原因、体制原因和文化原因，但根源还是在于大学作为社会组织所具有的特性导致地方高校对资源配置绩效关注不够。加之地方高校管理理念滞后，普遍不重视资源的使用规划和管理，忽视了在学校内部管理中如何合理配置既得资源的问题，忽视资源配置的使用绩效，导致普遍存在教育资源绩效不高、效能低下的问题。

相关学者通过评价也进一步支撑和证实了目前高校教育资源的配

置绩效存在问题。蔡文伯、黄晋生采用 DEA 之 Malmquist 指数法对我国高等教育资源的配置效率进行分析得出，从静态角度来看我国高等教育资源的配置效率总体上处于较低水平，中西部地区较为严重，并分析指出，高校内部的管理技术革新是推动效率提升的主要动力。[①] 王平心、殷俊明对某一大学三年内各学院绩效综合进行评价，从"很好""较好""一般""较差""很差"五个类别对各学院绩效进行分类，不同学院绩效差别显著，得出 X 大学工科学院绩效整体偏高，而经济、医学类学院绩效整体偏低。[②] 罗红艳对某大学资源配置进行了校内量化绩效评价，得出投入产出在学院分布上集中程度高、综合效益不容乐观的结论。

在是否需要改进资源配置的绩效这一问题上，通过调查发现，Q 大学师生大多清醒认识到资源供需的矛盾和现实，针对当前资源配置的低效问题，针对当前绩效评价效能不够，师生普遍具有改进资源配置绩效的强烈愿望，被调查者大多具有改进资源配置绩效评价的现实要求。由此可见，目前 Q 大学教育资源配置和使用存在不规范，导致了一定程度的产出低效甚至浪费现象，而缺乏科学有效的绩效评价机制是导致地方高校教育资源配置低效的重要原因。建立资源绩效评价，可以促进本校的内部治理，促进院系之间的良性竞争，促进学校愿景的塑造和传递，促进教学科研质量水平提升，因此建立资源内部配置的绩效评价是地方高校紧迫的现实需求。

二 教育资源绩效评价效能发挥不足

结合调查与访谈发现，地方高校在资源短缺的同时存在资源浪费与闲置，既有认识的问题，更有体制机制的问题，深层次的原因是缺乏绩效评价机制和科学、合理、有效的绩效评价体系。当前调查发现，Q 大学对教育资源的评价开展不到位，地方高校自身内部构建的、旨

[①] 蔡文伯、黄晋生：《高质量发展视域下我国高等教育资源的配置效率研究》，《黑龙江高教研究》2019 年第 8 期。

[②] 王平心、殷俊明：《高等院校内部绩效评价研究》，科学出版社 2010 年版，第 156 页。

在强化过程管理的、具体自身特色绩效评价缺失。总体来看，大部分地方高校目前在实践中未有效开展教育资源绩效评价工作。已有的绩效评价中，在评价理念上教育规律彰显不足，存在评价行政主导，师生参与机制缺失，院系负责人参与评价不够，评价方法不科学，评价标准模糊，评价信息来源窄，规范性不够，评价信度不高，反馈不全面，评价的过程和流程改进不够等问题。导致评价效果不理想，评价的教育价值彰显不足，工具理性大于价值理性，绩效评价目标和教育目标的偏离，存在评价的"管理主义"倾向，对教育资源评价的研究存在过于强调"科学实证主义"，且理论研究与实践脱节。因此可见，Q大学教育资源内部配置绩效评价的功能发挥不够，这使得教育资源内部配置绩效不高成为地方高校当前面临的较为普遍的问题。

从评价要素的角度进一步分析，地方高校教育资源配置绩效评价还存在以下问题：一是资源评价范式落后。地方高校教育资源配置绩效评价涉及理论基础、基本要素、价值取向、现实背景等方面，一个有效的资源绩效评价体系应是在全景式、多维度综合考量基础上，形成事实依据、价值判断与工具选择的有机整体，因此，转变地方高校资源绩效评价方式是重中之重的任务。二是理论准备不足。地方高校教育资源配置绩效评价相关理论源于实践但又高于实践，理论的价值和意义在于指导实践，它要解决"谁评价""评价什么""如何开展评价"的合理性问题，在多元主体、多种类型、多维价值诉求的前提下，理论体系的建构与完善是地方高校教育资源配置绩效评价的基础和根本。三是欠缺现实关照。地方高校资源配置绩效评价体系落实在具体实施层面，核心在价值判断和事实判断的基础上形成不同利益群体一致的评价结果，从而为地方高校做出合理性的选择提供决策指导，以达到地方高校教育活动的价值增值。目前地方高校资源绩效评价中的"计件""工分制"量化指标显然难以呈现其合理性，由此，观照现实是地方高校教育资源配置绩效评价的需求。

针对Q大学存在问题和原因分析，建立和优化绩效评价是解决当前地方高校教育资源配置绩效问题的有效措施，因此，有必要对当前地方高校教育资源绩效评价进行总结，梳理当前教育资源绩效评价存在问题，对绩效评价存在问题进行反思，改进评价参与范围，强化评价指标体系，探索增值评价，健全综合评价，实施立体评价，建立适合当前高校教育实践的绩效评价模式，从而更好地推进地方高校教育资源绩效评价以及地方高校内部治理。

三 以绩效评价为导向的教育资源内部配置模式还未建立

调查发现，在本身资源紧张的情况下，Q大学普遍存在资源内部配置绩效不高、绩效评价不到位等情形。针对调查发现的问题，究其原因，地方高校办学的过程中需要有正确的办学理念作为指导。学校内部如果没有良好的资源管理理念，没有形成制度约束配置不合理的现象，资源配置没有遵循高校作为人才培养和知识生产的这一学术组织运行和发展的逻辑，将导致资源使用效率低下和资源浪费等，导致经费投入存在冗余，形成资源闲置、浪费与不足的矛盾，造成资源利用效率的低下，教育资源得不到合理的配置与监管，继而影响地方高校发展的质量。地方高校目前资源吃紧、资金不足，加之高校内涵式发展的背景，如果不能转变思想，加强高校内部资源的配置和绩效评价，必将影响学校高质量发展的进程。

教育资源不足是全世界范围内高等教育的难题，即使再富有的高校，也不会对各个学科专业实行平均投入，而是要有选择地激励投入。地方高校现在应该向体制要效益，即使在现有的投入情况下，如果我们能够真正把地方高校内部体制理顺，形成一个充分竞争的资源配置市场，地方高校的潜力将持续释放。因此，解决当前地方高校内部资源配置体制方面的问题，比投入资源更重要。在资源有限的情况下，最重要的是使用教育资源要有一个明智的选择。欧美大学在资源的分配上有一套完整的先评估再分配的科学制度，挥霍浪费资源或资源使用效率不高在欧美大学都是不能容忍的，况且在制度上也无此可能。[①]

---

① 眭依凡：《改造大学：大学校长不能放弃的责任》，《教育研究》2003年第11期。

针对地方高校资源配置和绩效评价的现状，随着竞争和激励理念的逐步推行，地方高校亟须从改革的视角审视问题，以改革的思路解决问题，推动理念创新、机制创新、制度创新、方法创新等。针对教育资源紧缺的实际，要想提高高校内部的办学效益，需要合理配置教育资源，更需要对配置的教育资源的使用情况进行科学的绩效评价，资源配置引入竞争机制和绩效评价机制，通过研制教育资源内部配置绩效评价体系，对教育资源内部配置的情况开展绩效评价，并结合高等教育诉求和大学文化背景科学合理地开展绩效评价，通过宏观层面的范式转换、中观层面的理论重构、微观层面的实践操作，强化针对二级院系的绩效评价、过程监测与终期考核，定期发布绩效评估报告，以此为依据，建立基于绩效评价为导向的资源配置机制，将有限资源投入预计产出最大的院系，资源梯度合理配置，提高资源使用效益和效果，优化配置各种办学资源，进而增进底层、基层活力，提高地方高校资源内部使用效益，在有限的资源条件下实现地方高校的最快发展，切实推进地方高校的高质量发展。

第三章　地方高校资源配置绩效评价：一个二维分析框架

"离开实践的理论是空洞的理论，不以理论为指导的实践是盲目的实践。"[①] 当前，实施地方高校教育资源配置绩效评价，需要在理论的指导下，回应高校教育资源绩效评价的困惑，需要对自身进行理论分析框架的建构或自证。结合当前 Q 大学教育资源内部配置绩效评价现状调查，针对存在的问题，需将理论基础和研究问题有效结合起来，从资源配置和绩效评价两种逻辑进行分析：一方面，在新公共管理理论下，关注高校内部教育资源的配置，建立竞争和绩效机制；另一方面，在第四代评价理论关照下，关注高校内部绩效评价，建立基于高等教育价值规律的回应、协商、共同建构的评价模式。在上述两种逻辑下，力图建构地方高校内部教育资源内部配置绩效评价的理论分析框架。

第一节　以竞争促资源绩效：基于新公共管理理论的逻辑起点

一　新公共管理理论在高等教育资源配置中的引领作用

随着世界各国政府改革的不断推进，每年消耗大量公共资金的

---

① 《斯大林选集》（上卷），中共中央马克思恩格斯列宁斯大林著作编译局编译，人民出版社1979年版，第199—200页。

第三章 地方高校资源配置绩效评价：一个二维分析框架

高等教育领域也被纳入了改革的视野。高等教育耗费大量资金的同时，又常常面临资源紧张的窘况。2022年2月，教育部、财政部、国家发展改革委发布《关于深入推进世界一流大学和一流学科建设的若干意见》，对首轮"双一流"建设存在的问题进行总结时提出"资源配置亟待优化"问题，人们常常认为高等教育资源调配不合理，配置机制运转低效，高校被认为是资源使用效能低下的组织。新公共管理理论关注市场、注重提高效率、倡导绩效评价的理念迎合了高等教育发展的形式，新公共管理开始向高等教育领域挺进，可见，新公共管理理论获得了在高等教育领域实施绩效评价的必要性和正当性。

（一）新公共管理理论要求关注市场与充分赋权

新公共管理理论认为，公共服务供给领域引入市场机制，其实质是将政府权威与市场交换的功能优势进行融合，从而提高政府功能输出的能力，形成一种供给公共服务的新制度安排。[①] 对于在公共服务中引入市场机制的意义和目的，奥斯本和盖布勒曾通过案例分析得出：第一，市场机制能够最大限度地降低公共服务的成本，迫使各服务主体少投入多产出；第二，迫使公共领域管理者更加贴近民众，对公共需求快速作出回应；第三，有利于减少寻租的领域，从根本上预防腐败发生；第四，有利于激励包括公营部门、私营部门和其他部门在内的不同组织的改革创新精神，避免公共服务官僚主义的僵化；第五，能够给消费者提供更多的选择机会，满足个性化的需求；第六，有助于提高公职人员的自尊心和士气，增强危机意识和变革意识，改变不良的官僚主义作风。

新公共管理在高等教育领域强调关注市场，对高等教育参与市场有明确的界定：一是"由内向外的市场化"（marketisation inside-out），即教育机构尝试将知识生产产品推广到企业与商业领域；二是"由外而内的市场化"（marketisation outside-in），即按照企业管理的

[①] 徐增辉：《新公共管理研究》，博士学位论文，吉林大学，2005年。

原则与方法对教育机构进行重组。① 新公共管理的市场化强调教育权威下放、教育系统向下授权、加强高校自主管理。新公共管理强调通过体制重组，改革组织结构与运行机制，注重充分赋权，发挥个体最大潜能。新公共管理重视高校的自主性，呼吁政府赋予更多的自主权，凸显高校公共服务性质。

新公共管理强调市场的作用，这与我国对市场在资源配置中的作用探索是一致的。党的十四大指出，"使市场在国家宏观调控下对资源配置起基础性作用"。党的十八届三中全会指出，"使市场在资源配置中起决定性作用"②。从"基础性作用"到"决定性作用"演变，看似仅有两字之变，却反映出对市场更加明确的定位。市场决定资源配置是市场经济的一般规律，市场经济本质上就是市场决定资源配置的经济。从运行效能看，由于我国市场在资源配置中的决定性作用发挥得还不充分，存在缺少竞争、成本较高的"低效率洼地"，必须通过高质量发展，促进要素向优质高效领域流动，提高全要素生产率，实现经济效益最大化。要稳妥积极，从广度和深度上推进市场化改革，让市场在所有能够发挥作用的地方都充分发挥作用，推动资源配置效益最大化和效能最优化的实现。

(二) 新公共管理理论促使高校实施全面质量改革

当今世界，各国高等教育对质量要求比过去任何时候更加迫切，它越来越决定着一个国家社会的发展潜力，影响国家的竞争力。近年来，各个国家加强了对高等教育质量的监控，把质量和顾客放在首位，以保障更好的经济效益、成果质量。新公共管理强调全面质量管理，一方面，政府鼓励高校建立内部质量保障体系，强化质量管理；另一方面，政府建立评估机构，建立高等教育质量保障标准，积极推动高校外部质量保障机制。例如，英国政府对高校从质量管理逐渐出

---

① 姜华、李漫红、吕光洙等：《资源与效率——国外高等教育绩效评价研究》，科学出版社2015年版，第16页。

② 中共中央宣传部：《习近平新时代中国特色社会主义思想学习纲要》，学习出版社2019年版，第114页。

现注重质量提升，成立高等教育督导团，每 4—5 年对高校进行一次科研评估，对高校的研究工作做出水平评估。英国高等教育质量管理逐渐出现注重质量提升的趋势，其质量提升的保障——指向质量提升的高校评价，帮助高校反思教学实践和管理活动，评价采用同行评议的形式，以高校自我评估为主，较少干预高校科研工作，结合高校环境和办学特色，对教学质量、高校学术全面认识后，开展诊断评价并发展性的评价。英国高校由外部强制约束走向内部自我规范，高校内部普遍建立内部质量保障体系，高校自主权扩大，关注服务意识，以学生为本，在保证问责的前提下，平衡成本收益，增强竞争力，采取新措施发挥高校和教师的积极性。此外，美国高等教育认证委员会和荷兰高等教育督导团都是典型加强质量保障的例证。

英国在新公共管理理论指导下，其高等教育质量保障体系的发展，映射了政府、高校、市场主体间力量的抗衡与妥协，认真研究英国高等教育评价发展过程，政府与高校的关系先后经历了"疏远—接近—再疏远"的过程，对质量的控制更多采用市场调节手段。政府采用财政和经济手段不直接干预高校教育质量的保证活动，而是通过资助、拨款、投资、奖励等"利益驱动"方式将资源与质量挂钩。间接引导高校的行为，实现其对高校有目的的影响。市场对高校的协调主要通过竞争机制来实现。通过高校竞争，加强教育管理，提高教育质量和水平，充分利用校内办学资源，提高办学效益，增强自身竞争能力，以期获得更好的教育资源和条件保障，取得更高的学术地位和社会声誉。高校通过竞争还可以形成合理的高等教育结构、规模和布局，优化高等教育的资源配置，自然淘汰质量不高、不符合社会需要的、失去竞争能力的高校与专业，从而提高整个国家高等教育的质量。英国高校竞争包括对教育资源的竞争、对生源的竞争、对师资的竞争和对地位的竞争。英国高校可以自由地治理学校，自主地处理学校的内部事物，但近年来随着高校与社会的相关依赖关系不断加强，高校面临外部的控制也越来越多，高校只能有条件地行使自治权利。

（三）新公共管理理论强化高校的绩效责任

随着高等教育的大众化和普及化，高等教育经费增长速度缓慢，政府、学生、家长和相关利益主体越来越关注对高等教育的投资是否物有所值，同时，社会存在一种价值判断，认为高校对学生、对政府、对公众所负的责任不够。在此情况下，政府开始对高校强调绩效责任，政府对高校由过程管理转变为结果和绩效管理，建立相应的责任体系，向高校充分赋权的同时，通过绩效评价和绩效拨款方式建立市场运行机制。以英国为代表的政府改变对高校的行政关系、监护关系，与高校建立契约关系，建立合同制的绩效拨款，实施严格的质量评价体系，强制高校承担高校应承担的责任，促使高校提高教学科研效率和效益，推动市场机制在高校资源配置中的作用。以英国、美国等国家为代表的大学，在市场的导向下特别彰显绩效责任和绩效管理，当前，欧洲很多政府已将绩效管理的方式引入高校发展评价中。

评价是政府寻找到管理和控制高校的新途径，这迫使高校对内部管理进行改革和调整，关注高校教育质量和效率的改善，使学校整体效益得到提高。英国注重成本效益，保证公共问责，其在2003年开始实行公共服务检查政策，成立了公共服务与支出检查分会，要求检查人员遵循物有所值的原则，要求成本和收益保持相当。[①] 英国科研评价走在全世界前列，其科研水平评价使高校中以往无效益的科研的策略失去效用，从而激发高校对科研的重视，迫使高校注重战略决策，加大对优势学科的投入。通过评价，科研经费流向有实力的、高质量的学科和学校，剑桥大学、牛津大学、伦敦大学和伦敦帝国理工学院四所高校的科研经费曾经占到全国科研经费的四分之一。在资源内部管理方面，牛津大学一是按照人员经费、其他运营开支、折旧等对象分类配置与考核；二是按照学术部门、学术服务、研究资助和合同等功能分类进行配置与评价。[②]

（四）新公共管理激发高校竞争意识

竞争是西方市场经济体制中的核心理念，美国、英国等西方国家

[①] 姜华、李漫红、吕光洙等：《资源与效率——国外高等教育绩效评价研究》，科学出版社2015年版，第132页。

[②] 李文长：《高校资源配置模式与绩效》，北京师范大学出版社2011年版，第318—320页。

第三章 地方高校资源配置绩效评价：一个二维分析框架

隐藏高等教育质量保障政策背后的管理指向，就是要加强高校间的竞争。提高竞争力需要提高效能，资源调配需要通过竞争机制。引入市场机制成为"良好的管理方法，健康的经济条件和更好的教育机会"①。奥斯本在《改革政府：企业家精神如何改革着公共部门》中指出："竞争最明显的好处是提高效率：即投入少产出多，竞争奖励革新，提高公营组织雇员的自尊心和士气。"② 新公共管理重视竞争，为公共部门管理提供了一个崭新的范式，各国政府高校实施管理改革，对高校实施绩效评价，可以帮助高校树立竞争意识，部分吸收经济、效率、效能的"3E"目标和标准，从而关注并提高办学效能。

英国是世界上高等教育最发达的国家之一，这与其拥有完善的高等教育竞争保障体系密不可分。英国高等教育资源绩效评价的发展，在评价中彰显竞争，一方面围绕着提高高校的教育资源使用绩效；另一方面围绕着提升教育质量并实现学术领域与管理领域的生产率最大化。英国高等教育评价体系分为内部评价体系、外部评价体系和社会及媒体评价三个部分。英国的高等教育绩效评价帮助其实现了高等教育大众化后的教育质量提升，其主要理念是在不破坏规定的教育质量和研究质量的前提下，如何以最低的成本培养出更多的知识分子。

美国是地方高校教育资源竞争获得的先行者。在地方州政府主导下，美国很多地方组织也对高校开展教育资源绩效评价，如明尼苏达州、田纳西州。明尼苏达州邀请广大教育者、政策制定者和高等教育委员会办公室共同制定评价目标和评价指标，评价指标体系包括毕业率、达成度差距、学习结果评估、研究与发现等，通过评价为本州高校找出优势与需要改进的地方。田纳西州是美国最早实施绩效资助政策的州，该州通过绩效评价来提高高校公共负责程度和质量改进。该州绩效评价的组织者为州高等教育委员会，已经开展了多轮绩效拨款

---

① ［荷兰］弗兰斯·F. 范富格特主编：《国际高等教育政策比较研究》，王承绪译，浙江教育出版社2001年版，第408页。
② ［美］戴维·奥斯本、特德·盖布勒：《改革政府：企业家精神如何改革着公共部门》，周敦仁等译，上海译文出版社2006年版，第46页。

政策。综合美国地方高校绩效评价,主要特点有:一是建立在自我评价的基础上的第三方评价;二是强调指标的效率和公平,指标选取体现了评价的目的和政策导向;三是坚持分类评价的原则,对不同高校分类实施评价;四是借助外部资源获得评价的依据,增强评价结果的客观性;五是评价过程周密规划与安排;六是评价确保质量,关注高校的改善程度和改进策略。①

总之,新公共管理理念为西方高等教育改革提供了与传统高等教育发展不同的走向,对高等教育产生了深远的影响,这其中对高等教育资源实施绩效评价发挥着根本性的导向作用。高等教育是各国公共支出中的重要组成部分,虽然各国高等教育拨款体制不同,就高校绩效评价而言,对高校开展教育资源绩效评价是世界各国普遍需要的任务。国外高等教育资源绩效评价已实施多年,我国仍在初步探索阶段,但新公共管理思想已经开始影响中国高校的改革与发展。

二 新公共管理理论视角下地方高校资源配置的分析

新公共管理代表人物戴维·奥斯本认为政府应是起催化作用的,提倡把竞争机制注入提供服务中去,按效果而不是按投入拨款,有收益而不浪费,以市场为导向,通过市场力量进行改革。将新公共管理思想运用到地方高校这一公共组织中,要求合理嵌入市场机制、竞争意识和绩效责任。

(一)地方高校教育资源配置领域适度嵌入市场合理"基因"

新公共管理理论以市场中心,主张在半公共产品中提供公共机制和市场机制的结合。新公共管理学认为,政府管理造成了政府垄断市场,公立高校产权虚置使高校缺乏节约成本的动力,造成"X-无效率",而解决"X-无效率"的方法就是引入市场竞争。②英美等国家新公共管理理论指导下通过市场来检验高等教育资源效率的最大化,

---

① 张男星等:《高等学校绩效评价报告》,教育科学出版社2013年版,第132页。
② 赵霖平、王林芳:《新公共管理学对高等教育改革的影响》,《教育评论》2004年第4期。

第三章 地方高校资源配置绩效评价：一个二维分析框架

视为市场检验为最有效的方式，避免了高等教育的资源使用的低效率，这是对公私竞争原则的进一步确认和制度化，并在欧洲国家得以广泛流行。伯顿·克拉克提出著名的政府权力、学术权威及市场力量三角协调模式，表明大学都在政府、市场和学术之间艰难地在寻求一种平衡。①伯顿·克拉克指出，高等教育存在着政治的、官僚的、专业的和市场的四种协调力量，每一种途径都会产生停滞或失败之局限性，因而只能在一定时期和一定范围内发挥作用，管理者利用前三种权威形式力量来管理高等教育组织，随着高等教育系统规模的不断扩大，市场调节是一种相互作用的类型，市场形式的作用也在扩大。②雷斯·威廉斯认为，"没有任何一种高等教育分配制度是绝对纯粹的官僚模式、学院模式或市场模式"③。市场本身既是环境也是手段，没有竞争就没有改革。④市场机制关注供求、选择、价格、竞争与风险，是集体选择和公共选择的根基，是被人类历史证明了的富有效率的资源配置机制。⑤

任何领域的资源配置都是在社会的基本经济体制环境下开展的，高等教育领域也没有独善其身。我国高等教育的混合产品色彩决定了高等教育管理具有市场化的内在基础。随着市场竞争在社会各领域的全面推进，我国高等教育领域也逐渐采用竞争的机制。在20世纪80年代中后期，随着社会主义市场经济的概念的提出，支撑高等教育的经济基础开始发生变化，无论是主动还是被动，高等教育都开始与市场接轨。在教育资源有限的背景下，从"211工程""985工程"到"双一流"建设，我国高等教育重点建设政策无不体现了效率优先的

---

① ［美］伯顿·克拉克：《高等教育系统——学术组织的跨国研究》，王承绪等译，杭州大学出版社1994年版。
② ［英］迈克尔·夏托克编：《高等教育的结构和管理》，王义端译，华东师范大学出版社1987年版，第40页。
③ ［美］伯顿·克拉克主编：《高等教育新论——多学科的研究》，王承绪等译，浙江教育出版社2001年版，第81页。
④ 刘亚荣：《从双轨到和谐：中国高等教育资源配置机制的转轨》，浙江大学出版社2010年版，第9页。
⑤ 方林佑：《主体身份、政府角色与中介组织地位》，博士学位论文，湖南师范大学，2013年，第1页。

基本思想，我国高等教育发展从"重点"转向"一流"，标志着由政府主导的选择性重点建设向有高校主导的竞争性建设的范式转变。我国高等教育资源配置历经了效率优先、保证重点的分化发展和效率优先、兼顾公平的统一发展两个阶段。[①]梳理四十年来市场在我国高等教育领域运用的经验，改革开放带来的市场竞争改变了高等教育的边界条件，市场经济对高等教育来说，已经不是要不要的问题了，而是如何适应市场经济的问题。在当前经济大环境下，市场经济已经客观侵入高等教育的"躯体"，无论理解、承认、适应与否，市场竞争的机制和理念早已在高校运行，市场手段已经以一种现实"侵入"高等教育各个环节和领域，市场竞争原则已被广泛地认为是提高高等教育效率、促进办学活动的重大动力，是摆脱高校发展缓慢的重要途径。地方高校不能轻易否定市场，也没有办法否定，而要尽快加深对市场的认识，降低市场的负面效应，更好运用市场合理成分。因此，面对地方高校必须提升高等教育自身的成熟度和主体性，适度嵌入"市场"基因，发挥市场的内在驱动机制，顺应高等教育规律，在计划和市场之间寻求平衡的能力和技巧，就是能够把计划的制约和市场的功利降到最低程度，就是能够在计划和市场之间寻求支点[②]，有效运用行政与市场的手段来推进改革，形成行政与市场双轨和谐的局面。

在高校的教育资源配置领域，高等教育资源具有非排他性但具有竞争性，属于准公共产品（包括"排他非竞争"和"竞争非排他"两类）中的公共池塘资源，公共池塘资源这种资源更接近人民意识中需要特定配置机制的公共资源。资源的稀缺性是高等教育面临的基本现实，政府有限的资源供给能力以及权力配置资源的缺陷给市场配置

---

① 董海军、刘海云：《公平与效率：我国教育发展的阶段性演进（1949—2022）》，《社会科学辑刊》2022年第4期。

② 邬大光：《走出计划经济与市场经济的双重藩篱——我国高等教育70年发展的反思》，《苏州大学学报》（教育科学版）2019年第3期。

第三章　地方高校资源配置绩效评价：一个二维分析框架

资源留出了一定的空间，而市场配置则会大大激活资源的有效利用。[①] 在这一基本现实和根本原因下，效率成为资源配置的目标，任何组织和个人都认为资源应该有效配置，这也是人们关注高校资源配置绩效的根本原因。资源的所有者不得不对各种资源进行有效配置，以获取最佳的资源配置绩效。以国家自然科学基金、国家社会科学基金为代表的申报评审机制，全国高校现在普遍在实行中的绩效工资制度，都说明高等教育自觉或不自觉地运用了市场竞争意识。市场竞争已成为高等教育资源配置的基础制度和有效机制，因为在市场的机制下，资源配置能够最终达到市场的均衡状态，实现资源的最大效能。高等教育以市场竞争为导向的资源运作模式，事实证明，这种通过市场竞争获得资源模式激发了高等教育的活力。有学者实证检验我国政府与市场的高等教育资源配置效率表明，政府与市场的高等教育投入均能提高高等教育的产出效率，但市场的配置效率因高于政府而成为更富效率的一方。[②]

高校之间资源竞争模式也为地方高校内部资源配置和绩效评价提供了借鉴。地方高校大多属于弱势高等教育，将存在资源存量不足、外部获取增量有限、资源供给难以有效推动发展目标的实现，同时，地方高校"十四五"之后可能将会整体进入内卷的存量竞争时代。[③] 与研究型大学的知识生产逻辑不同，地方高校发展逻辑重点在于知识应用，市场恰恰是知识应用最好的实践场地，因此，市场化资源配置是地方高校高质量发展的强大动力。[④] 面向市场竞争的高等教育资源配置理念逐步形成，为教育资源配置绩效评价提供了市场经济环境。

[①] 胡仁东：《权力与市场：两种高等教育资源配置模式》，《高等工程教育研究》2006年第3期。
[②] 方超、黄斌：《我国高等教育经费投入的资源配置效率评价——基于空间计量经济学的实证检验》，《重庆高教研究》2019年第5期。
[③] 戚业国：《"十四五"时期高等教育的发展环境与高校的战略选择》，《复旦教育论坛》2021年第2期。
[④] 史秋衡、张纯坤：《应用型大学高质量发展的博弈困境及战略调适》，《江苏高教》2022年第8期。

地方高校内部管理也要引入市场机制，下发并赋予院系一定的办学自主权，学校层面履行监督职责，能增加地方高校的效率、效能。竞争不仅是改革的推动力，也是改革的基本手段。在地方高校教育资源配置领域，为了提高发展效能，也需要适度引入"市场"基因，强化竞争意识和绩效责任。只有在竞争的推动下，地方高校教育资源内部配置才能真正地以效率为目标运行，才能真正以资源配置为纽带引发学校方方面面的改革。

（二）地方高校教育资源内部配置领域引入竞争和绩效评价

任何国家、任何时期、任何领域的发展都需依托资源，高校发展也不例外。高校发展的过程就是更多更优资源聚集、资源被有效利用以及更多更优资源衍生留存的过程。[1] 在获取资源方面，国家财政拨款是我国高校办学经费的最主要来源。鉴于实施多年的分层配置资源的制度性因素，我国高校存在明显的"马太效应"和固化的队列排序。"双一流"高校仅占全国高校总数的14%，却占有72%的政府科研经费，而86%的其他高校仅分得政府科研经费的28%。[2] 考察我国高等教育经费配置等级固化程度时发现，经费配置受原有经费水平限制较大，经费配置公平固化程度高于配置效率固化程度，需要结合经费配置潜力及驱动要素，提出实现高等教育经费有效率的公平配置路径与策略。[3]

地方政府作为地方高校的举办者，"政府仍然是核心资源的掌控者和资源配置的决策者"[4]，高校经费主要来源于地方财政性拨款。受地方政府财政能力、高校自身办学层次等因素影响，地方高校教育经费收入呈现出普遍短缺且极不平衡的特点，不同地区、不同层次、

---

[1] 王连森：《大学发展的经济分析——以资源和产权为中心》，高等教育出版社2013年版，第45—46页。

[2] 万明：《211、985高校拿走全国七成政府科研经费》，《南方都市报》2014年11月18日。

[3] 徐孝民、王劲：《何以实现有效率的公平——"双一流"建设视角下高等教育经费配置》，《教育研究》2023年第2期。

[4] 眭依凡：《大学校长的教育理念与治校》，人民教育出版社2001年版，第323页。

第三章 地方高校资源配置绩效评价：一个二维分析框架

不同类别地方高校所能获得的财政性教育经费投入差异较大，即使同一地区、同一层次、同一类别高校也存有较大个体差异。"任何一个大学获得经费的方式，都是在大学历史发展的关键阶段，人们对高等教育的社会职能所持有的政治态度的结果。"① 地方高校教育经费收入受院校特征和省份特征两个主效应影响，高校特征（学校规模、学校层次等）对地方高校教育经费收入具有显著影响，地方经济发展水平和群众分担能力对地方普通高校教育经费收入具有正向影响，但地方政府财政能力对地方高校教育经费收入不稳定，且政府教育财政政策对地方高校教育经费收入有负向影响。②

竞争既是改革的动力，也是改革的基本手段。四十多年来我国高等教育改革的经验可以概括为，社会的改革开放打破了高等教育由政府单一主导体制、封闭运行的系统，外部高等教育的发展和内部主体的参与，引起高等教育外部和内部竞争市场的确立。改革开放带来的市场竞争改变了高等教育的边界条件，没有竞争就没有改革。竞争是教育资源稀缺情况下高等教育发展的重要特点，竞争迫使不同层级、不同类别的高校渐渐地改变自身现有的管理模式和治理结构。高校作为教学科研、服务社会、文化传承的组织，作为知识生产与知识传播的重要机构，在知识经济环境下，知识被需要和被使用的场所比之前变得更广阔、更多元。高校需要在不断变化的知识、国家、社会和市场环境中找准自己的位置，社会各界对高校的质量和效益高度关注。

戴维·奥斯本和特德·盖布勒认为："测量能推动工作""如果不能测定效果，就不能辨认是成功还是失败"。新公共管理学者莱布斯泰因将"X-效率"定义为获得最大化产出的投入的使用，指出公共组织没有达到"X-效率"，官僚制组织存在太多的"X-无效

---

① ［美］伯顿·克拉克主编：《高等教育新论——多学科的研究》，王承绪等译，浙江教育出版社2001年版，第79页。
② 张紫薇、牛风蕊：《究竟是什么影响地方高校教育经费收入？——基于省份、院校特征与教育经费收入的关联性分析》，《中国高教研究》2020年第2期。

率"。① 新公共管理主张以目的为导向，建立有效的责任机制与绩效评价体系。高校教育在一些领域适度引入市场机制，如高校的生源市场、资源市场、就业市场、科技服务市场，这有利于提高大学的资源利用效益。尽管高校追求的不是利润而是价值，但也要在知识经济市场中运行，在开放、互动的环境下，高校与政府、社会、市场的联系愈发紧密，也有实施绩效评价的必然性和合理性。

资源配置必须重视绩效，促进地方高校不断提高办学水平和资源使用效率。追求绩效应该是地方高校教育资源配置普遍的基本的价值目标，这是形成地方高校发展机制、激发地方高校办学活力的基础。地方高校必须结合自身特点处理好效率和公平的关系，有限的公平与效率是互动的，两者是可以兼得的，但超前的公平同效率是矛盾的，两者是不可以兼得的，甚至两者皆不可得。中山大学原党委书记李延保教授认为："高校行政决策系统往往离不开有限资源下的资源配置，必须讲究效率和效益，讲究操作性和适度的平衡。"通过竞争机制公正配置教育资源是地方高校高质量发展的必然要求，这种竞争主要体现在管理水平和教育活动质量，集中表现为办学资源的使用绩效。地方高校发展的理想目标就是逐步建立和完善以绩效的基本导向的教育资源配置机制，从而最大限度地激发和调动办学的自主性、积极性和创造性。

引入竞争和绩效是地方高校解决当前发展资源瓶颈的现实需要。绩效作为高等教育资源配置结果的基础性描述，在高等教育资源配置中具有重要意义。② 目前，地方高校校级层面垄断了教育资源供给的决策、发展等环节，这种模式的弊端表现为资源配置的结构不合理和效能低下。以学院为决策单元配置各种教育资源是高校管理基本遵循，因此，对地方高校内部院系进行资源绩效评价必然成为高校治理的重要内容。在竞争的推动下，高等教育内部的资源配置才真正自发

---

① ［英］简·莱恩：《新公共管理》，赵成根译，中国青年出版社2004年版，第83页。
② 李元静：《我国高等教育资源配置效率的空间计量分析》，博士学位论文，西南交通大学，2014年，第120页。

的以效率为目标运行，引发各方面的改革。建立地方高校内部资源绩效评价机制，优化办学资源配置，是提高办学质量和投资效益的前提和关键，是解决教育资源供需矛盾的现实需要，是解决地方高校资源短缺与资源冗余的有效途径。在以人为本、质量为重、制度为新、绩效为先的价值取向下，地方高校迫切需要以资源配置改革为突破，以资源结构优化为核心，勾勒并推进实现自身内涵式发展的美好愿景。

开展地方高校教育资源内部绩效评价，是促进和提高地方院校教育资源效益的有效方式和重要途径。微观层面，通过院系绩效纵横向比较，能够明确各学院、各学科的优势和存在的问题，让院系管理者熟悉本院系的关键指标的绩效情况，认识面临的机会和威胁，以便重视绩效并有针对性地改善，使院系不再盲目攀比要资源，有助于强化学院责任，产生自我激励和约束机制，将绩效责任和竞争意识层层传导压力至绩效产生的直接群体，激发院系间的竞争意识，增强院系资源意识、改革创新意识、质量效益意识；中观层面，能及时发现地方高校发展中资源使用缺陷，明晰内部管理的优势和劣势，减少资源配置的盲目性，及时调整对人力、物力、财力等教育资源使用政策，从而为高校改革提供依据，进而清晰学校高质量发展的方向，不断提高教育质量；宏观层面，有利于内部系统能动地适应外部环境变化，把握高等教育改革发展方向，在资源约束条件下准确定位，实现自身的高质量发展。

三 新公共管理理论视角下地方高校教育资源内部配置绩效评价分析

正如新公共管理理论有其适用性，它也有其理论缺陷，新公共管理理论运用到地方高校教育资源内部配置绩效评价中，既存在合理部分，也存在其局限性。

（一）新公共管理理论在地方高校教育资源配置中的合理性

新公共管理理论指出，公共部门和私营部门没有本质区别，资源稀缺要求公共部门必须重视资源合理优化配置。顾客导向的政府服务理念要求政府要及时回应国民的问责，问责的目的不是为公共管理部门的决策提供政策咨询，而是评价公共部门工作是否实现了预期的效果。实行绩效评价是为了克服传统政府管理模式的三个弱点：一是缺乏整体目标和方向；二是政府不同部门缺乏整体提升部门凝聚力的协调机制；三是无法获得政府公共服务人员在做什么、有什么效果，付出了多少成本和代价。绩效被广泛应用于政府管理中用以全面反映和评价政府组织公共管理与服务的表现，以期提高公共管理水平。

新公共管理理论倡导市场机制、竞争机制和绩效责任，这正是解决当前地方高校教育资源内部配置绩效不高的有力措施。在市场化程度越来越高、运用范围越来越广的今天，地方高校资源配置领域的市场化改革略显迟缓，无法满足学校和师生发展日益增长的需求。地方高校作为一个资源消费组织，有提高自身绩效的责任，但责任既是一个"珍贵的概念"也是一个"变色龙"，有使命、道德和规范层面的争议。地方高校大部分是受公共财政支持的，在新公共管理思想的牵引下，高校必须回应资源是否发挥了效用最大化问题。因此，随着社会主义市场经济在资源配置中决定性地位的进一步确立，依据新公共管理理论，地方高校面对当前教育资源资源配置绩效不高的问题，有必要通过自我绩效评价来强化责任意识。在高校内部，院系对资源的使用存在不计成本的思想，在院系之间看不到自身资源利用绩效情况，导致自我激励和发展机制不够。因此，地方高校有必要在资源内部配置领域建立市场机制、竞争机制，强化资源的高效配置。

在建立市场和竞争机制的同时，新公共管理理论也强调对教育资源配置配置情况进行绩效评价。绩效评价是检验资源配置结果的手段。一般认为，绩效评价是组织适应社会和反思自我的主要手段，绩效评价在组织管理中具有标杆功能、监控功能、激励功能和资源优化功能等，近年被广泛运用至政府、企业和社会团体之中。绩效表现是通过评价得出的，评价的前提就是要有固定的、客观的评价标准，标准是评价组织绩效的重要依据。当今社会是一个评价的时代，是一个

第三章　地方高校资源配置绩效评价：一个二维分析框架

针对绩效评价的时代，高等教育也没能逃离。绩效评价可以帮助高校重构与政府、社会和市场的关系，以促进高校的和谐发展和高校办学质量提高的现实。绩效评价既可以提供一种高等教育战略性的质量管理工具，也可以把复杂问题概括化、客观化、简明化。绩效评价可以促进高校与其他机构进行知识生产与应用，保障人才培养以及资源竞争方面焕发生机。"只要高校还不甘心退化为社会的盲肠，那么它就应该接受社会各界的绩效评价。"① 因此，伴随我国政府职能的转变和高等教育"放管服"改革的深化，资源绩效评价理应作为政治合法性的一部分"嵌入"地方高校内部系统中，作为地方高校内部的一种精细管理技术。对地方高校系统开展资源绩效评价，既是政府管理高校的重要手段，也是提升高校内部管理水平的核心环节，是政府和社会监督地方高校管理水平的重要手段。如2018年《云南省统筹推进一流大学和一流学科建设行动计划》指出，要采取以绩效为杠杆的资源配置方式，建立激励约束机制，完善评价标准，强化目标管理，突出建设实效，实时检测，动态调整，充分激发高校内生动力和发展活力，引导高校不断提升办学水平。2018年江苏省发布《江苏省高水平大学建设全国百强省属高校绩效评价报告书》，在省域层面积极探索，大胆改革。②

针对目前地方高校教育资源配置和使用现状，地方高校作为参与市场的独立法人，需增强自主性和主体性，必须要精细化地运作和管理。绩效评价是"目标管理"主要表现形式，既可以帮助地方高校设定目标，也可以促进地方高校内部资源充分全面的利用和开展。绩效评价的目的是激励高校改变自己的目标和行为，在满足外部问责制的同时提高地方高校的内部效率。高校资源配置的绩效评价可以促进效率和公平的统一，保证资源公平配置的最终结果保障并促进了效率

---

① 郭芳芳、张男星：《高深知识的生产变革与高等教育绩效评价》，《复旦教育论坛》2012年第6期。
② 余达淮、邹阳：《推进教育评价改革，促进高水平大学建设——以江苏高水平大学建设绩效评价改革为例》，《高校教育管理》2021年第2期。

的提高，强调资源配置效率客观上可以起到防止不公平的作用。① 地方高校教育资源内部绩效评价是对高校内部院系资源配置的绩效、质量、价值、功能以科学的手段和方法做出合理评价的活动。以新公共管理理论为基础，地方高校建立内部以绩效为基础的资源配置，最大贡献可以将资源的分配和院系的业绩紧密联系起来，从而真正提高内部管理系统的公平、质量和效率。通过绩效评价对地方高校内部院系施加影响，以改善学校的整体办学质量。以内部院系为考察对象，对地方高校教育资源配置的绩效评价，将学校对内部院系教育资源要素的投入与办学效益进行对照和衡量，对其阶段性的办学效益做出客观公正的综合评价，引导院系在教育资源相对短缺的情况下，强化资源意识，降低办学成本，提高办学质量。

(二) 新公共管理理论在地方高校教育资源绩效评价中的局限性

在新公共管理指导下高校绩效评价在高校内涵式发展中发挥了重要作用，也有效促进了高校的发展，但同时也出现了一些偏差。但随着评价的推进，在强调技术理性和绩效评价的社会背景下，也呈现出一些问题，如市场在教育中的局限性估计不足、"管理主义倾向""未重视评价的教育价值"和"过分强调实证的科学范式"等。具体体现在：一是高校绩效评价目的逐渐异化为对新颖、绩效和功用的过度追求，学术共同体因行政力量的强大和评价量化推动而逐渐式微。二是评价标准不全面科学，忽视不同专业类型、研究类别和知识情境中的差异②。三是评价方法片面追求量化指标的复杂计算，计算过程和方式神秘化，缺乏实践操作性和应用型。四是评价过程不透明和缺乏监督，导致评价结果公信力不高，造成"劣币驱逐良币"。

新公共管理理论主导的市场机制在高校运用中存在局限。由于高校与企业、政府的价值取向有着本质区别，高校教育的非营利性特点决定了市场机制不能对高校教育资源起决定性作用。我国高等领域的

---

① 眭依凡：《公平与效率：教育政策研究的价值统领》，《中国高等教育》2014年第18期。
② 孟照海、刘贵华：《教育科研评价如何走出困局》，《教育研究》2020年第10期。

第三章 地方高校资源配置绩效评价：一个二维分析框架

市场竞争不是经济领域的"完全市场竞争"，也不是高等教育中通行的"准市场竞争"，而是政治和行政权力主导下、规训下的市场竞争，是具有中国特色的"类市场化竞争"①。虽然随着市场经济的发展，市场对资源配置的作用不断加深，高等教育必须面对市场已成为必然的趋势，但高校避免引入市场因素自身缺陷所带来的不利因素。同时，高等教育自身的独特性、复杂性、隐喻性特点，我国高校在组织使命和组织特性方面，一方面与企业和政府组织有本质性不同；另一方面与西方国家的高校也存在极为突出的特殊性，这决定了高等教育中实施绩效评价与在企业中实施绩效评价有着根本性的不同，中国高校的评价既不同于企业评价和政府评价，也不同于西方国家高校的评价。高等教育发展需要考虑有效性、有效率这样的技术管理，高等教育与经济社会发展可以发生关联，只是高等教育与经济之间的关系往往是复杂、多重而非简单、线性。如果不从高等教育系统的内部规律出发，不从高等教育自身的特性出发去绩效评价，不从中国特色出发，绩效评价就会沦为一种"管理主义"的工具。新公共管理理论者简·莱恩在谈到新公共管理的运用有何限制时候指出："新公共管理在政府司法机关和高等教育机构中似乎不太适用。"② 怀特海认为"对一所大学教师队伍的管理和对一个商业组织的管理是截然不同的"③。过度追求市场化会削弱大学本身应具有的传承性和经典性，过度的市场逻辑导致大学育人出现体系失衡、主体性遮蔽、想象力被抑和公平受损等问题，与大学"独立之精神，思想之自由"相违背。在资源配置与绩效评估挂钩的强激励逻辑下，评价存在新的"唯指标"办学倾向与风险，绩效考核任务层层分解，大学治理机制中行政文化、市场文化与学术文化的张力和冲突加剧，并可能再次引致大学办学偏离本土需求和社会贡献。

---

① 苏永建：《中国高等教育质量保障运用机制及变革研究》，中国社会科学出版社2020年版，第236页。
② ［英］简·莱恩：《新公共管理》，赵成根译，中国青年出版社2004年版，第15页。
③ ［英］怀特海：《教育的目的》，庄莲平等译，文汇出版社2012年版，第133页。

第二节　多元共建评价：基于第四代评价理论的逻辑起点

针对新公共管理理论在地方高校资源配置绩效评价中的局限性，有必要引入另一个逻辑起点，即第四代评价理论，以弥补新公共管理理论在理论与实践中的不足。

一　第四代评价理论对高等教育评价的引领

美国著名教育评价专家古贝和林肯20世纪80年代创立"第四代评价理论"，代表了一种新的教育评价观。该理论针对前三代评价中存在的浓厚的管理主义倾向、过分强调科学实证主义的方法、忽视价值多元性等缺陷，依据建构主义方法论，首先对评价的本质进行了充分的探讨，提出"评价本质是一种心理建构过程"。评价的出发点应该是"回应性聚焦方式"，在于利益相关者的"宣称""担心"与"问题"三类要求。评价的最后结果是参与评价及与评价有关的主体基于对象的认识通过协商而整合成的一种共同的看法。① 第四代评价理论强调"回应"评价起点、注重"协商"评价过程、"共同建构"评价本质和"建构性的探究方法"等观点，有利于我们进一步认识和探索教育评价的理论与实践。

（一）"尊重多元价值需要"要求教育评价主体转变

第四代教育评价理论认为，教育评价是一种价值判断，前三代评价理论忽视了价值的多元化，没有吸纳评价过程中其他人的价值观念，仅将评价者的价值作为评价标准。第四代教育评价理论尊重多元价值取向，提倡评价主体的多元民主性，注重对评价参与主体的尊重，采取"应答评价模式"，体现了评价过程平等公正。第四代评价

---

① 卢立涛：《回应、协商、共同建构——"第四代评价理论"述评》，《内蒙古师范大学学报》（教育科学版）2008年第8期。

理论将评价相关者分为评价推动者、评价受益者和评价受害者，强调评价中这一角色的重要性在于，从纯粹的技术人员、描述者或者判断者转变为合作者和协调者，其实践表明，评价主体的多元民主参与能从不同角度为评价提供信息，这是提高教育评价可靠性和有效性的重要措施，据此将相关利益相关者的参与作为实现价值判断一致性的有效途径之一。不同评价主体参与，被赋予表达价值的权利，意味着民主共建，可以将不同价值群体之间的价值观念进行充分协商，在过程中发挥多元主体主动性和积极性，积极、有效地参与评价，从而获得成就感和归属感。尊重多元价值诉求，既改变了评价者与被评者之间的关系，又扩展了评价者的范畴，同时也提高了评价的质量，可以促使评价结果被各方接受。在我国当前高等教育评价中，主体上存在重多元参与但轻平等协商的困境，借鉴第四代教育评价理论，需要兼顾不同利益相关者的价值取向，以便让高校利益相关者在协商和交流中形成共识价值标准，在共同的价值观引导下开展评价活动。

(二)"注重运用多种方法"要求教育评价方式转变

第四代评价理论认为，评价是可以以各种形式给予或者剥夺利益相关者的特权，因此，与评价的设计与实施过程相关的利益相关者可以选择是否参与评价，同时，评价必须具有行为导向性，即要定义一系列的工作流程，激励利益相关者遵循这一程序。目前我国教育评价主要采用数据计算、书面调查等静态方式，没有足够发挥评价的最大效应。我国高等教育评价目前存在重定量考核轻定性分析、重结果鉴定轻发展诊断。组织内部之间的粘连性导致高校行为复杂易变的，第四代教育评价在建构性评价理念指导下，将定性评价与定量评价相结合，将终结性评价和过程性评价相结合，力图客观、全面、综合地反映被评价对象的真实表现。第四代教育评价采取多种评价方式收集信息，如访谈、问卷、观察、深描等方式综合运用。评价信息整理先进行资料分类，再资料审核，最后进行资料的存储。在对评价结果的呈现上，可以视情况选择级别评定和分数评定两种方式，甚至一种或多种的组合。

美国是较早对高校教育资源实施绩效评价的国家之一,其高校教育资源绩效评价持续性强、覆盖面广、层次性强。分析不同组织和层次对美国高等教育绩效评价活动可知,一方面,坚持分类评价,提倡实施高校内部绩效报告。分类评价是美国高等教育绩效评价的一个重要指导思想。无论是全国性的还是区域性的评估组织,抑或州一级的评估组织,都遵循了分类评价的原则。如美国研究型大学绩效评价中心,就是专门针对研究型大学开展的评价与测量活动,并对研究型大学做了清晰的界定。在州一级的评价中,如田纳西州高等教育委员会主要是对本州的公立大学和学院进行评价,在评价指标的设计上,则充分考虑到不同类别高校的性质与目的。美国鼓励在高校内部实施绩效报告,认为这是高校绩效改善离不开的一步。哈佛大学资源内部配置有两个特点:一是以工资、学生资助、设备等对象为标准进行内部资源配置和考评;二是以教学、科研、图书等功能为标准进行内部配置和考评[①]。另一方面,采取周期性与持续性的评价。周期性的评价有利于解决教育滞后性的问题,持续性评价有利于对学生和学校的发展变化情况加以纵向对比,探索增值性评价。如美国区域认证每10年对高校开展一次,田纳西州每5年开展一次评价。美国高等教育在评价过程中注重结合高校自身的特点、基础和发展目标以及阶段性成效。

(三)"注重双重标准结合"要求教育评价标准转变

第四代评价理论认为,评价是一种社会政治的过程,具有持续性、回归性和多样性。在评价中,评价标准分标准参照和常模参照,其中,常模参照评价是教育对象之间的水平比较,它基于个体在群体中的相对位置来定评价结果。标准参照侧重于教育对象个体内部的纵向比较,是基于特定标准来确定被评价者知识和技能的掌握程度。[②]标准参照评价是一种形成性评价,主要考查个体能否实现目标标准以及所能达到的程度。常模参照评价用来判断被评价者在群体中的相对

[①] 李文长:《高校资源配置模式与绩效》,北京师范大学出版社2011年版,第298—300页。

[②] 陈琦、刘秉德:《当代教育心理学》,北京师范大学出版社1999年版,第37页。

位置，通常被使用于选拔或总结性评价。第四代评价理论注重协商、共同建构价值判断标准，因此在我国高等教育评价中，有必要将常模参照与标准参照相结合，不过分注重单一参照标准的运用，要根据现实高校评价需要灵活选择所需要的参考标准。

美国不同评价机构开展高校绩效评价时，选用的指标种类繁多，并不断调整和完善绩效评价指标。美国评价者认为，绩效评价组织所运用的绩效指标都有一个发展变化且不断改进的过程，这种变化与社会的经济、政治、文化背景以及大众的要求有密切关系。田纳西州的高校绩效评价指标变化的发展历程就是一个证明。纵观各类绩效评价活动几乎都可以发现，不同的评价机构均更加注重对结果或产出的考察与测量，而不局限于对过程的关注，尤其是更加重视对学生的学习效果的评价。

（四）"重视激励功能"要求教育评价功能转变

第四代评价理论认为，评价行为的最后产出并不是对"事情是什么""事情如何进行"以及事物的某种"真实"状态进行描述，而是提出有意义的解释，即个体或者群体行为者为"理解"自身所存在的环境而进行的建构，人们借以理解自身环境而形成的建构在很大程度上是受建构者本身的价值观影响。第四代教育评价理论采用解释学的评价方法，在循环往复的协商中评价，充分发挥评价的反馈、引导和激励作用，不断通过评价促进教育对象的全面提升。[1] 目前我国的评价模式更倾向于将评价结果作为资源分配的依据，而忽视根据评价结果反思发展中存在的问题进而提升质量的重要性。同样，高校之所以重视评价，是因为评价结果能够证明自身是否完成了绩效目标，进而决定了自身利益的得失，而非通过评价结果反思教学和科研工作中存在的问题。[2] 高等教育最重要的目的是使师生都能获得全面发展，

---

[1] 李吉桢：《第四代教育评价理论的中国化研究》，硕士学位论文，天津师范大学，2019年，第35页。

[2] 孙科技、朱益明：《"双一流"建设评估的现实困境及其超越：第四代评估理论视角》，《复旦教育论坛》2021年第4期。

评价的功能也应转向人的全面发展，关注高校师生的成长和进步，充分发挥评价的激励导向作用，而不仅仅关注高校发表论文的数量、名次和排行榜。

美国高等教育绩效评价注重绩效评价指标的导向作用。美国几乎所有评估组织都非常明确自己的评价目的，这在州高等教育委员会和美国研究型大学绩效评价中心制定的绩效评价指标中表现得尤其突出。前者特别强调教育公平；后者特别强调研究型大学的特质。要随时保持对意图（我们的目的是什么）和对绩效（我们能把工作干到什么程度，我们如何知晓）的质询，尤其在大学的组织中，这是非常必要的，因为，如果绩效评价指标设计不合理或绩效评价结果运用不恰当，就可能会偏离甚至破坏高等教育的目的。另外值得注意的是，田纳西州的绩效资助政策之所以开展得最持久、最成功，与其绩效评价指标的确定过程不无联系。[①] 在高等教育委员会的协调下，学术界和政府官员都参与设计和指导绩效资助政策，这在一定程度上确保了其绩效指标和绩效资助政策体系的有效性。美国将绩效评价结果与相应政策结合，促进绩效评价发挥积极的作用。例如，美国高等教育区域认证的评价结果将影响学校能否通过认证，从而影响到高校的办学资质，因此，高校必须重视绩效评价。再如，田纳西州高校绩效评价是绩效资助政策中的关键环节，评价结果与高校可获得的州拨款紧密相关，在财政资助日益困难的情况下，高校必须高度重视绩效评价。

二 第四代评价理论视角下地方高校教育资源内部配置绩效评价分析

（一）对当前地方高校教育资源内部配置绩效评价的理性思考

对教育资源配置的绩效评价，从更高层次看，涉及高等教育的绩效评价或者更高层次的教育评价。随着当前破"五唯"的推进，从

[①] 张男星：《高等学校绩效评价报告》，教育科学出版社2013年版，第134页

理论界到实践界，教育评价似乎一夜之间成为众人讨伐的对象，出现了一边倒的现象，但本书认为，不能否定教育评价在促进教育大国建设中发挥的积极助推作用。关于外延式发展，对我国这样一个社会主义初级阶段的人口大国来说，高等教育的外延式发展现在通常受人批评，但没有外延式的发展也难有内涵式发展，外延式发展是我国高等教育发展的必经之路，是在目前国情下高等教育强国体系建设的必经的初级阶段，它解决了高等教育从"有没有"到"好不好"的转变，它为受教育个人增加了教育机会，为国家整体大幅提高了国民素质，为社会发展提供了人才支撑。开展教育评价也是我国教育强国建设中的应然必用之策，它是检验教育成效的方式，是促进科技进步和激发学校、师生潜力和动能的有效手段，促使了我国高等教育从外延式发展到内涵式发展，但这些年教育评价过了头，被野蛮简单量化，忽视其适切性，过于看重评价，本末倒置，将评价当作目的而不是手段，为了评价而评价，忽视了评价的教育价值。

高等教育领域要不要继续评价呢？答案是肯定的。很难想象，一个高等教育效益低下的国家能够成为一个高等教育强国。《深化新时期教育评价改革总体方案》把教育评价改革放在"事关我国教育发展方向"的前所未有的战略高度加以明确。不能因为现在存在缺点就全盘否定它，《深化新时期教育评价改革总体方案》也充分肯定了教育评价的诊断、引领、导向、管理和改进功能，破"五唯"本质是教育评价的改革，"五唯"之弊的根本在"唯"，但不是抛弃评价，教育评价仍将在教育强国建设中发挥重要作用。因此，要积极稳妥推进高等教育评价改革，要积极吸收以往评价的弊端，扭转不科学、过度的教育评价导向，打破原有评价的束缚和禁锢，吸收合理的建议，端正评价的理念，优化评价指标，发挥人的主体性，理性开展高质量的教育评价。

在高等教育领域，教师、学生、学科、资源、学校的绩效评价的根本目的在于实现高校的高质量发展。当前，高等教育高质量发展是以激活高等教育内部因素为动力，以优化高等教育内部资源配置为手段，以全面提升高等教育质量为核心。要实现高等教育高质量发展，需要建立以绩效导向的资源配置模式，需要树立效率优先兼顾公平的理念。要确立竞争和激励机制在高等教育中的合理地位，以评价促激励，从根本上激发高校师生的内驱力。从浅层来看，地方高校教育资源绩效评价是通过投入、产出判断学校的效能，但从深层来看，绩效评价是一种绩效责任，也就是学校对于学生发展质量、教学科研成效、服务社会所应该承担的责任。既然是一种责任，那就不是简单几个指标所能衡量的，而应该是一系列的指标体系中蕴含着一系列观念和价值，这些观念和价值可以通过绩效评价来对地方高校内部管理施加影响，进而改善教育公共服务供给质量。

同时，竞争和激励机制不一定是高等教育市场化，更不是将高等教育完全推向市场，而是在高等教育的某些领域、某些方面借用市场的逻辑和理念来解决行政所带来的弊端，遵循有效市场、有为管理、有根大学的运行逻辑。教师评价、学生评价在导向上要求教育规律大于市场规律，相对于师生的评价，教育资源本身是市场经济的范畴，是教育经济学研究的主题，存在可以评价的天然基因，对其评价更有经济性和外显性，可以使用竞争和激励的方式来改变资源配置的扭曲现状，把资源配置中的行政性、盲目性、无效性降到最低，在有限资源约束下实现高等教育发展效用最大化。需要注意的是，近年来对教育资源绩效评价出现市场规律过于彰显、教育规律不断式微的倾向，针对这种倾向，对高校的绩效评价要求评价主体适当加大教育规律的力度，使教育规律和市场规律在资源配置绩效评价中处于均衡的状态，这也是本书与以往研究相比努力向前推进之处。

观念更新是地方高校教育资源内部配置绩效评价的先导。在西方国家高等教育领域中，以英国为代表的绩效评价开展得比较早，且始终处于探索推进和讨论反思的循环改进过程中。反思英国高校教育资源绩效评价，其积极意义在于：一是加强了政府对高校的调控。在发挥政府的影响力同时减少高校的抵触情绪，绩效评价成为政府的有效政治术语，也是一种新的平衡术。这改变了英国传统高校自治的情形。二是改善了高校的内部管理。有英国学者认为，在重塑大学学术与环境方面，没有其他措施能比绩效评价更能发挥如此深远的影响。各种绩效的实施改变了高校内部机构的重组和权力的集中，运作更加透明。三是提升了高校的整体效益。英国的高校成为公共部门成本效益和资源使用效率更高的典范，英国人口占世界的1%，世界上引用率最高的出版物13%在英国，学生获得学位的数量是过去20年里的两倍，无疑使高等教育的整体效益得到提升。[①] 诚然，英国绩效评价造成了诸多消极的影响，其负面影响是：一是市场化趋势进一步加剧；二是学术环境遭到破坏；三是教师负担加大。英国的高等教育绩效评价政策执行和实践操作推进的每一步都会引起学界与政府间持续不断的争论。高等教育界对评价一直抱有抵触心理，对评价方法普遍不信任，对评价结果的有效性和适切性也难以接受。究其原因，是高校保护研究者和教师的利益。但是，随着市场竞争机制的不断加剧，随着对绩效责任的强调以及评价活动的开展，面对政府和市场对高校绩效的不断质疑，在没有更好的替代方案之前，情况发生了变化，高校也不得不接受这种现实，并努力做出改变。

目前，我国高校的教育资源绩效评价刚刚起步，由于处于探索阶段，还不成熟，受到质疑和责难也在所难免。评价遇到的困难并非无法解决，这些难题即使不能整体解决也可以部分解决，即使眼前不能解决也可以逐渐完善与发展，不能"因噎废食"而不作为。新生事物总是在迂回中前进、螺旋式上升。评价作为高等教育治理成效的晴雨表，是高校调适机制的前提与基础。评价正负的反馈，发挥着检验功过得失、指明实践改进方向的作用，牵引和推动地方高校不断演进，进而缩小与同类高校发展差距。反思以往的教育资源绩效评价，高校特别是资源紧张的地方高校，不是不要评价，而是要不断优化改进绩效评价。

高校评价体系的基本概念包括评价本质、理念、价值与标准等，

---

① 张男星：《高等学校绩效评价报告》，教育科学出版社2013年版，第164页。

高校评价本质是高校教育资源绩效评价体系重构的逻辑起点，地方高校要进一步厘清期基本要素及要素之间的内在逻辑关系。基于第四代评价理论的价值协商观，有助于解决地方高校评价涉及的相关利益群体的多元诉求。高校是具有教育价值的组织，以教育价值这一公共利益为根本的价值取向是重新厘清评价中各种关系的前提。由于地方高校不具备办学资源的自身再生产能力，资源依附性特征使地方高校在很大程度上会通过合理的方式获取资源。通常，竞争性资源主要依靠评价结果来获取，因此，无论是谁来评价，无论什么评价，地方高校都将以评价指标、评价结果作为办学活动的重要参考。地方高校资源绩效评价体系是一个从无到有、从局部到整体、从简单到复杂的进阶过程，要形成教育资源绩效评价的生成机理的历史共时判断，从更长的历史视野和更宽的现实境遇发现其生成机理，更好地引导地方高校教育资源配置绩效评价的公共价值取向。[①] 在尊重效率的同时，也要尊重教育规律，不能过于强调一方而忽视另一方，即在经济规律和教育规律双重理论关照下开展绩效评价。改进评价方式方法，冲破以往评价的牢笼，这是破解地方高校内部绩效问题新视角。

（二）第四代评价理论对地方高校教育资源绩效评价存在问题的回应

1. 对绩效评价价值的回应

价值是评价的根基，评价的本质属性是价值判断。价值取向是评价的灵魂，评价者的主要职责之一就是实施价值上的选择和判断。同时价值是一个关系范畴，它表明了主客体之间的意向性，其内在的属性只有在关系中才能把握，当我们面对事物进行好与坏、优与劣的鉴别时，主观上就已经赋予了价值判断，这种主观性判断是价值的一个显著特征，也就是说，价值随着主体的变化而变化，因此，人的主观评判才是价值产生的依据。与其他公共服务显著不同的是，高等教育

[①] 胡仁东：《大学组织绩效管理制度设计研究》，中国社会科学出版社2021年版，第147页。

第三章 地方高校资源配置绩效评价:一个二维分析框架

具有高度的价值属性,高等教育活动的开展是建立在一定的价值基础上的。斯塔弗尔比姆等人将评价分为三个类别:伪评价、真评价和准评价。① 伪评价是政治导向,为被评价对象营造一种积极或者消极的形象,不关心其真实的价值;真评价是价值导向,为提高被评价对象的价值;准评价是问题导向,对问题的回答可能涉及也可能不涉及评价对象的价值。从上述理论分析,在高校开展的绩效评价介于准评价和真评价之间,目的是回应社会对高校质疑的同时提高质量、重塑信任、争取更多资源。从大学的历史进程来看,高等教育学者对大学的定义中包含着种种价值取向。如:纽曼认为"大学是一个重视教学、传授知识的场所",克尔强调"大学本质是就是做学问的地方",等等;大学的属性告诉我们,教育评价本质是促进教育的发展,这是教育评价之所以出现的内生动力,体现了教育评价的合法性,尤其是高等教育评价,其价值取向是在人的全面发展理论基础上提出的,高等教育评价要反映大学本质,紧扣大学属性,对办学过程和结果进行价值判断和决策,从而预测、监督、引导高校自身发展。

马克斯·韦伯从社会历史发展的角度,把人的理性分为工具理性与价值理性。借助科技手段,人类在工具理性方面已达到了很高的水准,不断地推动着社会的进步,尤其表现在生产和管理效率提高方面。相对而言,人类在价值理性方面则没有取得与工具理性同步的进展,表现为价值的多样性,无法形成一个统一价值体系。② 事实上,社会决策大多不是可以仅仅依靠工具理性原则单独做出的,它们往往离不开价值理性判断。在科学实证主义的强力影响下,目前高等教育绩效评价主要采取以测量方式,高校师生的教育与受教育情况成为数字统计的客体、科学评价的对象。工具理性逐渐成为高校教育评价的主导模式,高校教育评价的价值理性逐渐没落。众多"经典模型"

---

① Webster W., Stufflebeam D., Webster W. et al., "An Analysis of Alternative Approaches to Evaluation" *Educational Evaluation & Policy Analysis*, Vol. 2, Nov. 3, May 1980, pp. 5-20.
② 苏国勋:《理性化及其限制:韦伯思想引论》,上海人民出版社1988年版,第188—254页。

在构建"完美"量化评价形式的同时，往往将人或者师生当作分离的甚至孤立的对象，从而导致价值型思维的缺失，这强化了高等教育之于经济社会发展的工具性，强化了政府对于高等教育的控制，而忽略了高等教育之对的主体性形成的重要性。①

大学的生命力表现在人与人之间的关系性存在，评价是理性的重要组成部分，人的理性是有限的，有限的理性恰恰是有效的，如果越过理性的边界或许就是无法挽回的祸害。②德国教育学家雅斯贝尔斯说过，"当社会发生根本变革时，教育也要随之而变；而变革的尝试首先是对教育本质问题的追问"。怀特海认为："大学是实施教育的机构，也是进行研究的机构。但是，大学存在的主要原因，既不是向学生传授单纯的知识，也不是单纯地提供研究机会给科系的老师。大学存在的理由是，它把年轻人和老年人联合在一起，对学术展开充满想象力的探索，从而在知识和生命热情之间架起桥梁。"③我国教育强国建设的内涵本质在于，通过强大的国家教育能力来全面确保教育中人的现代性增长。④我国大学内部评价的根本目的是激励人、鼓舞人、团结人、发展人，因此评价机制及其具体制度的人文性特征也更加鲜明。⑤基于此，我国大学评价的特殊性，学术组织之民主、自由的内在追求决定了绩效评价中价值理性的不容忽视，高校绩效评价具有学术性、人本性、效能性、复杂性等特点，要超越经济理性的一面，需关注人的价值理性，需要关注评价的人文属性，必须始终坚持立德树人正确评价方向和评价导向，从物的再生产转向人的再生产，应强化教育对于人的主体性的塑造，而不能只是满足于知识和人力资本的生产。高校绩效评价要考虑高校自身实际，尊重自身发展所选择

---

① 王建华：《对高等教育中问责与绩效评价的反思》，《现代教育管理》2020年第7期。
② 张庆玲、胡建华：《大学评价中的"计算主义"倾向分析》，《现代大学教育》2021年第4期。
③ ［英］怀特海：《教育的目的》，庄莲平等译，文汇出版社2012年版，第125页。
④ 张炜、周洪宇：《教育强国建设：指数与指向》，《教育研究》2022年第1期。
⑤ 左惟：《深化评价制度改革 大力推进高校高质量内涵式发展》，《中国高等教育》2022年第8期。

的价值追求。① 在后工业社会里，在新时代发展背景下，人的品质的优劣而非知识的多少将是发展关键性的因素，地方高校育人要在主体意识、内涵发展和评价标准等方面做好价值坚守，要从理念、结构、方式和内容等要素出发进行系统创新的探索。价值取向是评价指标体系的灵魂，决定着评价指标体系的变迁。地方高校教育资源绩效评价要具有先进的价值取向，这是构建科学、合理、系统的教育资源绩效评价体系的基础和前提，基于对当前地方高校发展特征的理解和未来发展态势的把握，在教育资源绩效评价中要树立工具理性和价值理性的统一、显性和隐性的统一、经济绩效和质量提升的统一，实现教育资源绩效评价的目标、内容、实施、结果的闭环统一，从而促进地方高校的高质量发展。

2. 对评价"管理主义"倾向的回应

在高校开展绩效评价必须进行"学术性"改造。一方面，绩效评价的属性主要是产业性与管理性。绩效评价理念首先在企业中诞生和运用，之后在政府管理中运用。绩效评价产生的领域及顺序客观反映了绩效评价的不同属性及特质的重要程度。绩效评价是从经济或管理视角来评价，因此其根本属性的产业性（市场性）。因此，对高校的绩效评价研究和探索更多在经济或管理领域。据研究，一半以上的高校绩效评价发表在财会类文章上：发表在非教育类期刊占55.06%，各类硕博论文占30.38%，发表在教育类期刊的仅占全部研究文献的14.56%。② 另一方面，高等教育具有学术性、市场性、行政性等属性，其中学术性是根本属性，而管理性、市场性是高校学术性的派生属性，管理性和市场性基于学术性，是为了学术性的产生和发展而衍生出来的两种属性。高等教育属性整体位次顺序应然呈现为：学术性＞管理性≥市场性。高等教育多种属性既为高等教育绩效评价提供

---

① 白宗颖：《以高校绩效管理推进高等教育治理现代化》，《现代教育管理》2019年第7期。
② 王定、牛奉高：《高校绩效评价的研究现状及趋势分析》，《黑龙江教育》（高教研究与评估）2011年第1期。

了土壤，也为绩效评价提供局限。综上，对绩效评价和高等教育属性的分析，高等教育属性的位次顺序和绩效评价属性的位次顺序不一致，势必会给高校绩效评价带来难题和局限。也就是说，绩效评价的高校场域属性与其本身属性并不完全一致。因此，高等教育属性要求必须对现有高校绩效评价进行学术性加工和"学术性"改造。

高校绩效评价要协调行政文化与学术文化。学术文化是大学的核心文化。以竞争为手段、以绩效为目标的新公共管理体制的运行，会改变高校内部的学术与管理文化，内部管理中企业文化逐步占据主导地位，学术人员与管理人员之间的分歧加深，内部管理中教授治学的管理方式会被自上而下管理控制的决策方式取代，进一步加重高校行政化倾向，重构大学内部治理制度。绩效评价会形成一种过分关注"数字""指标"的文化，"卓越""绩效""成本"成为高校管理者的日常话语，审计文化在高校大范围开展，最突出的表现是高校绩效评价，其直接的理论是新公共管理理论。理查德·温特和詹姆斯·萨罗斯对澳大利亚8所高校的1040名学术人员关于高校企业文化影响的问卷调查表明，大部分学术人员认为本校存在包括财政拨款减少、消费主义上升、竞争加剧、质量无保障等与企业文化相关的现象，学术人员在学术负责机制下工作压力不断加大，学术人员认为市场机制损害了高校的教学和学术活动，对学术人员的士气和效率产生了消极影响，使人们陷入"集体行动的困境"。高等教育中的学术文化与作为问责合法性基础的审计文化两者之间近乎存在不可调和的矛盾。无论是建设高等教育强国还是世界一流大学都必须从基于问责的结果评价走向基于信任的过程评价，绩效评价重心从强调"管理"要素转向"公共"要素，行动主体由科层制转向科层制与相关利益方的结合体，重新统一效率与民主的价值标准。

3. 对评价过分强调"科学实证主义"的回应

绩效评价对量化过于推崇和追逐。近年来，"科学实证主义"悄然变为我国教育研究的主要价值引领，在评价中体现为规则的制定者会不自觉地按照自然科学的学科特征和基本规律去定义评估标准。

第三章 地方高校资源配置绩效评价：一个二维分析框架

"科学实证主义"认为知识只能通过既定的程序和方法才能获得，强调拥有自然科学的数据信仰，使用相同的话语体系、学术模型和科学范式。大学组织作为一个复杂的、多维的系统，在知识的传承、创造和应用活动中越来越具有不确定性、模糊性等特征，然而，当前量化评价广泛渗透于高等教育评价的各个角落，数据凸显了资源黑洞与利益诱导。高校教师绩效管理计件工资化，科研立项、论文发表、奖项获取等精细化地被量化，"A、B、C、D"等符号充当着评价的"一般等价物"与高校组织紧密相连。高校评价的唯"科学实证主义"倾向明显，且数量过多、指标过高、变动太快、挂钩太滥的量化评价为高校的发展预先设定的一组可测量的目标所"锁定"，逐渐被精确的指标所主导，复杂的高校评价沦为简单的量化工作。量化评价的泛滥是功利主义办学观念和行政化管理方式共同作用的结果，混淆了内容与形式、质量与数量的关系。① 量化评价机制以人性假设的"经济人""利益人"为逻辑导向，带有浓重的功利性色彩，遮蔽了教育与学术的应然目的。② 对量化评价批评最激烈是人文科学领域，社会科学领域次之。过于强调量化评价绩效，把指标奉为圭臬，背离了综合评价的初心。必须超越量化的羁绊，不被科学主义的规训所钳制。量化评价是一种应用社会研究方法，不是一个普适性的评价框架。明确高等教育评价中量化评价的合理边界，既要避免将量化评价"神圣化"，又要避免将量化评价"妖魔化"。

绩效评价呈现数字依附和技术性效率追求。目前高校绩效评价将数字依附作为高等教育绩效评价坐标系的优先尺度，将数字依附作为评价的规训力量，陷入"数字锦标赛"，在技术支配理性下开展绩效评价。③ 数据为本的计算主义倾向和计算式教育评价的一元迷思滋生了大学的表演性文化、"大学发展的麦当劳化"、学科发展的"丛林

---

① 周川：《量化评价的泛滥及其危害》，《江苏高教》2021年第5期。
② 余达淮、邹阳：《推进教育评价改革，促进高水平大学建设——以江苏高水平大学建设绩效评价改革为例》，《高校教育管理》2021年第2期。
③ 么加利、罗琴：《高等教育评价的数字依附及消解》，《高校教育管理》2022年第1期。

化",使人成为可算度的理性人,使大学评价陷入集体行动的非理性困境,使人文学科陷入被估算的风险,加剧高等教育的内卷化。① 基于数字表现和绩效评价的问责一旦启动,就容易趋向不断自我强化,受其驱动的高等教育就会忽略教育的质量而转向对于技术性效率的追求。新管理主义理念下评价数字化倾向与日俱增,忽略了高等教育评价在本体论上的价值问题或规范性问题,如果一味地迎合教育评价的"唯",绩效问责制背景下评价功利化倾向愈发明显,那么教育高质量发展就会被遮蔽在表面性的数据之下,教育评价可能会加剧教育内卷化。要还原数字在高等教育绩效评价中的本真意义,警惕数字统计的陷阱,摆脱计算主义的倾向,破除数字运用的至上性和绝对性,明确高等教育绩效评价中数字运用的合理边界,增强方法论与具体使用评价方法的契合度,结构性优化高等教育绩效评价体系,促使数字尺度在"唯"与"不唯"间取得平衡,遵循大学发展内部涌现的秩序,这会触及对高等教育灵魂的深度领悟,这将是对现实高等教育实践中各相关利益主体博弈的科学理性引导。

(三) 第四代评价理论与地方高校教育资源内部配置绩效评价的契合

第四代评价理论有助于高校内部场域的高质量发展。第四代评价理论打破了预定式的评价模式,采取"回应性聚焦"方式协调评价者和评价对象的价值观,彰显了对评价利益相关者"宣称、担心、问题"的关注与尊重。主张评价是利益相关者共同回应、探索、协商的过程,而非行政命令或证实的过程。回应、协商、共同建构的主张弥补了新公共管理主义取向对因素前后关联、利益相关者回应和建议关注不足的弊端,重视教育评价所在场域内的各种利益关系,形成参与评价的利益相关者的心理建构过程。高校评价的有效性取决于评价主体的交互水平②,高专业化水平和高交互性水平的第四代评价理论有

---

① 张庆玲、胡建华:《大学评价中的"计算主义"倾向分析》,《现代大学教育》2021年第4期。
② 周作宇:《论高等教育评价的交互性》,《上海教育评估研究》2021年第5期。

利于促进高校院系调适其与场域内相关利益主体的关系,保证高校院系场域的高质量发展。在第四代评价理论视域下,为实现地方高校"共治"和"善治"的目标,在"放管服"的基础上,要突出对地方高校治理主体认知和行为的改善,对相关治理主体进行"赋能",从被动走向主动,注重不同利益治理主体价值共创和行为协同强化[1],促进治理主体治理能力的内在生成,促进和发展地方高校治理能力和治理现代化。

第四代评价理论为高校内部资源绩效评价提供了全新的评价哲学范式。目前以管理为核心理念的院系评价多是通过评价活动对高校教育目标、手段和效果进行绩效问责,以实现高校管理者监控的目的。评价强调他律,具有强制性和被动性特征,容易在知识分子中引起抵触情绪。第四代评价理论认为评价活动中利益相关者持有不同的主张(有利于评价对象)、焦虑(不利于评价对象)和争议(未一致同意的某种事情状态),评价者的角色便是发现这些不同的因素并缩短不同意见之间的距离,在协商中达成共识。古贝和林肯提出的评价建构过程指向界定识别利益相关者,反对将评价对象排除在外的做法,努力促使评价者、评价对象的深度融合。实施评价前开展解释性辩证,主张在自然情景状态下,通过复述、分析、批判、再复述、再分析的过程来协调教育价值观,缩小意见和分歧以达到共同心理建构。第四代评价理论强调利益相关方共同参与多元价值的取向,认为评价本质是通过协商关于评价对象的一种主观性心理建构,这是评价哲学范式的一次变革,有利于高校院系在坚持自身逻辑的基础上保证各权力主体的话语权,营造以行政权力与学术权力均衡为核心,政治权力、学生权力、民间权力等共同参与的评价环境,扭转院系组织以及师生个体在评价中的消极被动地位,也为高校内部评价理性回归应然惯习创造了良好条件。

---

[1] 李作章:《价值共创视域下高等教育治理能力现代化的"赋能"进路》,《江苏高教》2022年第1期。

第四代评价理论为地方高校内部资源绩效评价提供了创新的建构主义方法论。高校院系评价研究中普遍存在的实证主义倾向,这逐渐产生对评价技术的过度依赖,出现一系列数字导向的评价背离主旨的情况,导致评价的解释性和应用性不足。为了从源头上解决评价问题,在哲学范式革新的前提下,有必要对方法论进行创新与突破。第四代评价理论,认为建构主义在本体论主张实在是意识的社会建构,并且存在多少主体存在多少个建构;在认识论上主张主客体一元主观主义观点,强调研究评价结果是评价者和被评价者对问题相互作用的结果;在方法论上用解释学辩证过程取代科学特征的控制性操纵(实验)方式。① 方法论上的突破之道在于改变评价双方的分离状态,开展前期建构促进信息整合,更重要的是在于以注重结果的评价,转为重视质性评价、过程评价和分类评价,目的是提高评价的质量和效能。② 这种理念为院系通过评价活动发挥对话协商机制、促进自身高质量发展提供了行动指南。

第四代评价理论为地方高校内部资源绩效评价提供了范式转变。地方高校教育资源绩效评价范式转变的核心问题是建立多元价值协商机制,通过协商解决教育价值与管理价值之间的矛盾和冲突问题,使新范式适应多元价值观的需要。基于价值协商的理念所设计出来的资源绩效评价体系,由于观照了不同利益主体的诉求,更容易得到相关利益主体的理解与认同,在评价实践中更容易共同推进。基于价值协商原则进行评价体系设计的过程中所面临的地方高校利益相关者之间的博弈是合作性博弈,③ 利益相关者各方组成一个共同体,积极参与、共同商议、在博弈中寻求合作,最大限度地降低信息的不对称性和不确定性。建立地方高校教育资源绩效评价范式的转变,一是实现教育

---

① [美]埃贡·G. 古贝、伊冯娜·S. 林肯:《第四代评估》,秦琳等译,中国人民大学出版社2008年版,第18页。
② 王江曼:《高校二级学院评价的理性审视和进路构想——基于场域理论和第四代评价理论》,《浙江理工大学学报》(社会科学版)2022年第1期。
③ 胡仁东:《大学组织绩效管理制度设计研究》,中国社会科学出版社2021版,第172页。

评价观念的转变，这是建立协商机制、实现范式转变的前提；二是以"共利最优解"作为构建地方高校教育资源绩效评价的基本价值追求。协商机制应以"共利最优解"作为高等教育评价的基本价值追求。① 最后是将协商作为一种治理形式，通过规范化、制度化的安排贯穿教育资源绩效评价的全过程。

作为地方高校中二级机构的院系与其他一些社会组织中的二级机构相比，主要区别在于：院系是基于某一专门领域的高深学问而组成的，"划科而治"，每所院系在高深学问的传授与研究上具有独立性。② 地方高校院系评价是高校教师评价、学生评价、学校评价等评价的矩阵结构交汇点，对高等教育评价系统起到支撑作用。开展高校院系资源绩效评价是提高地方高校办学效益和推进地方高校内部治理体系现代化的重要抓手，是进一步深化新时代教育评价改革，树立科学的人才观的适应性之举，是推动一流学科建设促进学科知识生产创新的内生性行为，实现地方高校高质量发展的主动性选择。③ 在遵循院系组织自身运行的应然逻辑下，如何开展内部资源绩效评价是地方高校需要考虑的重要范畴。也就是说，如何在保障地方高校内部实体院系的学术独立的同时，通过资源配置与评价来协调高校与院系的关系，以此完善地方高校内部治理结构，使地方高校作为一个办学整体组织更好地发挥职能作用，这是近年来我国地方高校改革发展所面临的重要课题之一。

第三节　地方高校教育资源内部配置绩效评价：二维分析框架尝试

基于新公共管理理论和第四代评价理论，本书尝试建构地方高校

---

① 杜瑛：《高等教育评价范式转换研究》，上海教育出版社2013年版，第139页。
② 胡建华：《大学内部治理中的校院关系》，《江苏高教》2021年第12期。
③ 王江曼：《高校二级学院评价的理性审视和进路构想——基于场域理论和第四代评价理论》，《浙江理工大学学报》（社会科学版）2022年第1期。

教育资源内部配置绩效评价的理论分析框架。

一　构建二维分析框架的缘由与过程

（一）构建二维分析框架的缘由

分析框架的构建是基于地方高校当前教育资源配置绩效不高的问题。由于资源配置存在行政管理主导，资源使用不重视绩效，绩效评价未发挥激励与改进作用，因此，当前地方高校教育资源内部配置存在绩效不高的问题。同时，无论是内部管理者还是内部院系师生，利益相关人具有改进资源配置绩效的共同的利益基础，虽然地方高校内部各利益主体的价值观念不尽相同，但各利益相关主体的一个共同目标就是提高资源绩效进而促进学校高质量发展，在这一共同利益基础上，为解决资源绩效不高的问题，亟须一种科学、多元、尊重教育规律的绩效评价体系。以绩效评价为手段，势必对地方高校内部资源配置绩效评价产生一系列的调整与改革，带来教育资源配置利益格局的变化，提高地方高校教育资源配置的绩效和配置质量，进而形成地方高校的高质量发展的动力。

（二）二维分析框架的构建过程

教育资源的优化配置是决定地方高校发展的重要因素。曼瑟尔·奥尔森指出，要使个体动员起来，需要进行"选择性的激励"。绩效评价可以作为资源配置的正向激励措施，需要在高等教育中的某些领域、某些方面借用市场的办法来解决资源配置与使用的地质低效问题，充分发挥市场的调节功能，确立竞争和激励机制在高等教育中的合法地位。对高校开展教育资源绩效评价，体现的是社会、政府和公众对政府财政支出质量的一种必要的监控机制。尽管近年来我国高等教育管理体制发生了较大改进，但对地方高校资源管理来说，还是缺乏科学的绩效管理元素和意识，缺乏成本意识和效率意识，缺乏追求社会效益和经济效益最大化意识，而绩效评价是资源绩效管理的核心实现机制，是资源重组和再造的路径选择，涵盖了高校内部系统运行的核心与关键，涉及高校发展目标的设定、实施、跟踪、评价等过

第三章　地方高校资源配置绩效评价：一个二维分析框架

程，因此，要加强高校资源配置绩效评价的制度化、法制化建设，使高校资源配置绩效评价成为组织内部的一种内在自觉行为，使绩效改革深入推进高校高质量发展。

新公共管理理论倡导市场机制、竞争意识和绩效管理，注重分权或授权，加强质量管理，但在高校教育场域需要克服市场在教育中的局限性，克服"管理主义倾向""未重视评价的教育价值"和"过分强调实证的科学范式"等问题。高校绩效评价在特定的场域展开，场域特性影响评价的价值立场和判断。大学发展的逻辑不是遵循政治的逻辑，也不是遵循市场的逻辑，大学的自身逻辑是智识发展和人性教化的逻辑，评价要遵循大学内部知识涌现的秩序和自发的生成逻辑，评价需要为知识创造性的涌现留白。科学主义不能在社会科学领域滥用，[①] 不能以自然科学的态度和方法来对待人类社会和教育价值，以绩效评价作为高等教育公共治理方式也未必能精准体现出教育的质量和价值，运用不当也可能给高等教育带来风险。对绩效的极度推崇会导致一个后果，那就是手段本身成为目的。因此，高校教育资源内部绩效评价具有破坏性和建设性两种属性。高校教育资源评价既有比较、激励、改进、提升等正向功用，也会导致工具化、功利化、加剧分化的负面影响。

教育资源配置绩效评价作为地方高校绩效评价的重要环节，突出考核的客体为教育资源，具备评价的一般特点，属于一项价值判断活动。教育资源绩效评价体现了教育资源服务既定教育目标的实现程度，也是教育资源在高校教育过程中配置使用的综合反映。地方高校作为人才培养与文化传承的学习组织，教育效率关注的产出是更多数量、更高质量的人才或更少消耗的教育资源。[②] 对资源绩效评价要有地方高校自己的效能观，要关注地方高校这种特殊组织的组织氛围所反映的组织文化特质，要将工作绩效、个人绩效和组织绩效置于组织氛围之

[①] ［英］哈耶克：《科学的反革命：理性滥用之研究》，冯克利译，译林出版社2015年版，第4页。
[②] 夏焰、崔玉平：《基于资源优化配置的高等教育全要素生产率分析》，《现代教育管理》2015年第12期。

下综合考量，体现出与企业、政府等组织不同的"文化味"①，突出教育的人的主体品格，强调教育结果的人文价值。为了更好地推进评价，需扭转目前在新公共管理理念下的不良评价导向，运用以"协商"和"建构"为特征的第四代评价模式，对目前评价现状进行纠正与平衡，克服教育资源配置评价中过度数量化和形式化的倾向，通过地方高校内部决策过程的分权化、学术事务管理的学术化等手段提高学术人员在资源配置中的地位。②因此，在"市场"和"教育"的价值博弈中，地方高校资源绩效评价要在对教育价值进行充分思考之后再做价值选择，这种价值选择既要体现资源配置的绩效，又要凸显高等教育中人的主体利益，并最终形成地方高校资源配置绩效评价的价值理念。

二　二维分析框架的目标与价值取向

（一）二维分析框架的目标

高校教育绩效评价最显著的特点在于提出了资源评价的观点，高校内部教育评价利益多元化与资源稀缺性的矛盾，使得高校评价中的"比较利益人"在"利益—资源塑造行为"过程中产生诸多角色与目标、控制与反控制的冲突，表现为各种各样的利益博弈。③一方面，对资源配置竞争机制的重视不足，会导致地方高校教育资源配置绩效低下，资源的效益发挥不够，制约学校的发展，因此，有必要发挥市场规律在地方高校资源配置领域中的作用；另一方面，过于注重市场规律，忽视地方高校教育活动的社会价值，不利于地方高校的教育价值达成，导致教育活动产生急功近利和浮躁的态度，因此，需要在教育规律的指导下合理有效地开展绩效评价，保持教育资源绩效问责与地方高校教学科研发展的适度平衡。地方高校教育资源内部配置绩效评

---

①　杨小微：《学校办学绩效评估的效能观、成长感与文化味》，《江苏教育》2013年第7期。

②　马健生、孙珂：《高校行政化的资源依赖病理分析》，《北京师范大学学报》（社会科学版）2011年第3期。

③　丁福兴：《高校内部教育评价中的冲突归因及治理路径——以利益分析为解释框架》，《教育发展研究》2014年第1期。

价要兼顾市场规律和教育规律,允许各利益相关主体在地方高校中充分博弈,以平衡两种影响因素,达到教育规律和市场规律在地方高校教育资源配置场域的稳定状态,提高地方高校驾驭两种力量的能力,进而达到促进地方高校教育资源内部配置绩效的"帕累托改进"。

(二) 二维分析框架的价值取向

价值取向是理性层面的行为取向,是一定主体按照自己的价值观在面对或处理种种矛盾关系时所持的基本价值态度、基本价值立场以及所表现出来的基本取向。[①] 价值取向是构成地方高校资源绩效评价体系和绩效评价行为的深层结构,是绩效评价之魂。绩效评价的价值取向从根本上影响和制约评价指标体系发展的方向,并影响着评价结果的运用。

二维分析框架把地方高校的人、事、资源、评价放在一个整体的框架内来考虑,既要关注学校资源配置绩效,又要关注人的个体价值的实现,其基本价值取向在于"绩效为人"。

一是准确把握地方高等教育特点,确立教育为本的价值取向。人才培养是地方高校的第一责任,这是地方高校体现高等学校的基石。明确高等教育组织追求教书育人的公共利益价值取向是绩效评价的首要步骤,否则将与绩效评价的初衷背道而驰。高等教育活动是一种复杂的脑力劳动,具有自发性、隐蔽性和无形性,因此,高等教育资源绩效评价在价值层面要强调人的价值以及教育对人自身发展的积极影响,彰显高等教育活动中人的主体作用,要注意地方高校的特色和教育规律,回归教育本位,回归教育价值关怀,回归本土语境,强化对师生的发展和教育活动多样性、丰富性的观照,注重高等教育投入产出的人文成分和人文属性,要建立健全以"立德树人成效"为导向的资源绩效评价体系,建立符合地方高校教学科研规律的绩效评价体系,这是高校绩效评价区别于企业、政府资源绩效评价的显著特征。

---

① [美] 戴维·迈尔斯:《社会心理学》,侯玉波等译,人民邮电出版社2006年版。

二是准确把握教育投入与产出的特点，确立质量为本的价值取向。质量是地方高校发展的生命线，提高质量是地方高校的价值追求和永恒主题。教育资源绩效评价体系不仅是为了评出高质量的成果，更是为了促进人的全面发展，"破五唯"是当下我国高校评价制度改革的重心，在教育资源绩效评价中要贯彻破"五唯"理念，消解地方高校评价中显性数字依附，打破地方高校评价不同程度存在的唯论文、唯项目、唯奖项、唯职称、唯帽子的顽瘴痼疾，推进内核强化，让地方高校的教育事业从讲规模、求速度转为追求质量提升和内涵提升。

三是准确把握资源配置的特点，确立以适度竞争机制促进资源配置的绩效。发挥市场机制和竞争机制在地方高校教育资源配置中基础性作用，在此前提下，对地方高校教育资源配置进行绩效评价，将绩效评价作为提高资源配置效率、强化高校内部管理、提高办学成效的至关重要的手段，促使地方高校为实现资源投入效益的提升而改进教学、科研及社会服务等各个环节的质量和水平，这是地方高校发展的内生诉求和价值旨归。

三 二维分析框架的内涵与核心要素

（一）二维分析框架的内涵

为使有效的高等教育资源发挥出最大的使用效益，需理性开展高校教育资源内部绩效评价，发挥市场和绩效的正向作用，克服其忽视教育价值负面影响，寻求恰当路径，既体现价值引导，也体现工具性功能，既体现经济理性观，也体现组织发展观，珍视高等教育的价值，认真落实立德树人的根本任务，从建设与改进的角度，既要在新公共管理理论导向下追求资源配置的绩效，又要克服评价的"管理主义倾向""忽视评价的价值""科学实证主义方法过于彰显"等弊端，在关注评价的回应、协商与共同建构，发挥着评价对象的主体性和意义建构，消弭追求资源绩效与遵循教育规律之间的"鸿沟"，使新公共管理理念和第四代评价理念两种力量在高校内部场域达到逻辑平衡

(图3-1),两种指导规律运用不能失衡,既要追求"资源的高利用",又要追求"价值的高达成",以期达到高校教育资源绩效评价逻辑平衡动力场的本性回归。

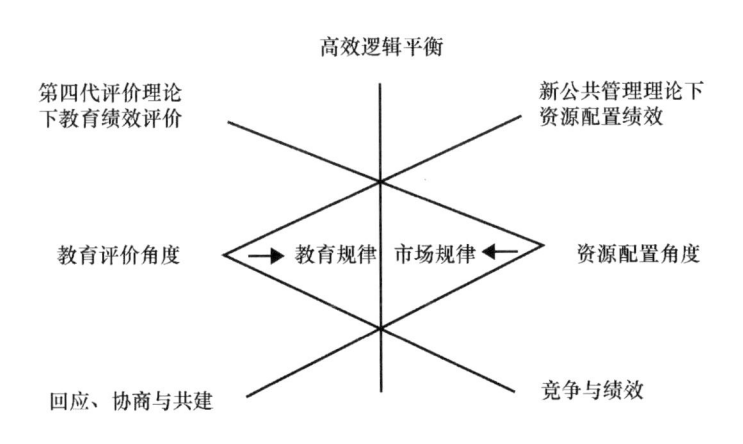

```
                    高效逻辑平衡
第四代评价理论                      新公共管理理论下
下教育绩效评价                      资源配置绩效

教育评价角度  → 教育规律 市场规律 ←  资源配置角度

回应、协商与共建                    竞争与绩效
```

图3-1 高校教育资源绩效评价逻辑平衡动力场

教育规律和市场规律两者之间是否能找到平衡问题?根据伯顿·克拉克的政府权力、学术权威及市场力量三角协调模式,说明大学都在政府、市场和学术之间艰难地在寻求一种平衡。同理,本书试图艰难地在教育规律和市场规律之间寻求一种平衡,因为任何高校都不是纯粹的市场、纯粹的学术、纯粹的管理,都是三者的混合体。本书强调的不能在两者之间顾此失彼,就像数学中的维维亚尼定律一样,开始平衡点是基于原始选择的均衡,未必是三角形的中心,即未必是应然的中心位置,但地方高校根据自身实际情况,能够不顾此失彼,并向中心不断靠近,在超越经济理性的模式下,均衡处在不断的调整之中,最后的均衡总是地方高校在教育与市场不断选择的结果,这也是两种力量甚至多方力量博弈的平衡点。这个过程对地方高校来说也是一种进步,因为寻找平衡的过程本身也是资源配置改进的过程。

针对地方高校当前教育资源内部配置效率低下的问题,亟待以新公共管理理论为依据,遵循市场规律,需要建立以市场、竞争、绩效为基础的教育资源内部配置的绩效评价体系，促使绩效提升。但以新公共管理为基础的绩效评价，在地方高校行政权力过于强大、学术权力不断式微的环境下，需要克服新公共管理带来的管理主义倾向、教育价值弱化、参与主体单一、过于强调科学实证主义等弊端；需要以第四代评价理论为依据，遵循高等教育规律，建立回应、协商、共同建构的地方高校教育资源内部配置的绩效评价体系，地方高校教育资源内部配置绩效评价，要在两种理论分析框架下开展。新公共管理理论视角下的教育资源内部配置是目标，即促进教育资源绩效提升，第四代评价理论视角下的绩效评价是手段，即保障教育资源绩效评价在遵循教育规律下开展。两种力量形成合力，两种逻辑耦合，不顾此失彼，通过新公共管理理论和第四代评价理论的综合引导作用，共同建构研究分析框架，使市场规律和教育规律在地方高校教育资源内部配置中达到逻辑平衡，促进地方高校教育资源内部配置绩效评价的健康有序发展。

（二）二维分析框架的核心要素

二维分析框架的核心要素是竞争和共建。二维分析框架的核心要素是整体评价的核心，也是二维的结合点。以新公共管理理论为基础的教育资源配置，其核心要素是竞争和绩效。针对当前地方高校资源配置的现状和资源配置绩效不高的问题，可通过新设计组织结构与运行机制，强调资源使用的充分赋权，以发挥资源最大的潜能；设计绩效评价体系对资源配置予以绩效评价，通过绩效对学校内部机构施加影响，从而达到最佳的绩效，改善地方高校的办学质量。以第四代评价理论为基础的教育资源绩效评价，其核心要素是多元共建。以建构主义为方法论，回应评价存在问题，在评价过程中协商，以"共利最优解"作为构建教育资源绩效评价的基本价值追求，加深对人的本质、教育的本质和教育发展规律的认识；过程中与评价对象沟通交流确定评价的目的、作用、标准，复归评价的本来目的；由淘汰性评价转为发展性评价，改进结果评价、强化过程评价、探索增值评价、健全综合评价，使教育资源评价真正发挥鉴别、诊断、规范、引导和激励的作用。综合两种逻辑，竞争与共建是整个二维分析框架的核心要素。

四 二维之间的逻辑关系

从资源配置的逻辑起点出发，为本书的分析框架构建提出了经济学依据；从地方高校资源绩效评价的逻辑起点出发，为本书的分析框架构建提供了教育学依据，两个逻辑起点共同构建了地方高校教育资源绩效评价的二维分析框架。地方高校教育资源绩效评价的二维分析框架，既坚守了大学教师的理想，又能获得管理利益主体的支持，是不同利益主体共同关切与取舍的结果。新公共管理理论指导下资源配置需要开展绩效评价，第四代评价理论引导资源配置科学开展绩效评价，绩效评价将问题和理论统一起来。无论是基于新公共管理理论的竞争与绩效分析，还是第四代评价理论的多元共建分析，都只是从不同侧面对地方高校教育资源内部配置绩效评价的分析，都是对同一问题进行分析，都是研究内容的一个部分，但两者又都不能单独客观、准确地作为一个完整的分析框架，也就是说，单一理论逻辑难以全面、完整构建地方高校教育资源内部配置的分析框架，因此需要从市场与教育两个维度、兼顾教育与市场两种规律，二维之间是互补和共促的逻辑关系。

五 二维分析框架的应用

教育资源的合理配置是提高我国地方高等学校教育质量的基础因素，对教育资源的科学合理配置关系地方高校的办学水平和持续竞争力。"没有评价，就没有管理"，实施内部绩效评价是地方高校提高内部资源配置绩效的基础，也是高校综合改革与内涵式发展的基础和重要组成部分。大学生态学说倡导者、英国著名教育家埃里克·阿什比在其遗传环境论中指出，"任何类型的大学都是遗传和环境的产物"，其实，科学合理的地方高校教育资源配置绩效评价也是"环境+设计"的产物。教育资源配置绩效评价也要结合地方高校发展的环境，实施科学合理的顶层设计。因此，二维分析框架是地方高校教育资源内部配置的顶层设计，体现了地方高校教育资源内部配置绩效评价范式的转变，从更长的历史镜头和更宽的现实视域中彰显高等教育评价中的价值协商策略，对其的应用，总体来说，要求在尊重高等教育规律的基础上推进教育资源配置绩效评价，以资源绩效评价的改革为牵引，统筹推进地方高校内部资源配置的改革和资源配置绩效提升，具体来说，主要在于为构建地方高校教育资源绩效评价体系提供遵循，为构建评价体系提供分析维度。

第四章 地方高校教育资源内部配置绩效评价体系的设计

恰当选取评价指标、使用科学的评价方法并建立科学评价体系，是保障评价结论合理性和准确性的基本前提。本章主要任务是为地方高校教育资源内部配置绩效评价选取评价指标和建立评价体系。本章结合当前存在的问题，依据地方高校教育资源内部配置绩效评价的理论分析框架，本着"共同建构"的原则，邀请绩效评价利益相关者对评价体系进行协商共建，并听取改进资源配置及其绩效评价的意见建议。

第一节 基于二维分析框架构建评价体系

绩效评价体系是建立在问题分析与理论设计基础上的综合评价体系。二维分析框架是构建绩效评价体系的"脚手架"，地方高校教育资源内部配置绩效评价体系要紧紧围绕二维分析框架，充分体现二维分析框架的内涵特征和核心要素，利用绩效评价体系将二维理论分析框架转化为微观实践，把二维理论分析框架的内涵作为评价的基调，把二维理论分析框架的核心要素转化为评价活动的重要环节，在地方高校教育资源内部配置绩效评价的探索中，形成评价体系的理念遵循和创建原则。

一 评价体系的理念遵循

教育评价事关教育事业发展的方向，有什么样的评价指挥棒，就有什么样的办学导向。科学的教育评价理念是推动高等教育事业健康有序发展的前提，是指导高等教育评价的活动的基本思想，对高等教育评价活动具有重要的导向作用和制约作用。① 良好的教育评价理念成为审视高等教育评价实践的价值尺度。现代教育评价理念突出以人为本、注重发展、重视过程。

在地方高校教育资源内部配置绩效评价的理念上，着力克服"管理主义倾向""工具主义""过于强调科学实证主义"的弊端，回应现有评价存在问题，由"科学主义"向"建构主义"转变，在建构主义范式的本体论和认识论的假设基础上实施教育资源配置绩效评价，同时，坚守高等教育评价的初心，彰显人文属性和多元价值性，注重资源评价的教育价值和学术内生规律，坚持多元主体和多元价值评价，评价过程与被评价者协商共建，使资源配置评价的实然性趋于应然性②。具体理念包含以下三种：

一是评价改革要回归教育本体，关注教育的本真追求。要从评价对象的本质特性出发来制定评价标准，对教育评价改革进程中的科学取向、价值取向、伦理取向等问题进行深度思考，将评价置身于具体的高校语境中，将求真与求善价值相结合并重视生态性，重视基于情境的现象学通观，重视形成博弈的共进机制。突出立德树人这根主线，把培养德、智、体、美、劳全面发展的社会主义建设者和接班人作为根本的价值追求。尊重高校投入产出的内生性规律，发挥院系资源绩效评价的监督、警示、激励等作用，真正释放评价的正义、善态能量，最大限度实现以评促建、以评促改的功能。科学构建以立德树人为根本任务的富有时代特征、彰显特色、体现分类多元的绩效评价体系是新时代地方高校评价改革要实现的基本目标。

二是从高等教育自身发展规律出发，重新审视资源绩效评价的价值。高等教育评价是一种价值判断，这样的价值判断应充分体现不同

---

① 涂艳国：《教育评价》，高等教育出版社2007年版，第67页。
② 盛永红：《教育评价视角下高校经济责任审计评价指标体系研究》，《商业会计》2021年第20期。

利益相关者的主体需要，不能由强势主体价值代替其他利益相关者的价值。反思其中出现的问题，"管理价值至上"造成不同利益主体对价值认同困难。关注多元价值是评价的价值基础，以"共利最优解"作为构建地方高校教育资源绩效评价的基本价值追求。评价坚持破"五唯"，强化评价诊断功能。高度重视高等学校整体办学质量评价，规范评估边界、回归评估初心、聚焦真实质量，并基于直接证据开展评价。评价要为地方高校多元利益相关者提供信息需求服务，需要引导地方高校从追求"指标一流"到追求"内涵一流"的转变[①]，强调院系服务区域发展的实质性贡献。需要拓宽对质量、贡献内涵的认知，强化地方高校在人才培养、社会服务、文化传承等方面创造的价值，支持地方高校服务区域社区经济社会文化发展，在评价体系中得到相应的体现。

  三是构建回应、协商、共同建构评价理念，坚决去除功利化、标签化、官僚化评价。评价指标的生成途径在于利益主体的参与和协商，要遵循教育评价的规律，实施科学化、个性化和多样化评价，开展评价理解与交流，构建评价者与评价对象彼此信任和尊重的关系，重视动态博弈与现象通观，重视建构、生成与共进机制的形成。在回应、协商、共同建构过程中，评价理念从"专制"向"协商"转变，在增进资源绩效评价主客体相互理解的前提下，尊重大学学术人应有的真实样貌和内在品性。评价不仅是简单考核客体，也是邀请评价客体公平地参与资源绩效评价实施的集体思考，评价客体是评价实施过程中的重要组成部分，评价客体承认并遵守评价的权利与义务，对评价整个过程负责，通过参与、协商达成相互理解，建立一致的公众利益空间，这样，资源绩效评价的内容和结构才能被认定与保护，评价真正起到改进的作用。也就是说，评价定位在上要超越监督和问责，评价主体要超越权力和利益冲突，避免过度依赖评价政策的权威，构

---

① 蔡三发、沈其娟、靳霄琪：《一流学科发展的三维评价模型及建设策略分析》，《大学与学科》2021年第3期。

建开放、包容、透明、高效的评价体系,提高高校评价利益主体之间的交互水平,激发被评价院系和师生的主动性与发展性,加大对激励、能力、学习政策的使用,注重质量文化建设,以提高教育评价改革实效。[1]

二 评价体系的创建原则

教育评价的原则是对教育评价活动的基本要求,是进行教育评价的基本规范,也是教育活动基本规律在评价中的具体运用。现代教育评价应遵循教育性、真实性、动态性、协商性、多元性原则。实现新时代高等教育高质量发展,应构建有利于高校发展的教育资源评价体系。评价体系是开展绩效评价的基础,地方高校教育资源配置内部绩效评价在遵循目的性、激励性、效益性、全面性、客观性、可操作性原则的基础上,还应遵循以下原则。

一是评价要以客观事实为依据。客观是对评价对象真实反映。地方高校教学科研活动是一个多变量投入与多变量产出的开放系统,教学活动、科研活动相互影响,投入与产出相互交融,因此,指标体系的建立必须以客观事实为依据,限制和减少背离客观性的主观随意性,确定能够实现客观性要求的评价指标和方法,尽量消除人为因素的干扰,尽可能减少随机性误差。评价重视问题导向和实践改进,着力揭示评价研究、应用、治理、制度之间的共进与生成关系。在方法上由定量评价向融合评价转变,在客观数据展示上采取结构性证据链,评价设置开放性留白,构建相关利益主体的"回应—协商—共识"评价模式。[2] 采取共时性评价与历时性评价相结合,[3] 在同一时点上对院系进行绩效评价,以便横向对比各院系办学

---

[1] 刘声涛:《新时代高等教育评价改革政策工具研究》,《大学教育科学》2022年第1期。
[2] 盛永红:《教育评价视角下高校经济责任审计评价指标体系研究》,《商业会计》2021年第20期。
[3] 张亚伟:《资源意识诉求下的现代大学绩效管理》,《光明日报》2010年1月25第7版。

效益的高低，体现共时性。对单个院系进行一段时期内的纵向评价，用来反映这个院系在一定时期内的绩效变化，体现历时性。通过共时评价与历时评价力图全面、准确、立体的反映院系绩效时点情况及时段变化情况。

二是以结果为标准建立可操作性的指标体系。评价指标体系价值从优、逻辑清晰、简洁可行、具有可行性、易于操作，评价指标体系中的数据均可从现有的高校运行数据中获得，以可验证的资料为基础，才能客观反映被研究对象的绩效。因每一项教学、科研活动都有一个过程，产出成果只能在项目完成以后或者成果鉴定之后才能评价，因此，指标体系的设计中，要以结果为标准建立指标体系，最大限度地提高绩效评价的效度与信度。对定性定量都无法测量的部分要素，暂不列入指标。绩效评价重在查找问题、发现差距，结果按区间及梯度分类呈现，不计算总分、不发布排名，连同绩效评价意见反馈院系，供后续建设中持续改进。

三是评价指标要科学合理选取。要存量指标和增量指标相结合，量化指标与质性指标相结合。与人力、财力、物力等指标不同，由于不同院系办学基础和办学规模都不同，因此在资源产出方面存在基础性的差异，这些基础差异对绩效评价的结果会产生影响。因此，设置存量指标和增量指标，以消除院系原有办学基础、规模因素对其绩效评价的影响，建立统一的绩效评价平台。在指标中体现学校教学、科研的政策导向并能充分反映在院系的业绩上，真正起到激励和引导作用。量化指标与质性指标将结合，重视证据性和人的主体性特色。当前我国高校绩效评价逐步从数量向质量转变，当前的绩效激励目标应嵌入质量因子，重心迅速从数量切换到质量，超越技术主义评价。

四是充分考虑院系之间不同的知识特性和发展规律。当前评价体系往往更倾向于选取表面、直观的易观测指标，如人才培养的毕业生数、人均论文等，而对于体现深层次建设成就的内容如何测评仍缺乏实践操作，如立德树人、发展潜力、资源梯度配置情况等，这些内容需要通过地方高校内部院系提供个性化的深度描述,从而进行质性评判。地方高校一般既有理工科和文科,也有应用学科和基础学科,不同院系成果产出的周期和形式、人才培养的质量呈现都不尽相同,应在院系资源评价中得到体现,加强对隐性效益的关注,以充分尊重不同院系的不同知识特性及其对所在区域的不同贡献方式,避免院系为迎合上级评价指标而盲目投入带来的同质化现象。

三 评价体系设计的目的与依据

(一) 绩效评价体系设计的目的

教育资源绩效评价的核心是教育资源配置管理中的目标与结果及结果有效性的关系,形成一种新的、面向结果的管理理念和管理方式,进而提高教育资源配置的绩效、资源使用的绩效和教育管理服务水平。确立评价的目的是教育资源内部配置绩效评价的灵魂和基础,只有明确了评价目的,才能突出绩效评价的针对性,才能使绩效评价工作真正起到应有的激励和约束作用。因此,评价目的决定了评价活动的方向,没有评价目的,评价者就无从知晓评价什么。

绩效评价体现在地方高校教育资源配置评价中,就是一组反映学校组织整体或某个院系特定质量水平的统计参数,它作为一种经验数据描述了地方高校的功能并体现了学校所追求的目标,进而与学校的使命相联系。绩效评价指标要反映地方高校的办学效益、体现高校的职能、揭示学校组织的内在关系。地方高校教育资源内部配置绩效评价的体系设计,包括评价理念、评价主体、评价指标体系、评价标准、评价方法等内容,主要为绩效评价提供操作指南。完善的评价体系可以提高评价工作的针对性和操作性,更好地发挥评价的诊断作用和改进作用。通过对地方高校内部教育资源投入与产出综合评价,对学校内部各院系整体框架的绩效进行评价,为地方高校资源配置决策提供参考依据。

(二) 绩效评价体系设计的依据

一是二维分析框架。地方高校教育资源内部配置绩效评价体系设计，结合地方高校的职责，要以本书构建的二维分析框架和绩效评价指标为创建原则来设计。二维分析框架是评价体系的遵循，是本书最直接的依据，研究目的是评价体系的导向。绩效评价指标应基于经验把握评价的精髓，采用计量方法强化评价的目的，依据政策意见确定评价的基调。①

二是绩效评价相关理论。绩效评价是管理学的重要概念，是绩效管理的重要环节，绩效评价实施的好坏，直接关系绩效管理活动的效果和质量。从组织具体运行情况来看，一个连贯的评价系统对组织的可持续运行和未来发展起到极为重要的指挥作用。高校内部绩效评价的实现是需要制度设计来实现，地方高校对内部院系的绩效评价实际上是一种服务对策和制度设计上的保障。地方高校教育资源绩效评价表现为院系所提供的教学、科研、社会服务同所消耗的人力、财力、物力等资源的比例关系。因此绩效评价理论是评价体系设计的重要依据之一。

三是教育经济学理论。教育经济学认为，教育可以通过提高生产劳动能力而成为社会再生产的一个环节。高等教育是关乎教育投入与教育产出的过程，通常以最小的教育资源投入获得最大的教育产出是举办高等教育的基本原则之一。1961 年，美国教育经济学家舒尔茨在其论著《教育和经济增长》《教育的经济价值》中从不同方面揭示了教育如何对经济的增长产生作用，也指出了教育内部存在着经济效益高低之区分。如何做到教育资源配置效益的最大化，这是地方高校内涵式发展的关键问题。本书从地方高校内部考察资源使用与教育成果之间的关系，关注地方高校的内部经济效益问题。地方高校的教育资源投入在教育经济学角度也是一种生产性投资，可以通过合理的评价指标和数理统计来考察内部院系的资源绩效情况，这也是评价体系设计的重要依据之一。

---

① 潘健、宗晓华：《基于数据包络分析的大学科研效率评价指标体系研究》，《清华大学教育研究》2016 年第 5 期。

四 评价体系的要素与特征

(一) 绩效评价体系设计的要素

一是明确的评价目标。地方高校教育资源内部配置绩效评价要在二维分析框架的指导下，遵循一定的价值取向，明确具体的评价目标，以便突出教育资源配置的绩效评价功能。当前高等教育评价种类繁多，总体来看，没有任何一种评价可以体现或涵盖高等教育组织的全部行为特征、行为目标和行为结果，即便是高校综合绩效评价也会侧重不同的评价目标，不同的评价目标导致不同的评价行为和评价结果，因此，开展地方高校教育资源内部配置绩效评价必须要有明确的评价目标以及在确定的评价目标下形成的评价结果的解释和运用。本书的直接评价目标是提高地方高校教育资源内部配置的绩效，最终目标是实现努力实现资源配置的"帕累托改进"，进而促进地方高校内涵发展和高质量发展。

二是可操作的评价指标。地方高校高质量发展需要通过结构化的量化指标来反映，因此，地方高校教育资源内部配置的绩效评价不能采用模糊、抽象的表述，而需要采用清晰、具体、确定的数据来反映。将教育资源绩效评价以量化的指标来呈现是一项复杂的工作，而形成具有普遍性、代表性的评价指标更是不易。地方高校根据自己的发展目标和价值取向，既要体现绩效评价的共性，又要构建符合自身特色的评价指标，同时评价指标要易于操作，易于采集和观测，要具有可行性。

三是可区分的时间周期。高等教育肩负着对人的教育与培养，资源投入后的教育活动产出需要一定的周期方能显现，因此，地方高校教育资源配置绩效评价需要一定的时间周期，需要制定评价的时间边界，否则，评价活动就不符合地方高校侧重对当前内部院系进行考察测量的本意，也会陷入"评价的虚无主义"泥潭。如果评价时间周期定得太长，那么绩效评价的当前建设意义就不复存在。因此，教育资源配置绩效评价要科学合理制定评价周期，选取与当前地方高校发展相链接的一段时间，通过适当追溯过去，重点关照当下地方高校教育资源配置和使用情况，以便达成绩效评价的效能。

四是科学合理的评价方法。当前，随着量化统计的不断发展，绩效评价的方法日趋复杂，绩效评价方法的选择范畴扩大，但实际上，最有效的绩效评价方法不在于公式和方法的复杂，而在于既能达到评价的目标，又有效实用，便于理解和操作，便于推广使用。应避免使评价活动陷入纷繁复杂的方法和理解之中而忽视评价的意义和目的。本书采用DEA的绩效评价方法，只需输入投入数据和产出数据，即可得到绩效结果，便于理解和操作，获得的评价结果具有说服力和真实性。

(二) 本研究绩效评价体系的特征

一是本绩效评价体系是基于投入与产出的质量评价体系。地方高校教育资源绩效评价体系研究的出发点，是既要看重地方高校办学的绝对产出和效果，也要关注办学发展的相对质量和效率，因此，本书采用投入—产出的分析方法对地方高校教育资源配置的情况进行绩效评价。投入—产出分析是用来考察投入与产出比例关系的常用方法，需要设定一套投入指标和产出指标，通过收集数据采用一定数理统计方法得出每个被评价单元的绩效结果。地方高校教育资源内部配置绩效评价基于投入—产出分析，可使内部院系站在由投入和产出转化而成的效益之上，淡化既有存量对评价结果的影响，重视被评价院系取得一定产出量时所配置的发展条件的差异性，可以充分反映内部院系教育资源使用上的主观努力和效果。从本书的评价内容来讲，投入产出方法基于一定的指标和周期，对地方高校内部不同院系的资源配置情况进行绩效评价，建立基于绩效评价为导向的资源配置机制，以促进地方高校强化资源意识，加强资源管理、提高办学绩效和质量。

二是本绩效评价体系是一定周期内的整体绩效评价体系。从时间上来看，本绩效评价体系是对地方高校内部院系一定周期内的教育资源配置结果绩效评价，不是某一个时间点上的绩效评价，能较为客观、全面地反映一个相对周期内的地方高校内部院系办学发展变化情况，体现了地方高校评价周期内发展的阶段性过程，体现了评价的过程性、结果性的统一。地方高校内部是一个复杂的系统，可以分为教学系统、科学研究系统、服务社会系统、保障系统等，从领域来讲，本绩效评价体系不仅是对人力资源、财力资源、物力资源配置情况的单一方面评价，而是综合性、全面性的资源投入评价；从产出角度而言，不仅体现人才培养、科学研究、服务社会等传统大学产出，还体现立德树人、质量保障、发展能力等隐性指标，纳入地方高校整体性的绩效评价范畴，从整体上分析和考察，便于地方高校和政府管理部门根据评价结果科学做出资源配置的决策，有力推进地方高校内部治理能力的提升。

三是本绩效评价体系是体现经济效益与教育价值的评价体系。从范畴来讲，本绩效评价体系是指向地方高校办学资源内部配置与使用情况的有效性考察，评价指标既有资源配置的经济效率指标考察，又有体现内涵发展、立德树人的教育价值指标考察；既体现资源配置绩效评价的经济效率，又体现高等教育领域评价的教育价值，同时，在结果上，不对地方高校内部院系进行资源配置结果的绝对分等或贴标签，重在资源配置的诊断和改进。

四是本绩效评价体系是具有普遍性和发展性的评价体系。本绩效评价体系具有普遍性体现在：首先，地方高校教育活动共同的特征是投入与产出。投入产出是健康的社会组织所具有的共同特性，尽管高等教育投入产出相对复杂和间接，但仍具有这一共同的投入产出特性。其次，教育资源的高绩效是地方高校师生及相关利益主体的共同追求。无论是地方高校管理者还是专业教师或学生，地方高校相关利益主体均具有普遍的高绩效追求和渴望。最后，考察资源绩效情况在地方高校内部院系具有普遍的比较意义。地方高校虽然设置不同学科门类，但资源配置和使用的绩效评价结果具有直接的横向可比性，这也是地方高校教育资源内部配置绩效评价的基础和前提。本绩效评价体系具有发展性，体现在：首先，评价指标维度体现有高质量发展能力方面的指标，如成果生产力、外部资源获得能力、团队建设能力等，以考察地方高校内部不同院系的发展潜力，体现过程性评价和增值性评价。其次，资源绩效评价体系是地方高校内部院系阶段性发展的本质性表征。尽管不同院系发展的成果形式表现多种多样，但归根结底是通过院系资源使用而对人才培训、科学研究、服务社会等的教育活动产出，这些产出本质上体现了地方高校不同院系的发展情况。最后，绩效评价体系是地方高校实现发展目标的导向标和试金石。发展目标需要通过设置一定的考核评价指标来实现，评价体系是地方高校实现资源配置调整的重要导向标。地方高校发展目标实现与否，恰恰需要评价指标来测量、判断与验证。

第二节 绩效评价体系设计

建构地方高校教育资源内部配置绩效评价体系，设计是重点。评价体系的内涵较为广泛，在操作环节，本书拟从评价主体、评价指标体系、评价标准、评价方法四个具体方面建构。

一 评价主体与客体

（一）评价主体

评价主体是对院系的资源绩效做出评价的评价发出者。绩效评价主体是影响绩效评价有效进行的重要部分，评价主体是对被评对象做出价值判断的人。如果评价主体的选择不恰当，绩效评价结果的准确性、客观性、公正性就会受到影响。绩效评价主体选择既要具备对评估对象进行测量的相应能力，又要可以全面反映评价对象实际情形。

依据二维分析框架，地方高校教育资源内部配置绩效评价，要注重评价的回应、协商与共同建构，要实施多主体全过程参与评价，从指标共建到评价过程，再到评价反馈和改进，需要多元主体参与，特别是被评价院系的参与。

一是多元共建评价指标。依据二维分析框架，教育资源配置绩效评价要关注回应、协商与共同建构，发挥评价对象的主体性和意义建构，因此，本研究组织多主体参与来确定和建立评价指标。先基于经验理论进行评价指标体系初步构建，然后采取问卷调查方式，广泛邀请被评价院系共同建构指标体系。同时，为了更专业化、更科学化和更高效益地评价高校教育资源绩效，专家评审会邀请了云南省部分地方高校实体学院、国有资产管理处、发展规划处、财务处、人事处、教务处等学院和部门负责人，同时邀请了绩效管理领域的专家，从不同的角度对指标体系中的各级各层指标的设置进行筛选、修改并提出优化建议。通过邀请广大师生以及被评价院系共同参与，通过定量与定性分析相结合的方式，对指标进行实证分析和筛选、调整，确定评价指标体系。通过多次对指标体系的调整完善，不同指标之间精准衔接，有机渗透，确保了整个评价指标的合理性、有效性和科学性，保证和提高了指标体系构建的信度和效度。

二是共同参与评价过程。绩效评价主体是对评价对象做出评价的人。绩效评价主体从被考核者发生关系的多方主体那里获得被考核者的信息。绩效评价主体的选择遵循知情原则、多元化原则。绩效评价主体要尽力克服"晕轮效应"、逻辑误差、宽大化倾向、中心化倾向、首因效应、近因效应、刻板印象、溢出效应等常见误区。研究中，多主体参与评价过程，其中被评价院系首先要对资源使用绩效情况进行自评，自我检查资源使用的情况。院系在自评的基础上，共同参与评价过程，见证、参与评价，为本学院、为其他院系共同打分，使被评价院系在参与中找到优势与差距，明晰本院系在学校资源绩效评价中的地位，以促使被评价院系提高资源使用绩效的内生动力，切实提升资源使用绩效。研究以Q大学为例，设计《Q大学各学院目标达成与发展能力专家及学院打分表》，共同对Q大学资源配置绩效评价的相关指标进行多主体参与评价。

谁是地方高校教育资源内部配置绩效评价的主体？在回答这个问题之前，应该先思考：谁会关心地方高校的资源配置绩效？它们为什么会关心？显然，这些"谁"所指的人或组织与地方高校资源绩效评价存在着密切的关系。他们之所以关心这些问题，是因为地方高校教育资源配置绩效的高低影响着他们的切身利益。利益相关者理论告诉我们，地方高校教育资源配置绩效作为利益相关者"共同治理"的综合产物，其评价主体涉及众多利益相关者，教师、学生、高校内部管理者、校领导等对教育资源绩效结果有着不同的利益诉求，每个利益相关者直接或间接从绩效提高中获得利益。在绩效评价的主体应然构成上，问卷调查显示，认为学校内部学院负责人是评价主体的比例最高，为 82.15%，其次是教育专家，为 73.4%，资源管理者排第四位，为 67%。表明在评价主体构成上，要充分保障被评价院系的参与和共同构建。

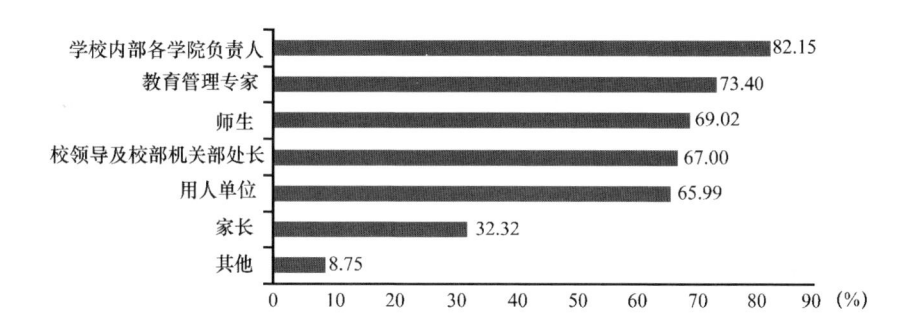

评价主体	比例(%)
学校内部各学院负责人	82.15
教育管理专家	73.40
师生	69.02
校领导及校部机关部处长	67.00
用人单位	65.99
家长	32.32
其他	8.75

图 4-1 评价主体的调查情况

新时代高校绩效评价体系是一个复杂的系统工程，涉及价值体系、结构体系、功能体系、制度体系和运行体系，涉及由谁来负责，谁来参与，主体之间的权责如何界定等问题。新公共管理理论的核心观点则将管理者定位为"服务而不是掌舵"，辩证分析来看，这不符合目前地方高校的实际权力结构。立足现实境遇，行政权力掌舵是仍是地方高校现实最大特色。高校管理者作为权力和资源的支配者，无论出于责任还是出于义务，必然作为最重要的评价主体，高校内部的任何力量都无法替代。在谁负责的问题上，必须接地气，坚持学校党委和行政的掌舵角色。新时代高校绩效评价体系的建设必须在校党委的领导下,由行政具体牵头来做。但也要在行政主导的基础上,克服管理主义与官僚主义惯习,大力推进评价主体的多元化,形成行政主导、院系主体、师生参与的多元主体评价结构体系,这也是完善高校当前内部治理体系建设和治理能力提升的本质要求。

(二) 评价客体

评价客体即评价对象,是评价行为活动实施的受体,是评价活动所要把握的对象。评价客体主要回答"评价谁"的问题,评价客体是教育资源绩效评价中十分重要的基本要素。院系是高校的办学主体,是教学和科研的中心,是高校的基本单元,是学科建设的主体,也是高校高质量发展的"最后一公里"。对高校内部院系来说,也遵循组织的一般形态和基本运行规律。像其他组织一样,高校内部院系组织为解决从环境中获得资源时遇到的问题而采取的行动,其持续生存和发展有赖于不断从外部环境中获得资源。虽然我国高校在实行校院权力中心下移,但在我国地方高校内部,学校层面更多地保留了财务、人事、资源配置和学科建设等重要事项决策权,人、财、物教育资源主要掌控在校级层面,对一流高校来说是如此,对地方高校而言更是如此。

资源依赖理论认为,组织运行以资源为基础,资源是组织发展的基本要素,维持组织生存,必须持续获得资源,以便为组织内部成员提供发展空间以及各种权益(经济收入、政治机遇、专业发展、心灵慰藉等),这对组织来说生死攸关。组织通常不是完全独立或是自给自足的,资源往往不可能完全从组织本身内部获得,而要依赖环境。组织环境会对组织活动或其成果产生影响。一个组织最重要的存活目标,就是要想办法减低对外部关键资源供应组织的依赖程度,并且寻求一个可以影响这些供应组织,以使关键资源能够稳定掌握的方法。[①]

[①] [美] 杰弗里·菲佛、杰勒尔德·R. 萨兰基克:《组织的外部控制——对组织资源依赖的分析》,闫蕊译,东方出版社2006年版。

第四章 地方高校教育资源内部配置绩效评价体系的设计

资源吸纳以交换为媒介，组织通过与环境之间的交换和对环境的适当反应获得资源。"为了获取所需发展资源，组织必须与环境中其他因素互动，这无论对公共组织、小型或大型组织来说，抑或是官方机构组织来说，都是适应的。"[①] 根据资源依赖理论，为高校这样的组织提供资源的人或者组织有能力对这些组织行使很大的权力。[②] 学校层面构成了院系组织环境中最重要的因素，学校层面开展绩效评价，将对院系组织产生文化期待和非正式压力，进而影响院系的组织行为和战略选择。院系非常关心自身在高校资源绩效评价中的位置变化，为了获得赖以生存和发展的资源，院系层面在"经济人"的假设下会做出理性选择，面对学校层面的期待，基层实体院系需要以教学科研成效来回应资源的使用情况，实体学院为实现自身价值需以业绩表现做出积极的反应和价值交换，这为开展教育资源内部绩效评价从评价客体角度提出了理论自洽和逻辑证成。

综上分析，在评价主体与客体上，主体和客体有重合。评价主体由地方高校行政牵头，内部院系为主导，评价专家、管理者、师生代表共同组成。评价客体为内部院系。评价主体和客体均包含内部院系，这体现了地方高校教育资源内部配置绩效自我评价和参与式评价的特点。

表 4-1　　　　　　　　评价主体与评价客体

	已有部分研究	本研究
评价主体	评价专家、管理者、师生代表	内部院系、评价专家、管理者、师生代表
评价客体	内部院系	内部院系

---

① ［美］杰弗里·菲佛、杰勒尔德·R. 萨兰基克：《组织的外部控制——对组织资源依赖的分析》，闫蕊译，东方出版社 2006 年版。
② ［美］希拉·斯劳特、拉里·莱斯利：《学术资本主义》，梁骁、黎丽译，北京大学出版社 2014 年版。

内部院系既是部分评价主体，又是评价客体，可以共同确定评价目标、内容和标准，收集和分析评价信息，有利于内部院系将评价的结果作为自我对照、自我检验的参考标准，最终促进评价结果的运用，可为地方高校内部院系提高教育资源绩效提供内生动力。

二 评价指标体系

评价指标体系是评价体系的核心和关键，评价指标体系的好坏直接影响评价工作能否有效开展。

（一）评价指标体系图谱勾勒

评价指标是一种具体的、可测的、行为化的评价准则，是根据可测或可观察的要求而确定的评价内容。绩效指标是评价指标在测量绩效上的使用，是定量或定性反映某个评价对象产出水平的量度。相互联系的评价指标是按照一定的层次组合后形成的。有一定结构和功能的系统或有机整体即为指标体系。评价指标和绩效指标组成的系统即为绩效评价指标体系，其科学性决定评价结果的可信度和有效性。

从理论上讲，开展地方高校教育资源内部配置的绩效评价，包含校级层面的整体自我绩效评价和内部不同院系的绩效评价两个层次，且内部不同院系的评价整体结果或者平均结果即为学校整体的自我绩效评价结果。通过文献梳理发现，适当的评价方法可以将两者联系起来，如采取 DEA 的包络数据分析方法，通过对不同院系的评价结果的分析，可以得出地方高校整体校级层面的绩效评价结果（详见第五章第一节）。如需采用 DEA 方法将本校的评价情况与其他地方高校的评价情况相比较，还需收集其他地方高校的资源配置数据。

高校教育资源的投入是高校发展的基本保障和必要前提，高校教育资源的产出是投入高校教育资源后高校通过发挥主体能动性带来的各种符合经济社会发展所需要的教育产品和智力成果。投入与产出两个方面相互影响和制约，体现着高校资源内部配置的绩效，一起反映了高校教育资源使用的质量。目前部分相关研究都只设置投入或产出其中一方面的指标，或不区分投入与产出指标。本书从投入、产出两个方面考虑，考察资源的全部投入和教育活动的高质量产出，地方高校教育资源内部投入产出基本模型如图 4-2。

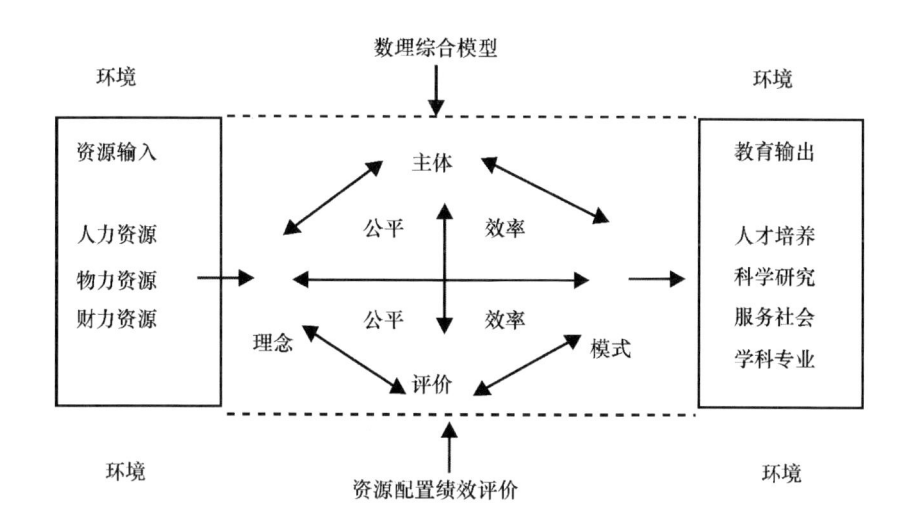

图 4-2 高校资源配置投入产出逻辑

针对地方高校资源配置不高的问题，依据二维分析框架，评价指标体系要体现竞争和绩效的理念，从投入要素和产出功能角度建立资源评价"投入—产出"指标体系。"投入—产出"的整体评价注重由结果性评价到过程性评价、建构性评价转变，在评价主体上邀请被评价利益主体参与，在评价内容上尽量多元化和精细化，对地方高校资源内部配置绩效做出全方面的综合性评价，最终归旨是对原有的资源配置提供改进方向。

"投入—产出"绩效评价的内容和元素包括：人力资源、财力资源、物力资源、人才培养、科学研究和服务社会与学科建设等。人力资源、财力资源、物力资源是高校基本资源要素投入，人才培养、科学研究和服务社会是依据大学功能定位得出的三大产出。依据二维分析框架，为体现地方高校教育资源内部配置绩效评价的教育价值规律和多元共建理念，在地方高校产出维度，围绕地方高校的发展，设置目标达成和发展能力两个二级指标。指标选取过程中，注重绩效评价主体选择与回应，依据第四代评价理论，注重评价指标选取的回应、协商、共建理念。回应当前绩效评价的问题，克服"管理主义"倾向，尊重多元价值需要，注重运用多种方法，与被评价主体协商共建评价指标体系。

在上述分析基础上，形成地方高校教育资源绩效评价指标体系的结构见图4-3。

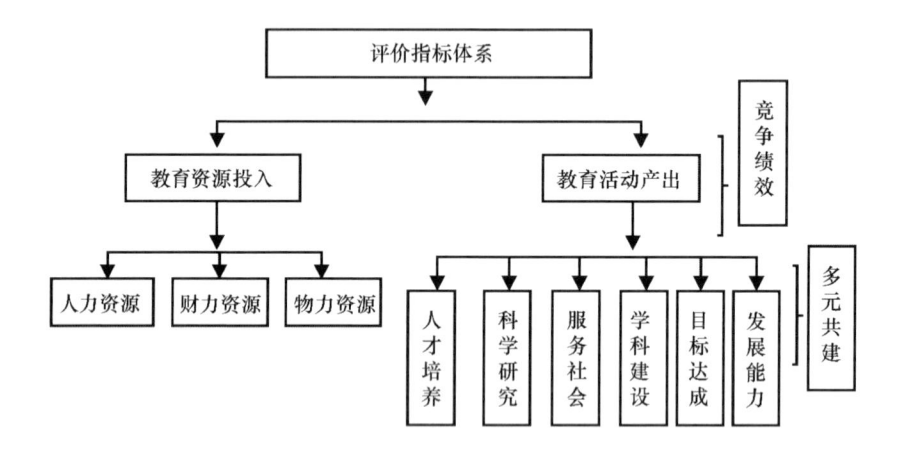

图4-3 地方高校教育资源绩效评价指标体系的结构

(二) 相关研究指标选取情况

对地方高校教育资源内部配置绩效评价指标体系的建构，首先要广泛收集国内已有文献，站在已有研究的基础上，根据地方高校实际，进行评价指标的轮廓设计。通过对近年高校教育资源配置效率评价研究梳理，总结部分研究投入产出指标选取情况（表4-2）。

第四章 地方高校教育资源内部配置绩效评价体系的设计

表4-2　　　　　　　　　　　国内相关研究指标选取

作者	研究内容	投入指标	产出指标
罗杭（2013）	2011年中国"985"大学效率评价	无形资源、学术资源、学生资源、教师资源、物资资源	人才培养、科学研究
王燕、吴蒙、李想（2016）	我国高校人才培养、科学研究与社会服务效率研究	人力资源、物力资源、财力资源	教学产出、科研产出、服务社会产出
王志学、姜天龙（2017）	吉林省高校内部教育资源配置研究	专任教师数、教授数、生均本科教学日常运行支出、生均图书、本科专项教学经费、重点学科	在校生数、教师科研经费、教师发表论文
李航、李成明等（2018）	资源配置、内涵发展与"双一流"建设分析	专任教师数量、教授数量、教育经费投入、图书数量、固定资产总值、研究与发展人员全时当量	学术论文发表数量、国外发表数量、出版专著数量、发明专利、毕业生人数、在校生人数
晋兴雨、张英姿等（2018）	高校教学与科研综合绩效评价研究——基于DEA模型的实证分析	人力资源、财力资源、物力资源	本科生培养、研究生培养、科学研究
蔡文伯，黄晋生（2019）	高质量发展视域下我国高等教育资源的配置效率研究	专任教师数、行政人员数、生均公用经费支出、生均事业费支出	R&D经费内部支出、毕业生数量、R&D课题数量
刘润、尤建新、俞安愚（2019）	面向高校内部的平行两阶段运营效率评价模型	专任教师、设备经费、科研经费	毕业生就业率、科研经费项目资助
彭迪、郭化林（2020）	基于DEA-Malmquist模型的"双一流"建设高校绩效评价研究	研究与发展项目投入人数、高校决算	人才培养、科研产出、社会影响
刘立波（2020）	基于三阶段DEA的高校教育投入产出效率评价	专任教师数、教学科研仪器设备总值、馆藏文献总数、日常教育教学投入、科研经费投入	折合在校生数、科研成果量、获得经费额

续表

作者	研究内容	投入指标	产出指标
游丽、孔庆鹏（2021）	"双一流"背景下我国高等教育资源配置效率测评及影响因素研究	生师比、生均教育事业费、生均固定资产值	折合在校生数、副高以上教师数、国家级成果奖获项数、论文数、当年项目经费、技术转让实际收入

综合上述指标发现，更多学者还是将高校的资源教育资源投入分为或者从本质上分为人力资源投入、物力资源投入、财力资源投入，资源使用产出体现在大学的主要职能上，即人才培养、科学研究和服务社会三个方面。

（三）评价指标的选取

为了地方高校内部对学院产出予以恰当的评价，便于纵横对比分析，采用可量化的指标体系。依据上述评价指标结构，在借鉴相关研究的基础上，选取地方高校教育资源内部配置绩效评价的指标。设计评价指标时沿着由高到低的程序进行，设计绩效评价时沿着由低到高的程序进行。

评价指标通常包含教育资源投入和教育活动产出两部分，投入产出指标体现了经济学视角下对高等教育的生产功能的理解，包含经济属性、社会属性和人文属性。从中观层面看，教育投入主要包括学校、个体和家庭等在教育过程中的各类人力、物力、财力投入，教育产出则包括师生个体在认知和非认知能力方面的提升以及劳动力市场回报等层面的市场收益。[①]

1. 教育资源投入指标

依据生产要素理论，地方高校投入的一级指标设定为人力资源、物力资源、财力资源。在对地方高校教育资源配置问卷调查中，"您

---

① 张羽、刘惠琴、石中英：《教育投入产出的人文属性》，《教育研究》2022年第8期。

认为内部教育资源投入包括哪些？"调查显示，人力资源、物力资源、财力资源位居前三位。

(1) 人力资源指标

人力资源是地方高校最重要的资源，是学校发展的第一资源，为教育事业的发展提供根本保证。人力资源反映出高校投入院系的师资状况和师资结构，包括教师总数量、博士学历教师占比、副高以上教师占比、35—45岁教师占比、研究生导师数量等。教师投入是人力资源投入的主体，其配置效能能反映人力资源的质与量的差别。[①] 分析指标背后所反映的问题以及所能代表的意义，对于人力资源指标从数量、质量两个方面进行分类和选取，设置二级指标为教职工数量、专任教师素质。

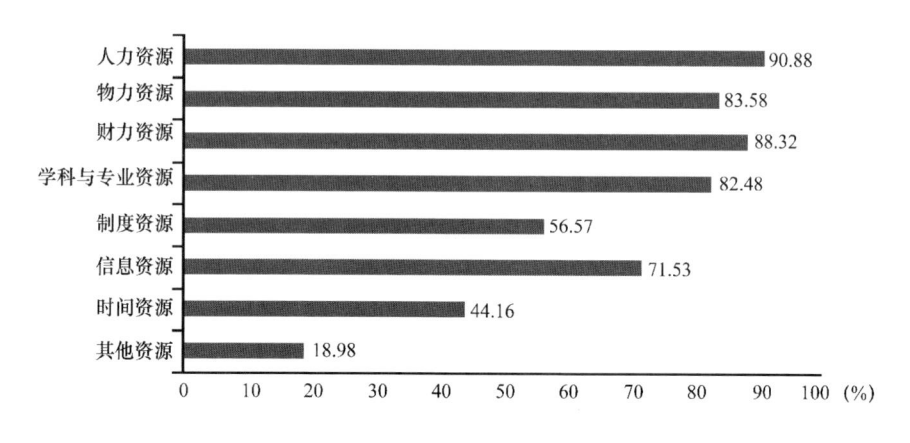

资源类别	百分比
人力资源	90.88
物力资源	83.58
财力资源	88.32
学科与专业资源	82.48
制度资源	56.57
信息资源	71.53
时间资源	44.16
其他资源	18.98

图 4-4 高校教育资源包含内容调查

(2) 财力资源指标

财力资源是地方高校从各种渠道途径获得的用于自身发展的以货币形式呈现的各类教育投入。财力资源是地方高校生存和发展的基础，是学校办学的重要保障，也是地方高校内部院系发展的根本保证。本书在

[①] 陈琦:《高校资产资源配置绩效的评价指标体系研究》，硕士学位论文，华南理工大学，2014年，第62页。

财力资源指标下以教育事业经费支出投入的二级指标,从人员经费、教学经费、科研经费等方面反映对院系投入的财力资源。

(3)物力资源指标

物力资源主要指地方高校在教育活动的过程中,为满足教学科研、社会服务的需要,通过财力资源不断转化积累起来的固定资产。物力资源是高校开展教育活动及自身发展的物质基础,是高校办学发展的重要支撑。本书的物力资源拟考虑下设的二级指标有:公用房使用面积、固定资产(含仪器设备)年度折旧金额。其中,学院使用公用房按照使用面积乘以市场出租评估单价得出公房使用的机会成本(表4-3)。固定资产(含仪器设备)年度折旧是院系使用固定资产的年度精准消耗。

表4-3　　　　　　　　学校出租房屋评估均价　　　（单价:元/平方米）

	2021年	2020年	2019年	2018年
市区老校区	148	135	155.3	168.3
大学城主校区	129	110	134.0	131.5

注:受新冠疫情影响,2020年、2021年出租房屋单价较之前年份有所波动。数据来源于资产第三方评估公司评估数据并得到上级财政资产管理部门批复。

2. 教育活动产出指标

高校作为一个特殊的生产系统,在投入了一定质量和数量的教育资源后,经过教育活动,会得到不同类别的产出。在产出的结构维度上,从组织绩效的多维视角来分析,绩效呈现出多层次、多维度特点,一般需要通过建构设计多重指标来评价组织绩效。高校作为育人的社会组织,其投入产出类似于农业而不是工业,其投入资源要素、产出中间过程、产出成果相对于政府和企业具有多样性、迟效性特点,既有外显绩效也有内隐绩效,对其计量评价显得更复杂。因此,对高校绩效的评价,应结合高等教育规律和特点,有自己的效能观,即树立既关注师生当下状态和未来发展的效益观,也关注情景和组织特性的多维绩效观。① 评价既需要硬指标和软指标,也需要回应利益相关者的诉求,从过程和结果两个方面着手;特别是绩效评价产出方面,需要与目标管理、组织特征等有机结合起来。英国学者布瑞德拉普(Bredrup)研究得出组织绩效涵盖三个层面:一是满足顾客需求程度的有效性;二是组织使用资源的效能程度;三是组织适应未来可持续发展的能力。

尽管组织绩效有丰富的含义,绩效产出需要考虑经济效益和社会效益,但大致上可以从以下几个维度来反映绩效产出:一是"目标"维度:绩效反映目标的达成度,需从目标达成角度考察绩效。二是"经济效益产出"维度:产出效益比反映了组织资源转化为产出的效益,需从经济产出角度来评价绩效。三是"发展能力"维度:传统的绩效评价主要着眼于当前,基于历史建设和发展成效做出判断,但对组织未来发展潜力或态势关注不够,因此,需从可持续发展方面关注发展能力和生产能力的评价,即从对院系产品的评价转为对高校内部生产能力的评价。

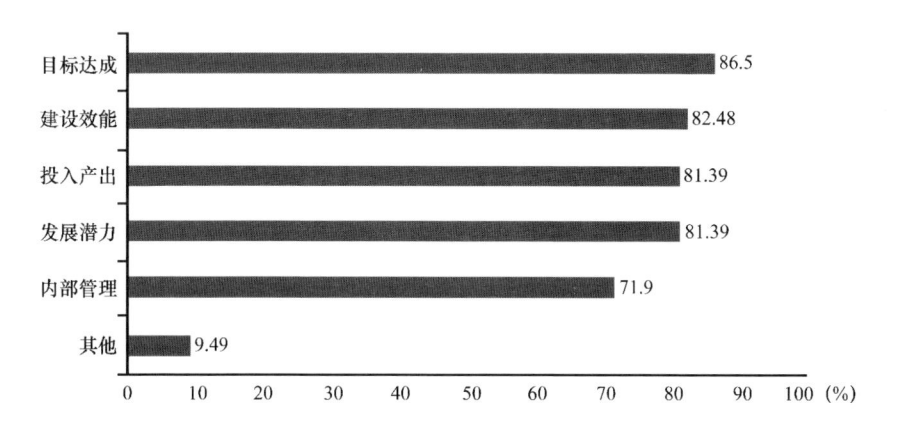

维度	百分比
目标达成	86.5
建设效能	82.48
投入产出	81.39
发展潜力	81.39
内部管理	71.9
其他	9.49

图4-5 教育资源绩效评价关注维度调查情况

---

① 杨小微:《学校办学绩效评估的效能观、成长感与文化味》,《江苏教育》2013年第7期。

同时，在对"您认为绩效评价应关注哪些维度？"问卷调查中，被调查者选择"目标达成"、建设效能、投入产出、发展潜力的均达到80%以上。

针对研究实际，地方高校教育资源投入从人力、财力、物力投入。地方高校教育活动绩效产出分别从产出效益（Effectiveness）、目标达成（Goal Attainment）绩效、高质量发展能力（Sustainable Development）绩效三个维度构建相对客观且内涵完备的高校内部资源配置绩效评价系统的三维综合评价模型，反映高校教育资源内部配置的质性飞跃程度，以此更好地反映高校作为一个复杂系统的本质。

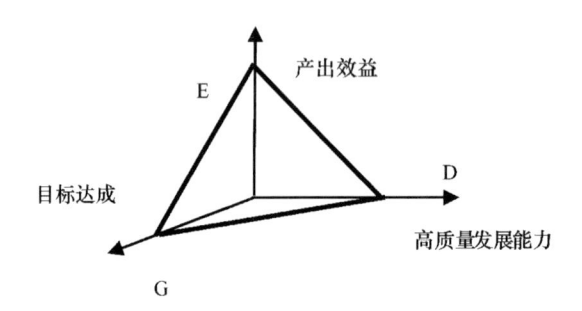

图4-6 地方高校教育资源内部配置绩效评价产出的
"E-D-G"维度模型

在地方高校教育资源内部配置绩效评价产出的"E-D-G"评价模型中，目标达成表征为高校内部组织的办学目标达成情况，考察政府和学校下达目标和自我设定目标的完成情况以及师生员工对学院目标完成的认可程度。产出效益表征高校内部组织资源投入和办学产出，考察高校内部资源转化办学质量的情况。高质量发展能力关注未来发展潜力和态势，考察地方高校内部传播、应用知识和解决现实问题所拥有的基础和能力，体现生态性的绩效评价体系。

地方高校内部资源绩效评价总绩效产出（为图4-6中粗线条部分所示）体现在上述三个维度，在此模型中，每个绩效都至关重要且不可分割，若一个维度绩效为零，则其总绩效为零。其中，目标达成和高质量发展能力的投入产出不易量化测量，因此，采用专家与院系参与打分法确定。

（1）产出效益维度指标

人才培养指标。立德树人是检验地方高校一切工作的根本标准，地方高校工作的核心就是为区域发展培养人才，这也是当前地方高校的价值追求和归宿。培养社会所需人才是地方高校的首要职能。地方高校人才培养是学生在接受高等教育中附加的知识、技能、态度、品行等，是学生的教育价值增值，会在学生行为中体现出来。人才培养主要包括教学成果奖、在校生论文质量和代表性成果，培养过程包括出版教材质量、课程建设和教学质量、科研育人成效，毕业生包括就业与职业发展质量等。从绩效的角度来评价地方高校人才培养的产出指标主要有两个方面：一方面是人才培养的数量；另一方面是人才培养的质量。而培养人才的数量跟院系的历史、规模有关，并不能正确体现院系的绩效，在当前破"五唯"和高质量发展的政策话语下，应更强调学生培养质量。

科学研究指标。地方高校在完成立德树人根本任务的同时，还肩负着从事探索性、创造性科学研究的职责。科研产出是一所高校整体竞争力和学术能力的综合反映，高校科研情况体现在科研成果和科研经费，包含人文科学和自然科学经费，反映院系的科研实力。科研评价按照破"五唯"要求，注重高质量的代表作，而不仅仅是关注科研数量。地方高校的科研成果主要有以下几种表现形式：一是在各种学术期刊上发表的学术论文的质量；二是出版的学术著作的质量；三是申报的发明专利；四是获得国家、各部委、省、自治区、直辖市或各单位设立的各种科研成果奖（艺术学科包含艺术实践效果）。

社会服务指标。服务社会是地方高校的生存之本，培养什么样的人，做哪些科学研究，最终要通过社会贡献体现，只有通过服务社会，才会不断认识地方高校人才培养和科学研究的意义。

社会服务直接体现为地方社会发展提供的经济和社会贡献,表现为给各行各业提供智力支撑和技术支持。社会服务是大学的一项重要功能,可以使地方高校与社会需求密切联系,可以拓展师生眼界,提高师生的专业实践能力,使地方高校培养的人才更加符合经济社会发展需要。地方高校通常在服务地方经济社会发展中孕育自身的特色和优势。当前地方高校社会服务职能的内容和形式主要有以下几种:成人教育和继续教育、非学历教育;承担政府和企事业单位的横向科研项目;校企双方合办联合研究中心和企业;向社会进行技术转让、发明专利出售;科研成果的转化;专利技术转让;建设科技园;为社会各界提供信息、咨询服务。地方高校具有很强的社会服务性,因此,应将社会服务指标作为资源绩效评价的重要指标。

学科建设指标。学科建设是地方高校开展人才培养、科学研究、服务社会的基础和前提,在高校发展中处于核心地位,对外体现了高校区别于其他组织的核心竞争力,对内体现了院系办学质量和水平,作为枢纽牵动着一所高校发展的神经网络。鉴于此,学科建设的差异对高校内部资源绩效评价结果起到至关重要的作用,为避免各个学院受办学历史的因素的影响,也为符合当前地方高校一流学科和一流专业建设的需求,在这部分指标上既关注增量,又考察存量,力图从数量和质量上真实、客观、动态反映学院阶段性发展情况。学科建设主要包括国家级和省部级重点学科建设质量。

综上,产出效益指标注重推进深化新时代教育评价改革总体方案落实落地,努力克服"五唯"顽瘴痼疾,把人才培养质量作为绩效评价的基本门槛和重中之重,以内涵建设、特色发展、质量水平为绩效评价的基本依据,体现体系性、诊断性和发展性,突出质量、服务和贡献,关注代表作质量、高层次人才承担国家重大项目及成果情况等,重点考察人才培养质量、教师的学术水平、教学产出质量、社会服务贡献,摒弃数论文、数"帽子"的简单做法,不以论文数量、排名变化、"帽子"数量等作为评价指标。产出效益指标的选取充分参考了目前权威的《第五轮学科评估指标体系框架》《普通高等学校本科教育教学审核评估指标体系》，本着"简单充足"的原则，不试图做到对高校教育资源配置绩效评价的全过程、全景式"克隆"，选取观测和描述地方高校资源配置绩效评价的关键代表指标，进而研究地方高校内部的资源使用特征与趋势。

（2）目标达成维度指标

目标达成绩效与资源投入有关，更多体现社会效益，从整体发展水平、发展提升程度、自我检视、运行管理保障等视角，关注地方高校教育投入产出的人文属性，追求有温度的指标，注重质量、贡献和内涵建设成效的评价与监测，并有充分"留白"空间，院系可将特色成效作写实性描述，将建设院系以科技引领带动区域发展作用情况作为建设成效评价的重要内容，综合呈现地方高校教育资源内部配置与建设成效。

表 4–4　　　　　　　　　　目标达成指标

分维度	指标考察内容	性质
立德树人成效	教书育人、科研育人、管理育人	专家、参评院系评分
质量保障能力	办学理念、质量文化、管理运行、党建引领、保障机制	专家、参评院系评分
社会贡献与声誉	服务地方发展、传播地方文化、国际交流声誉	专家、参评院系评分
院系自我认定	院系提出并自评	专家、参评院系评分

从三十多年中国高等教育评价制度基本经验得出，高等教育评价体系建设首先在于围绕"培养人"这个核心任务来开展教育评价。[①] 因此，在目标达成维度，引入"立德树人成效"指标，关注内隐的道德品质与价值追求，致力于回答和解决"培养什么人、怎样培养

---

① 刘振天：《现代高等教育评价体系建设：成效、经验及完善之路》，《社会科学战线》2021 年第 3 期。

人、为谁培养人"的根本问题，形成资源配置绩效评价的德育之维，把是否有利于地方高校落实立德树人根本任务作为评价的根本标准，只有如此，才能保证教育资源绩效评价体系的正确导向，才能引导地方高校扎根大地，坚定社会主义办学方向。

（3）高质量发展能力维度指标

地方高校一般是以学科归属来建制学院，校级层面的学科绩效一定程度也被视为学院组织绩效。社会对学科产品的需要是长期的、持续的，不是短期的、权宜的，院系的产出水平不能绝对地表征为某一个时间点上产品的数量和质量，还要看院系能不能持续地产出高质量产品。地方高校教育资源投入与产出绩效的高低不仅直接影响人才质量、科研水平和服务社会的能力，也体现被评价者的创新发展潜力。评价要关注创新价值链和生态性发展，关注院系发展的可持续能力，因此，生产的可持续性也是院系产出水平的重要维度之一。从另一个角度来讲，资源配置、资源结构与高校竞争力三者之间相互影响，对资源的绩效评价也需要关注其高质量发展能力。

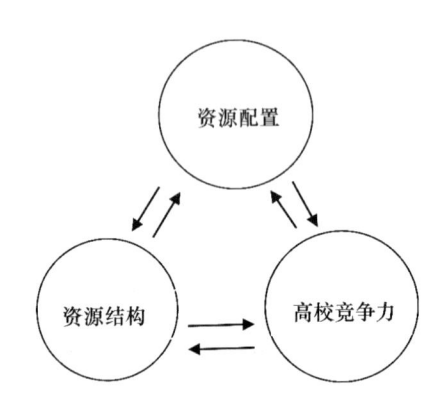

图4-7 资源配置、资源结构与高校竞争力

本书从成果生产力、外部资源竞争力等分维度考核发展能力，具体如下。

表 4-5　　　　　　　　高质量发展能力指标

分维度	指标	性质
成果生产力	人均核心期刊论文	定量
外部资源竞争力	教师科研竞争力（获得各级各类竞争性科研项目）	专家、参评院系评分

地方高校内涵发展的复杂性，高等教育目标的多样性，资源要素的关系交互，高校系统的"多投入、多产出"边界模糊的复杂特点，难以精准度量。鉴于上述困难，目标达成绩效和高质量发展能力绩效，正是在第四代评价理论观照下，体现回应、协商、共同建构理念，克服新管理主义教育价值弱化、管理主义倾向和科学实证主义的局限，遵循高等教育发展规律，在"绩效评价"总体框架下，通过邀请地方高校内部院系负责人和师生参与过程评价，共同建构评价指标，通过被评价对象参与评价，提高教育资源评价的合理性、科学性与精准性，达到以评促改、以评促建的目的。实施中对部分产出要素的绩效评价进行简化，部分指标如发展实力、发展目标达成、管理运行机制、价值判断等充分考虑建设重点与核心要素，通过专家和被评价院系的专家评议和共同参与评价，再加上量化判断教育资源投入与产出关系，通盘、综合考证地方高校教育资源的利用效率和质量。

（四）评价指标的确立

依据已有研究文献和问题导向，笔者初次建构地方高校教育资源内部配置绩效评价指标。以第四代评价理论为指导，区分出地方高校教育资源内部配置绩效评价的三类利益相关者群体：内部院系负责人、内部管理者和师生代表，找出各利益相关者群体内部的连接性建构，从而发展出这三类利益相关者对地方高校教育资源内部配置绩效评价指标体系的共同建构。按照以上归纳出的分歧形成资源内部配置绩效评价协商的计划书，再由地方高校中三类利益相关群体代表进行协商。在对 Q 大学的研究中，共遴选 40 名代表参与指标共建（与前述访谈对象一致），其中，第一部分为参与评价的19个院系代表共计25人，占比62.5%，根据学院学科归属，分别有人文社科领域16名、理工科领域9名，保障了被评价院系占主导，体现了自主评价。第二部分为行政管理人员，由人事、财务、资产等部门的9名代表组成，占比22.5%，降低管理部门的比例，克服管理主义倾向。第三部分为师生代表，抽选3名学生（1名本科生、2名研究生），3名专家教授，师生代表共占比15%。

共同建构主要通过参与协商方式。协商首先是确定那些未解决的主张、焦虑和争议，将初次构建的指标体系的内容以质疑的方式展示给被评价主体和客体，并确定未解决指标的优先顺序，进行访谈并进一步收集相关的尽可能详细的信息。研究过程中，三类群体的最大分歧在于产出评价中校外科研经费是院系的投入还是产出？接着是评价主体和客体进行协商，在将各代表的反馈意见进行整理，力图形成相对一致的评价指标体系。在科研经费方面，协商结果是将校内配套科研经费投入作为院系资源投入。笔者随后将形成的指标体系以电子邮件的形式发给各位协商代表，代表们均表示无异议。这样，通过价值协商的方式初步确定评价的各项指标。

在上述协商基础上，研究采用李克特量表，通过问卷调查方式邀请地方高校专业教师、学生、学院和职能部门管理者，扩大参与建构的范围，在Q大学中对相关指标进行问卷测量，达到协商—参与—共同构建指标，体现了评价指标的生成途径是利益主体的参与和协商。总体来看，教育资源相关者认为指标重要度较高。相关指标的测量情况见表4-6。

表4-6　　　　　　　教育资源绩效评价指标问卷测度　　　　　　单位:%

指标	不重要	较不重要	一般	重要	很重要	重要度
教工总数	3.28	2.92	24.82	51.09	17.88	93.79
专任教师数	0.36	1.82	8.39	49.27	40.15	97.81

第四章　地方高校教育资源内部配置绩效评价体系的设计

续表

指标	不重要	较不重要	一般	重要	很重要	重要度
博士学历教师数	0.73	1.46	13.87	47.45	36.50	97.82
学院用房	1.46	2.19	17.88	53.28	25.18	96.34
固定资产	1.09	0.73	8.03	48.91	41.24	98.18
人员运行经费支出	1.09	0.36	21.17	48.54	28.83	98.54
教学经费支出	0.36	0.36	5.84	43.43	50	99.27
科研经费支出	0	0.36	8.76	51.82	39.05	99.63
学科建设经费支出	0.36	0	6.20	43.07	50.36	99.63
当年在校生人数	2.19	2.19	30.66	41.24	23.72	95.62
学生代表性成果	0.36	0.36	16.79	45.99	36.50	99.28
学位论文质量	0.73	1.09	10.95	48.54	38.69	98.18
就业能力指数	0	0	8.39	40.15	51.46	100.00
教学成果奖	1.09	1.09	13.87	47.08	36.86	97.81
思想政治教育成效	0	0.73	13.87	45.62	39.78	99.27
学术著作质量	0.36	1.09	12.77	52.92	32.85	98.54
学术论文质量	0.73	1.09	10.22	48.91	39.05	98.18
科研奖项	0.73	1.09	14.23	48.91	35.04	98.18
产权与专利	0.73	1.09	22.99	49.64	25.55	98.18
学术平台建设	0.36	0.73	10.58	49.64	38.69	98.91
横向课题	0.36	1.46	16.42	53.28	28.47	98.17
专利、技术转让	0.36	1.82	20.80	52.19	24.82	97.81
立德树人成效	0.36	0	7.30	40.51	51.82	99.63
质量保障能力	0.36	0	5.84	48.18	45.62	99.64
师资队伍建设	0.36	0	5.47	39.42	54.74	99.63
社会贡献与声誉	0.36	0	9.85	43.43	46.35	99.63

续表

指标	不重要	较不重要	一般	重要	很重要	重要度
院系自我认定	0	1.46	17.88	51.09	29.56	98.53
成果生产力	0	0	12.77	49.27	37.96	100.00
外部资源竞争力	0	0	12.41	50.73	36.86	100.00

在上述分析、测量的基础上，从投入—产出角度综合考虑，最终确立地方高校教育资源绩效评价指标体系见表4-7。

表4-7 地方高校教育资源内部配置绩效评价指标体系

目标层	一级指标	二级指标	三级指标	备注
教育资源投入	人力资源	教职工数量	教工总数 X1	
		教师素质	各类职称人数 X2	
	物力资源	建筑物	用房面积 X3	
		固定资产	固定资产年度折旧 X4	
	财力资源	事业经费	人员奖励性绩效 X5	
			教学经费支出 X6	
			科研经费支出 X7	
			学科建设支出 X8	
教育产出绩效	人才培养	培养规模	当年本硕博学生折算人数 Y1	
		培养质量	课程建设与教学质量 Y2	教学成果奖
			在校生代表性成果 Y3	省部级以上学科专业竞赛奖
			学生论文质量 Y4	高质量论文
			学生就业与职业发展质量 Y5	应届本科生一次就业率
			应届本科生考研率 Y6	

续表

目标层	一级指标	二级指标	三级指标	备注
	科学研究	科研项目	国家级项目 Y7	
			省部级项目 Y8	
		科研成果	学术著作质量 Y9	高质量著作
			教师论文质量 Y10	高质量论文
			科研获奖或文、艺、体获奖 Y11	
			知识产权与成果转化 Y12	
		平台团队建设	科研平台 Y13	
			创新团队 Y14	
	社会服务	社会服务收入	当年横向科研经费收入 Y15	
			当年专利、技术转让收入 Y16	
	学科建设	学科与学位发展	学科评估与学位点建设 Y17	参考国家学科评估报告
	目标达成与发展能力	目标达成	立德树人成效 Y18	教书育人、科研育人、管理育人
			质量保障能力 Y19	质量文化、管理运行机制
			师资队伍 Y20	
			社会贡献与声誉 Y21	传播地方文化、交流声誉
			院系自我认定 Y22	院系提出并自评
		发展能力	成果生产力 Y23	人均高质量期刊论文
			外部资源竞争力 Y24	教师科研竞争力

高校的多投入、多产出特点决定了评价指标的内在结构既存在横向模式，又存在纵向模式。对上述评价指标体系进行结构分析发现，

指标中既有数量指标又有质量指标，既有常规指标又有创新指标。该指标体系相比于已有研究，进一步突出了评价的教育规律，突出了高等教育的目标达成与发展能力，具体增加了立德树人、质量保障、成果竞争力和外部资源竞争力等三级指标，为进一步研究地方高校教育资源内部配置绩效评价奠定了指标基础。

三 评价标准

指标选取以后，对指标的有效计量是采集高校投入产出数据的基础，没有精准的数据就无法真实、准确地绩效评价，也就没有地方高校资源配置的决策与管理。对于同一个评价客体来说，不同的评价主体往往会有不同的评价，同时，客体由于所处环境、地位的变化，对于同一个评价客体的评价也会发生变化，所以绩效评价需要制定客观规定性的标准。评价标准是评价对象达到指标体系规定的程度在数量上的规定，它规定了评价对象达到什么程度或水平才是合乎要求的，它是评价对象发生质变的临界点。制定评价标准要求联系地方高校自身实际，用自己的尺子测量自己，评价标准要具有导向性、客观性、合理性和可操作性，使可量化和不可量化指标都能具备相对客观的评价标准。

（一）人力资源投入评价标准

为了达到指标预设的评价目的和评价内容，评分标准中需要根据具体指标释义来设定。人力资源投入标准主要考察教职工数量和质量。教职工数量包括自然数量和折算数值，折算根据是职称，体现质量，折算标准为：正高 2、副高 1.5、中级 1、初级 0.8、其他 0.8。教师数量为年度教师时点数量，是一个动态数值，是一种年度性人力资源投入，地方高校内部院系教师数量每年一般都会因招聘或退休适度增减。

（二）财力资源投入评价标准

财力资源是地方高校从外部获得的以货币形式呈现的用于学校发展的各类资金投入，是地方高校生存和发展的基本保障。财力资源投入包括人员经费、教学业务费、校内科研费、学科建设费，上述费用均货币化呈现，可以直接相加减。

（三）物力资源投入评价标准

物力资源采用学院公用房面积和固定资产总额两个指标，体现地方高校对学院的物力资源投入，两个数据都来自地方高校资产管理信息系统。固定资产包括办公通用设备、专业科研仪器设备；公用房包含学院办公用房、科研用房及辅助用房。

在投入与产出框架下的绩效评价，一般是周期性的评价，本书采用年度评价。物力资源指标如建筑物、设施设备是多年积累的时点数值，需要将其转化为年度性投入。因此，采用物力资源年度折旧法衡量其物力资源年度投入或消耗，按照固定资产的使用年限，依据直线折旧法计提年度折旧额，精准反映院系年度固定资产消耗。

（四）人才培养评价标准

依据2005年6月8日国家发展改革委颁布的《高等学校教育培养成本监审办法》和2021年1月21日教育部发布的《普通高等学校本科教育教学审核评估指标体系（试行）》，折合在校生数＝普通本专科在校生数＋硕士研究生在校生数×1.5＋博士研究生在校生数×2。

"大学生科技竞赛奖"："青少年科技创新奖"国家级500分、省级200分。"挑战杯"国家级特等奖500分、一等奖300分、二等奖200分、三等奖100分；省级特等奖200分、一等奖100分。"建模竞赛"国家级一等奖200分、二等奖100分。新增赛事与目前指标进行比较确定。

（五）科研产出评价标准

科研产出评价标准要依据地方高校本校的科研评价管理办学。以Q大学为例，该大学制定了《Q大学科研工作量考核及科研绩效分配办法》，落实"放管服"要求，破除科研评价的"五唯"倾向，兼顾量与质的关系，强调代表性科研成果，将科研产出分为科研项目、科研成果、重点建设任务三个部分，具体见表4-8。

表 4-8 科研产出评定

评价指标	内容与分类	项目类别	工作量	指标说明
科研项目	纵向项目	国家线重大项目	280 分/项	
		国家级重点项目	140 分/项	
		国家级一般项目	84 分/项	自然科学基金、社科基金
		国家级其他项目	28 分/项	科技计划 5 万—20 万元、国家社科 5 万—15 万元
		省部级重大项目	42 分/项	科研经费 10 万元及以上
		省部级重点项目	28 分/项	科研经费 5 万元及以上
		省部级一般项目	14 分/项	科研经费 1 万元及以上
		省部级其他项目	7 分/项	
	横向项目	按照实际到账金额	1 分/万元	最高不超过 400 分
科研成果	学术著作	A 类出版社	4 分/万字	译注 2 分/万字，编著 1 分/万字
		B 类出版社	按 A 类的 3/4	译注、编著按 A 类的 3/4
		C 类出版社	按 A 类的 1/2	译注、编著按 A 类的 3/4
	论文质量	A1 类	1000 分/篇	中国社会科学、*Nature*（Article）、*Science*（Article）、*Cell*
		A2 类	400 分/篇	被《新华文摘》主体转载、*Nature*（Letter）、*Science*（Report）
		B1 类	100 分/篇	历史研究、教育研究、SCIE 收录一区等
		B2 类	70 分/篇	高等教育研究、中国教育学刊、SCIE 收录二区等
		C1 类	50 分/篇	CSSCI 来源期刊、SCIE 收录三区等
		C2 类	30 分/篇	CSSCI 来源期刊扩展、SSCI 中科院四区、EI、CSCD、SCIE 四区等
		C3 类	10 分/篇	北图版中文核心期刊、人大复印、报纸理论版

续表

评价指标	内容与分类	项目类别	工作量	指标说明
	研究报告	A类	80分/项	报送至中央、国务院、全国人大、全国政协及领导批示的咨询报告
		B类	40分/项	被全国哲学社科办《成果要报》、教育部《专家建议》、国家部委采纳、部级领导批示
		C类	20分/项	省委、省政府、省人大、省政协批示或采纳
		D类	10分/项	被省级哲学社科办《成果要报》或省社科联要报采用
	知识产权	发明专利	40分/项	
		国家级植物新品种	100分/项	
		省级植物新品种	80分/项	
		国家级标准制定	80分/项	
		行业标准制定	60分/项	
	成果转化		1分/万元	按实际到位经费核算，以50万元为单位
	科研成果获奖	A类（国家科技奖）		一等奖2000分，二等奖1200分
		A类（优秀成果奖）		一等奖800分，二等奖600分，三等奖400分
		B类（高校科技奖）		一等奖800分，二等奖600分
		B类（各部委奖）		一等奖80分，二等奖50分，三等奖30分
	文艺体成果	获奖、参赛、出版等		A类一等80分，A类二等70分，A类三等60分，B类一等50分、二等40分、三等30分

续表

评价指标	内容与分类	项目类别	工作量	指标说明
重点建设任务	科研平台	国家级	350 分/项	前指立项，验收合格 150 分/项
		部委级	210 分/项	前指立项，验收合格 90 分/项
	创新团队	科技部重点领域	280 分/项	前指立项，验收合格 120 分/项
		教育部	210 分/项	前指立项，验收合格 90 分/项
	2011 计划	国家级	350 分/项	前指立项，验收合格 150 分/项
		省级	70 分/项	前指立项，验收合格 30 分/项

为鼓励地方高校在教育教学、提高教育水平和教育质量方面做出贡献，在指标体系中考虑了优秀教学成果，兼顾教学成果的数量和质量，根据获奖的层次设定分值。地方高校学院（学部）教师获国家级教学成果奖一等奖每项得 1000 分，二等奖每项得 600 分，省级一等奖每项得 500 分，省级二等奖每项得 300 分；校级一等奖每项得 100 分，校级二等奖每项得 60 分（注：合作单位按 1/3 加分，多层次获奖取最高得分，不重复计算）。

重点学科及科研平台，以硕士点（含专业学位）为基础，取权重 1，其他各项权重为：省二级重点学科（包括省一级重点学科内含的二级重点学科）为 1.5，每个省一级重点学科再加 2；博士点为 3，博士后流动站为 2；国家级科研机构为 8，部级科研机构为 5，省级科研机构为 3，厅（市）科研级为 2。每一权重的标准分值为 1000 分。"科研平台"包括重点实验室、工程中心、文科基地、研究所（中心）等。

（六）学科建设评价标准

学科建设情况主要依据教育部学位与研究生教育发展中心发布的全国学科评估情况以及院系年度学科建设成效，采取评估得分加专家打分，得出的平均分值即为学科建设得分。

四 评价方法

绩效评价方法是通过某种技术手段对特定绩效指标进行衡量的办法，其目标在于对特定指标的绩效水平做出判断，并衡量绩效目标是否达成。评价方法与评价标准密切相关，评价方法需要按照组织规定的绩效标准，对绩效指标进行衡量。绩效评价方法总体可分为绝对评价、相对评价和描述性评价。绝对评价是指将评价指标的四个要素（指标名称、定义、标志和标度）设计成表格用于评价的方法，通常评价标准是客观的标准，方法包含等级择一法、行为锚定量表法、综合尺度量表法等。相对评价是对评价对象进行相互比较，从而决定其工作绩效的水平。相对评价主要有排序法、配对比较法、人物比较法等。描述性评价是指对工作过程和结果进行如实记录的方法，主要有态度记录法、工作业绩记录法、指导记录法、关键事件法。因本研究为地方高校教育资源内部配置的绩效评价，是对同一高校内部不同院系的资源配置绩效比较，因此，本研究属于相对评价。

绩效评价常用的方法有关键事件法、叙述法、单项对比法、综合指标量化法等。[①] 关键事件法侧重关键行为及结果对其绩效水平影响，关注教学质量、专业认证、科学研究、学科建设、学位点评估、高层次人才建设等方面取得的重大标志性成果，优点是事件具有可观测性，缺点是难以反映平均绩效，对关键事件的认定或许不一致。叙述法是侧重考核者按照规范格式描写被考核对象绩效的定性评价方法，根据院系的自我陈述、民意测验、相互评价、专家评价产生，优点是简单快捷，缺点是主观性因素较大。单项对比法是侧重某一要素将每一个被考核对象进行横向相对比较的定性评价，对院系某个单项指标进行定性或量化分组对比评价，优点是较可靠，缺点是操作烦琐且不能反映综合绩效。综合指标量化法侧重运

---

① 张亚伟：《资源意识诉求下的现代大学绩效管理》，《光明日报》2010年1月25日第7版。

用多种指标定性与定量对业绩进行概括和分析，对院系资源投入、教学科成效、发展潜力等进行综合评价，优点是综合反映办学绩效，缺点是数据采集和处理任务重。综合指标量化法也称数理统计法，常见的绩效评价数理统计法包括包络数据法、平衡计分卡法、层次分析法、模糊综合评价法等。为了提高评价的可信度和精准度，研究依据前述指标体系，以 DEA 分析方法为例，对地方高校进行教育资源绩效评价。

(一) 包络数据分析方法

数据包络分析法（Data Envelopment Analysis，DEA）是运筹学和研究经济生产边界的一种方法，一般被用来测量组织部门的生产效率，由 1978 年著名运筹学家 Charnes 基于多投入多产出相对效率的研究而提出。我国从 1986 年开始开展 DEA 的研究，1988 年魏权龄教授系统地分析了 DEA 方法[①]，之后 DEA 的方法在我国得以推广应用。DEA 方法是一种利用线性规划方法对具有可比性的同类型决策单位进行有效性评价和决策目标最优化的数量分析方法，允许指标之间量纲差异，避免选取衡量指标权重带有主观性和先验偏误。DEA 方法是以相对效率为基础，用来评价具有相同类型的多投入、多产出的决策单元是否有效的一种非参数统计方法。DEA 的基本思想是将一个组织系统或一个生产过程看作一个单元，这个单元在一定范围内通过投入一定数量的生产要素并产出一定数量的产品，这样的实体单元被称作决策单元（DMU）。由多个 DMU 构成被评价群体，以 DMU 的各个投入或产出指标的权重为变量进行评价运算，确定有效生产前沿面，并根据各个 DMU 与有效生产前沿面的距离确定各个 DMU 是否 DEA 有效，同时，还可以根据投影方法指出非 DEA 有效或弱 DEA 有效的原因及应改进的方向。

DEA 优势主要在于：一是可以处理多项投入与产出的评价问题，而且没有预设生产函数及参数的困难。高校作为一种以人和知识为主

---

① 魏权龄：《评价相对有效的 DEA 方法》，中国人民大学出版社 1988 年版。

要对象特殊的"生产单位",难以用统一的标准显示函数关系进行度量和比较,DEA 在实际上符合地方高校投入与产出的相对绩效评价。二是 DEA 可以产出一个单一的综合相对效率指标,来表现其资源使用的情况,不需要人为设定指标权重,在数值处理上没有人为主观因素的影响,提高了评价的客观公正性。三是只要受评价的 DMU 都使用相同的计量单位,效率值不受影响,如产出以公斤计量或者以克计量其效率值都相等。四是通过松弛变量分析,可以获得最佳的投入产出值,提供管理者无效率单位改进的方向和相关信息。

DEA 作为一种有效的系统决策分析方法,预设条件少,为多输入多输出的评价和决策问题开辟了新的前景,其应用领域已经遍布金融、医院、环保、教育等多个生产领域和非生产领域。通过对近年来国内外学者研究的文献梳理,发现已有不少学者使用了 DEA 方法对高等教育科研效率、学科建设效率、资源配置效率等进行了动态研究,实证分析了高校不同时期、不同方面的发展效率,为我国高等教育的改革发展提供了政策建议。

DEA 有 CCR、BCC、Malmquist 三种模型。

1. CCR 模型

最初的 DEA 是 CCR 模型,是 1978 年由 Charnes、Cooper 和 Rhodes 提出,用于评价决策单元(DMU)的规模和技术的总体有效性。CCR 有分式规划和线性规划两种形式。

DEA 方法的研究对象是决策单元,决策单元是具有相同目标和任务的被评价单位,要求具有相同的输入、输出指标。地方高校院系具有特定的输入和输出,其某一时段可作为 DEA 方法中的一个决策单元。若某个 DMU 在一项经济生产活动中的投入向量 $X = (x_1, x_2, x_3 \cdots x_i, \cdots, x_m)$,$x_i$ 表示第 i 种投入;输出(产出)向量 $Y = (y_1, y_2, y_3 \cdots y_r, \cdots y_s)$,yr 表示第 r 种输出(产出)$(X_j, Y_j)$ 对应第 j 个决策单元的投入、产出向量,(X_0, Y_0) 对应被评价决策单元的相应指标,于是可以用 (X, Y) 表示这个 DMU 的整个生产活动,n 个 DMU 的投入集就可以构成一个 $n \times m$ 的投入矩阵,其产出集可以构成一个

$n \times s$ 阶产出矩阵。从投入（产出）角度测算决策单元（X_0，Y_0）相对效率的 DEA 模型可以表示为公式 5-1、公式 5-2。

$$\begin{cases} min\theta \dfrac{w^T X_{j0}}{v^T Y_{j0}} \\ s.t \dfrac{w^T X_{j0}}{v^T Y_{j0}} \geqslant 1; w \geqslant 0, v \geqslant 0, j = 1,2,\cdots,n \end{cases} \quad （公式 5-1）$$

$$\begin{cases} max\eta = \dfrac{v^T Y_{j0}}{w^T X_{j0}} \\ s.t \dfrac{v^T Y_{j0}}{w^T X_{j0}} \leqslant 1; w \geqslant 0, v \geqslant 0, j = 1,2,\cdots,n \end{cases} \quad （公式 5-2）$$

w^T、v^T 表示对输入输出的度量权。该分式规划可转变成线性规划如公式 5-3、公式 5-4。

$$\begin{cases} min\ w^T X_{j0} \\ s.t.\ w^T X_j - v^T Y_j \geqslant 0, j = 1,2,\cdots n \\ w^T X_{j0} = 1 \end{cases} \quad （公式 5-3）$$

$$\begin{cases} max\ v^T Y_{j0} \\ s.t.\ w^T X_j - v^T Y_j \geqslant 0, j = 1,2,\cdots n \\ w^T X_{j0} = 1 \end{cases} \quad （公式 5-4）$$

对偶规划为公式 5-5、公式 5-6。

$$\begin{cases} min\theta \\ s.t. \sum_{j=1}^{n} \lambda_j X_j \leqslant \theta X_0 \\ \sum_{j=1}^{n} \lambda_j X_j \geqslant Y_0 \\ \forall\ \lambda_j \geqslant 0 \\ j = 1,2,\cdots n \end{cases} \quad （公式 5-5）$$

$$\begin{cases} \max\delta \\ s.t. \sum_{j=1}^{n} \lambda_i X_j \leqslant X_0 \\ \sum_{j=1}^{n} \lambda_j X_j \geqslant \delta Y_0 \\ \forall\ \lambda_j \geqslant 0 \\ j = 1,2,\cdots n \end{cases} \quad (公式5-6)$$

引入松弛变量，公式 5-5、公式 5-6 可以表示为线性规划如公式 5-7、公式 5-8。

$$\begin{cases} \min\theta \\ s.t. \sum_{j=1}^{n} \lambda_j X_j + s^- = \theta x_0 \\ \sum_{j=1}^{n} \lambda_j X_j - s^+ = y_0 \\ \forall\ \lambda_j \geqslant 0, j = 1,2,\cdots n \\ s^+ \geqslant 0, s^- \geqslant 0 \end{cases} \quad (公式5-7)$$

$$\begin{cases} \max\delta \\ s.t. \sum_{j=1}^{n} \lambda_i X_j + s^- = x_0 \\ \sum_{j=1}^{n} \lambda_j X_j - s^+ = \delta y_0 \\ \forall\ \lambda_j \geqslant 0, j = 1,2,\cdots n \\ s^+ \geqslant 0, s^- \geqslant 0 \end{cases} \quad (公式5-8)$$

由于线性规划公式 5-7 和公式 5-8 互为对偶规划，两者都存在最优解，并且投入和产出 CCR 模型评价结果一致，本研究仅考察投入产出比率情况。如果公式 5-7 和公式 5-8 的最优值为 1，则决策单元 j_0 为弱 DEA 有效；如果公式 5-7 和公式 5-8 最优值为 1，且最优解 $\lambda^0 = (\lambda_1^0, \lambda_2^0, \cdots \lambda_N^0)$，$s^{0-}$，$s^{0+}$，$\theta^0$ 都有 $s^{0-} = 0$，$s^{0+} = 0$，则决策单元 j_0 为 DEA 有效。在投入型中，对于 $\theta < 1$ 情况，可以通过

$X^* = \theta x - s^{0-}$，$Y^* = Y + s^{0+}$ 将在生产前沿面上投入产出值计算出来。若 $\sum_{j=1}^{n} \lambda_j < 1$，则规模收益递增，若 $\sum_{j=1}^{n} \lambda_j = 1$，则规模收益不变，若 $\sum_{j=1}^{n} \lambda_j > 1$，则规模收益递减。在经济学理论中，在规模收益不变时进行生产为规模有效。

2. BCC 模型

Banker、Charnes 和 Cooper 在 1984 年提出了 BCC 模型，是基于可变规模收益模式下的 DEA 模型，该模型可以得出决策单元的纯技术效率。由于 CCR 模型的假设是 DMU 处于固定规模报酬下的相对效率，然而事实上，DMU 可能处于规模报酬递增或是规模报酬递减的状态，因此，DMU 的无效率除了可能来自本省的投入、产出配置不当外，还可能来自 DMU 的规模因素，所以若能了解 DMU 所处的规模报酬状态，有助于决策者做规模上的调整，进而达到有效率的经营。将 CCR 模式修正为 BCC 模式，该模式的投入导向比率形式为公式 5-8。

$$\begin{cases} \max_{u_r,v_i} E_k = \dfrac{\sum_{r=1}^{s} u_r Y_{rk} - u_0}{\sum_{i=1}^{m} v_i X_{ik}} \\ s.t. \dfrac{\sum_{r=1}^{s} u_r Y_{rj} - u_0}{\sum_{i=1}^{m} v_i X_{ij}} \leq 1, j = 1,2\cdots n \\ u_r, v_i > 0 \\ u_0 \text{ 无正负限制} \\ r = 1,2,\cdots s, i = 1,2,\cdots m \end{cases} \quad \text{（公式 5-8）}$$

公式 5-8 不易求解，但通过固定分母之值予以转换成线性规划式，形成下列投入导向原问题便于求解。

$$\max_{u_r,v_i} hk = \sum_{r=1}^{s} u_r Y_{rk} - u_0$$

$$s.t. \sum_{i=1}^{m} v_i X_{ik} = 1$$

$$\sum_{i=1}^{s} u_r Y_{rj} - \sum_{i=1}^{m} v_i X_{ij} \leq 0, j = 1, 2, \cdots n$$

$$u_r, v_i > 0, r = 1, 2, \cdots s, i = 1, 2, \cdots m$$

u_0 无正负限制。

3. 技术效率（TE）与规模效率（SE）的关系衡量

技术无效率形成原因有：一是管理者的决策失误造成资源浪费；二是组织不是处于固定规模报酬下进行生产。形成的原因不同，治理的措施也不同，有必要将两者区分开来，探索真正造成技术无效率的原因。可将这两种原因从技术效率分解出来，分别称之为纯粹技术效率与规模效率，具体举例说明如下。

若有 A、B、C、D、E、F 六个 DMU 同为单一投入、产出时，在固定规模报酬下的假设下（$\sum \lambda_j \geq 0$），生产可能线为 OF 向下所包络的区域，E、F、G 三个 DMU 为边界之效率点，具体如下图，从投入面来看，生产 Y_A 产量必须投入 X_A 的生产要素，但 G 点同样生产 Y_A 产量却只需要 X_G 的投入量，所以可知 A 点相对于 G 点的技术效率为：

$$技术效率（TE_A^1） = \frac{MA}{MG} = \frac{OY_A/OX_A}{OY_A/OX_G} = \frac{OX_G}{OX_A}。$$

技术效率是指一个生产单元的生产过程中达到该行业技术水平的程度，反映一个生产单元技术水平的高低，是对决策层单元的资源配置、资源使用效率等多方面能力的综合衡量与评价。

将固定规模报酬假设放宽为可变动规模报酬（$\sum \lambda = 1$），生产可能集变为 B、E、D、C 曲线向下包络的区域，而 B、E、D、C 四个 DMU 为位于边界的效率点，点 A 为非效率点，其生产 OY_A 产出必须投入 OX_A 的要素，但以点 B 而言，相同的产出只需要投入 OX_B，所以点 A 的各效率值为：

$$纯技术效率（PTE_A^1） = \frac{MA}{MB} = \frac{OY_A/OX_A}{OY_A/OX_B} = OX_B/OX_A；$$

规模效率（SE_A^1） = $\dfrac{MB}{MG}$ = $\dfrac{OY_A/OY_B}{OY_A/OX_G}$ = OX_G/OX_B。

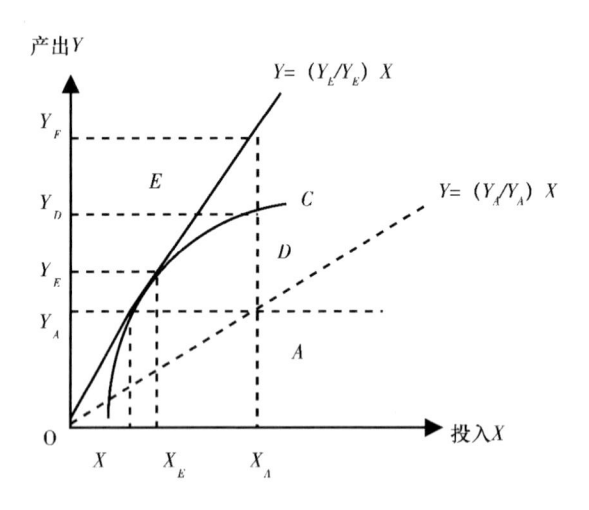

图 4-8 技术效率与规模效率的关系

纯技术效率反映的是决策单元在一定（最优规模时）的投入要素方面的生产效率，主要指决策单元由于管理和技术等因素影响的生产效率。规模效率是由决策单元规模因素影响的生产效率，反映的是实际规模与最优生产规模的差距。

现假设有 n 个 DMU（$j=1, 2, \cdots n$），m 种投入（$i=1 \cdots m$），s 种不同产出（$r=1 \cdots n$），则其技术效率、纯技术效率与规模效率的衡量模型分别为公式 5-9、公式 5-10。

$$\begin{cases} \min TE_K^1 = \varphi_K \\ s.t. \ \varphi_k X_{ik} - \sum_{j=1}^{n} X_{ij} \lambda_j \geqslant 0 \\ \sum_{j=1}^{n} Y_{rj} \lambda_j \geqslant Y_{rk} \end{cases} \qquad \text{（公式 5-9）}$$

$$\begin{cases} \min PT E_K^1 = \varphi_K \\ s.t.\ \varphi_k X_{ik} - \sum_{j=1}^{n} X_{ij} \lambda_j \geqslant 0 \\ \quad\quad \sum_{j=1}^{n} Y_{rj} \lambda_j \geqslant Y_{rk} \\ \quad\quad \sum_{j=1}^{n} \lambda_j = 1 \end{cases} \quad (公式5-10)$$

上式中，λ_j 为所有效率组织与第 k 家无效率厂商在投入、产出项的相对权数，其中公式 5-9 中 φ_k 为第 k 家的相对技术效率值，而在公式 5-10 中 φ_k 为第 k 家的相对纯粹技术效率值（PTE），则规模效率值为

$$SE = \frac{TE}{PTE}。$$

要判断组织的生产行为究竟处于何种生产状态，是因规模报酬是指资源比例变动时候，组织产出的变动情况能够帮助组织调整其经营规模，当 $SE=1$ 时，此决策单位为固定规模报酬，当 $SE<1$ 时，可能为规模报酬递增或递减，具体可采用如下判断：

如果 $\dfrac{\sum_{j=1}^{n} \lambda_j}{\theta} = 1$，规模收益不变，即为最佳规模状态；

如果 $\dfrac{\sum_{j=1}^{n} \lambda_j}{\theta} < 1$，规模收益递增；

如果 $\dfrac{\sum_{j=1}^{n} \lambda_j}{\theta} > 1$，规模收益递减。

DEA 方法的运用还考虑了输入松弛的度量问题。输入松弛问题是指输入量被过度使用的程度。通过松弛变量分析，可以了解 DMU 的资源使用情况，获得最佳的投入产出值，得知其在投入产出方面有多少改善空间，提供管理者无效率单位改进的方向。输入松弛问题的出现归因于 DEA 方法中非参数前沿面的分段线性的本质。

4. Malmquist 模型

Malmquist 生产率指数的概念由 Caves、Christensen 和 Diewert 1982 年首次提出，该指数运用 Shephard 的距离函数来定义，它用来描述不需要说明具体行为标准的多个输入变量和多个输出变量的生产技术。运用输出导向方法或输入导向方法能够定义距离函数。给定输入变量矩阵，一个输出距离函数定位为输出变量矩阵的最优比例项，同样，给定输出变量矩阵，输出变量距离函数可以看作输入变量矩阵的最小比例项。

在 BCC 模型基础上，Malmquist 输出指数用来测量全要素生产率、技术效率和技术进步的动态改变情况。从第 t 期到第 $t+1$ 期，当 Malmquist 指数大于 1 时，表明决策单元的全要素生产率水平相比上一个时期有所提高，综合生产率有改进，等于 1 时表示无变化，小于 1 时则表示退步；当 Malmquist 指数的分解指数——技术效率变化指数和技术进步变化指数大于 1 时，表明第 $t+1$ 期该项技术效率水平相较第 t 期有所改进，等于 1 时表示无变化，小于 1 时则表示退步。当技术效率变化指数的纯技术效率变化指数大于 1 时，对生产率指数有正向促进作用，表明教育资源配置与使用的改善使效率得到提升；规模效率变化指数大于 1 表明投入集聚规模效益改善，规模效率得到提高，对生产率指数有正向促进作用，反之则对技术效率的提高有抑制作用。

$$\text{生产率指数} = M_0(x_t, y_t, x_{t+1}, y_{t+1}) = \sqrt{\frac{D_0^{t+1}(x_{t+1}, y_{t+1})}{D_0^{t+1}(x_t, y_t)} \times \frac{D_0^t(x_{t+1}, y_{t+1})}{D_0^t(x_t, y_t)}}$$

其中，$D_0^t(x_t, y_t)$ 和 $D_0^{t+1}(x_{t+1}, y_{t+1})$ 分别表示根据生产点在相同时间段（即 t 和 $t+1$）同前沿面技术相比较得到的输出距离函数，$D_0^t(x_{t+1}, y_{t+1})$ 和 $D_0^{t+1}(x_t, y_t)$ 分别是根据生产点在混合期间同前沿面技术相比较得到的输出距离函数。

地方高校教育资源优化配置是一个动态变化过程，只有将教育资源配置优化的评价放到具有时间维度的空间中进行，对不同年份资源配置进行动态、纵向评价，才能更全面科学地反映资源配置的实际状况。

DEA 绩效评价步骤包括确定评价目的、选择决策单元、建立指标评价体系、DEA 评价模型求解、评价结果分析等步骤。其中，确定评价目的是 DEA 分析的首要问题，是 DMU 选取、评价指标建立的依据；选择决策单元要求具有相同的目标和任务、相同的外部环境、相同的输入输出指标；部分产出指标可以从学校办学统计中获得，部分指标如教育质量、科研产出等需要采用某些方法进行评价和测量；评价结果分析包括确定哪些院系 DEA 有效，哪些非有效，对于非有效的院系，分析其无效的原因，并根据实际情况提出改进建议。

（二）指标体系的检验

投入指标和产出指标符合 DEA 分析的单调性原则才说明指标体系的设计具有合理性，即投入指标的增加不能导致产出数量的减少。为保证投入指标与产出指标之间的相关性，需对投入指标和产出指标分别进行相关分析，对评价指标的信度和效度进行检验。

本研究利用 Q 大学 2018 年的相关数据（其他年份检验结果相符），采用 SPSS 20.0 软件对指标进行了 pearson 相关性检验，实施指标体系的验证。对资源投入一级指标与教育产出一级指标进行检验，检验它们之间是否具有相关性，因为资源投入指标必须与教育产出指标相关方能表明投入与产出的相关性，若不相关或不显著相关会影响 DEA 测量结论的准确性。检验结果表明，19 个院系的投入变量与产出变量的相关系数为正，并且均能在 0.01 的显著水平下通过双侧检验，说明所选取的投入指标与产出指标符合 DEA 分析模型所要求的"同向性"和"单调性"原则，即教育资源投入指标的增加不会导致教育产出指标的减少，符合 DEA 评价指标之间具有显著的正相关关系，具有一定的合理性，据此，可认为本研究选取的投入产出指标总体上比较科学、合理，在此基础上可进一步展开教育资源绩效评价研究。

表4-9　地方高校教育资源投入与产出指标的 pearson 相关系数

投入/产出	人才培养	科学研究	服务社会	学科建设	目标达成与发展能力
人力资源	0.779**	0.876**	0.758**	0.705**	0.810**
财力资源	0.674**	0.791**	0.648**	0.732**	0.684**
物力资源	0.578**	0.638**	0.756**	0.613**	0.624**

注：** 在 0.01 水平（双侧）上显著相关。

五　评价实施与运作

地方高校教育资源内部配置绩效评价的实施是一个由多种方法和技术组成的系统工程，不但涉及对教育活动事实绩效作出衡量的技术问题，还牵涉人的价值判断，是一个包含人和数据在内的对话共建过程。所以，评价过程中，必须仔细考证地方高校教育活动的行为和成果，注意评价程序的合理选择和设计，以免影响评价的效度。因此，在进行教育资源绩效评价之前，必须精心慎重地安排绩效评价的实施运作的步骤。

由于地方高校规模和定位不同，不可能设计出一个固定不变的模式程序，但是，绩效评价在实施过程中一般应包括几个基本环节（图4-9）。

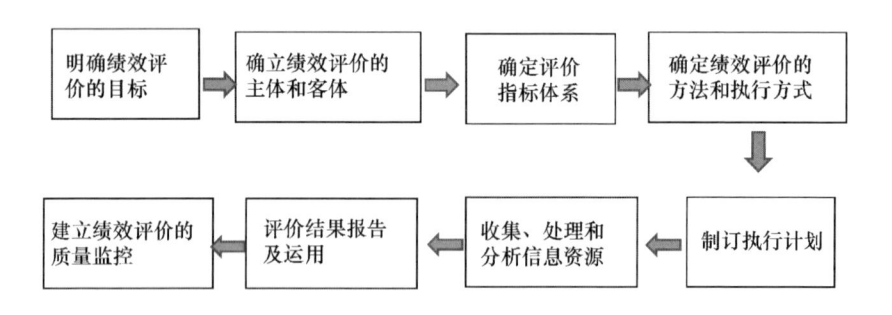

图4-9　教育资源绩效评价实施运用基本程序

为体现高等教育评价的特点和规律，为强化评价的多元共建和价值协商，地方高校在教育资源内部配置绩效评价中，依据第四代评价理论，要注重评价范式的转变，要坚持"举证"与"审计"结合的评价方式，在对评价原则、评价指标体系、评价标准达成共识的基础上，协商评价的程序与步骤，然后按照评价指标体系的要求，被评价院系就相关资源使用绩效情况进行自评和举证，评价主体与评价客体共同形成现场"审计"的工作组，就院系各项指标的举证情况进行审计，确保评价过程的公开、透明、参与和协商。评价过程中，信息资料收集和处理的每一个关键环节都要征求院系的理解与认同。评价主体在参与评价的过程中要从管理者、专家的角色转变为合作者的角色，不仅要扮演整个评价过程顺利进行的治理者，也要以共享相互责任的态度参与到评价当中；不仅要听取学校领导、评价专家的意见，还要听取教师、学生，尤其是学生的意见；不仅要听取校内人士的意见，还要听取社会相关人士的意见。评价主体通过充分关注影响评价的关键因素，采取有效措施，使评价参与者朝着共同期望的评价结果进行沟通。信息资料的收集要充分重视定量统计，也要重视定性描述。信息收集和处理过程要确保利益相关者的深入参与，通过辨析、描述"主张""担心"和"争议"，在展开讨论并充分协商的基础上达成基本共识，在此基础上，采取基于逻辑的行动。

同时，教育资源绩效评价要注意绩效信息的收集。绩效信息是提供绩效评价的事实依据，也是提供绩效改进的事实依据。客观公正的资源绩效评价来自信息收集，地方高校教育资源绩效评价涉及大量信息的浓缩和分析，是建立在大量信息汇集基础上的过程。在整个绩效评价的闭环中，评价者还应注意绩效评价过程中持续不断的信息收集。一方面，评价者要持续不断的收集绩效信息，特别是地方高校不同院系使用资源获得教学科研成果的关键事件；另一方面，通过收集信息，在不同院系开展多元协商共建，以达到诊断、改进资源配置绩效的目标。

第五章　Q大学教育资源内部配置绩效评价实证研究

在构建地方高校教育资源内部配置绩效评价体系的基础上，运用DEA评价方法以Q大学原始数据为基础进行实证研究，对本书所构建的评价体系进行实证研究，进而得出资源配置绩效评价结论，检验评价指标体系，分析影响绩效高低的关键因素，为地方高校教育资源内部配置绩效评价提供决策参考依据。

具体来说，实证研究的目的在于对评价体系特别是评价指标体系进行检验，通过揭示Q大学资源配置绩效状况，实证检验所设计的地方高校教育资源绩效评价体系是否可行、是否科学以及是否具有操作性，从而进一步改进和完善评价体系。实证研究的另外一个目的是与现状调查互相验证，本章是通过评价结果与第二章现状调查情况互相印证。实证研究的内容是评价Q大学2018年至2020年三年教育资源配置绩效情况，以一手资料的获取为前提，运用DEA评价方法的CCR、BCC、Malmquist三种模型，对Q大学教育资源内部配置绩效情况进行实证分析。

第一节　Q大学教育资源内部配置绩效评价

依据本书确立的地方高校教育资源内部配置绩效评价体系，对Q大学开展绩效评价。评价过程的实施包括以下方面：一是要确立评价的目标，即揭示Q大学教育资源内部配置绩效状况，对配置结果进行分析，为改进资源配置提供决策参考，进而提高 Q 大学的资源配置绩效。二是明确评价的主体、客体和内容。部分评价是通过收集数据，部分评价是邀请利益相关者进行打分。评价的主体包含 Q 大学校领导、职能部门负责人、被评价院系负责人、教育专家和学者、被评价院系教师代表、被评价院系学生代表等，其中参与附件 3 问卷评价的上述人员有 402 人。评价客体是 19 个学院，评价内容是教育资源投入和教育活动产出。三是确立评价指标体系和评价方法。依据地方高校教育资源绩效评价的指标体系和评价方法开展对 Q 大学评价。四是确立执行程序。开展评价前制定评价的实施方案和计划，收集、处理和分析信息资料。五是评价结果与运用。对评价情况建立警示、有偿使用等结果运用。限于研究篇幅限制，部分详细实施过程略去。

依据静态评价与动态评价相结合的原则，研究选取三年作为一个考察窗口期，鉴于高校产出存在滞后性特点，2021 年的部分产出可能会在 2022 年或更长时间呈现，因此，选取院系评价时间为 2018 年至 2020 年。

一 2018 年教育资源内部配置绩效评价

（一）2018 年各学院教育资源投入情况

依据评价体系，根据 Q 大学人事部门、财务部门、国有资产部门提供数据，经整理，2018 年各学院人力资源、财力资源、物力资源投入见表 5 - 1、表 5 - 2、表 5 - 3。

表 5 - 1　　　　2018 年 Q 大学各学院人力资源投入统计

项目 学院	总人数（人）	正高（人）	副高（人）	中级（人）	初级（人）	博士（人）	折算标准数
教育学部	80	15	25	36	4	27	106.7
法学社会学学院	81	18	30	31	2	39	113.6
文学院	77	13	33	30	1	33	106.3

续表

项目\学院	总人数（人）	正高（人）	副高（人）	中级（人）	初级（人）	博士（人）	折算标准数
历史与行政学院	62	7	16	34	5	39	76
外国语学院	146	12	33	94	7	19	173.1
经济管理学院	85	9	37	36	3	32	111.9
泛亚商学院	32	6	7	18	1	17	41.3
马克思主义学院	53	8	22	21	2	23	71.6
传媒学院	62	9	13	37	3	17	76.9
音乐舞蹈学院	85	8	27	36	14	7	103.7
美术学院	63	7	13	34	9	6	74.7
体育学院	105	11	37	46	11	8	132.3
数学学院	76	14	29	27	6	36	103.3
物理电信学院	77	11	30	31	5	37	102
化学化工学院	66	17	25	20	4	40	94.7
生命科学学院	78	19	24	29	6	37	107.8
信息学院	99	8	34	54	3	29	123.4
地理学部	100	18	29	47	6	42	131.3
能源环境学院	63	18	20	23	2	34	90.6

注：教职工数量包括自然数量和折算数值，折算根据是职称，折算标准为正高2、副高1.5、中级1、初级0.8、其他0.8。数据来源于Q大学2018年年鉴和职能部门数据。

表 5-2　　　　　　2018 年 Q 大学各学院财力资源投入　　　单位：万元

项目 学院	人员经费	教学业务费	校内科研费	学科建设费	合计
教育学部	595.61	100.90	10.00	5.00	711.51
法学社会学学院	538.42	84.95	30.00	160.00	813.37
文学院	576.94	69.76	20.29	160.00	826.99
历史与行政学院	428.22	54.94	90.00	320.00	893.16
外国语学院	754.29	109.67	20.00	0	883.96
经济管理学院	620.41	135.22	20.00	54.00	829.63
泛亚商学院	192.58	233.44	10.00	0	436.02
马克思主义学院	321.10	54.53	20.00	160.00	555.63
传媒学院	504.98	87.35	23.94	160.00	776.27
音乐舞蹈学院	533.56	146.07	10.00	80.00	769.63
美术学院	496.94	91.44	10.00	80.00	678.38
体育学院	754.96	160.20	15.00	18.00	948.16
数学学院	547.53	104.79	60.00	0	712.32
物理电信学院	486.26	75.07	40.00	400.00	1001.33
化学化工学院	511.08	71.40	80.00	100.00	762.48
生命科学学院	522.50	72.42	70.00	300.00	964.92
信息学院	709.47	85.54	41.49	200.00	1036.50
地理学部	625.84	75.29	80.00	0	781.13
能源环境学院	476.89	28.54	36.65	93.00	635.08

注：1. 数据来源有财务系统数据、学院审计报告以及学院提供数据。2. 校内科研经费为学校内部实际提供给学院使用的校内配套科研经费，非校外竞争性获得经费，目的是鼓励地方高校通过科研竞争获得校外资源，科学界定投入产出。3. 部分学院学科建设经费学校投入为零，是因为该学院已经获得校外学科建设经费支撑。

表 5-3　　　　2018 年 Q 大学各学院物力资源投入统计

项目 学院	公用房投入			固定资产年折旧 （万元）	物力资源总投入 （万元）
	公房面积 （平方米）	折算单价 （元/平方米）	折算金额 （万元）		
教育学部	8422	131.5	110.74	57.51	168.26
法学社会学学院	3512	131.5	46.18	25.09	71.28
文学院	2512	131.5	33.03	21.33	54.36
历史与行政学院	3101	131.5	40.77	18.44	59.21
外国语学院	6305	131.5	82.91	38.19	121.11
经济管理学院	3510	131.5	46.15	52.62	98.77
泛亚商学院	3511	168.3	59.09	11.12	70.21
马克思主义学院	1241	131.5	16.31	12.88	29.20
传媒学院	4450	131.5	58.51	121.46	179.98
音乐舞蹈学院	6899	131.5	90.72	80.08	170.81
美术学院	7510	131.5	98.75	52.06	150.82
体育学院	3745	131.5	49.24	101.39	150.64
数学学院	8189	131.5	107.68	64.42	172.11
物理电信学院	15886	131.5	208.90	613.51	822.41
化学化工学院	15221	131.5	200.15	385.34	585.50
生命科学学院	18789	131.5	247.07	571.29	818.36
信息学院	9654	131.5	126.95	194.54	321.49
地理学部	10332	131.5	135.86	403.26	539.12
能源环境学院	10566	131.5	138.94	650.30	789.24

注：1. 公房面积为建筑面积，折算单价为第三方资产评估公司年度市场评估价。2. 固定资产依据其使用年限按照直线折旧法计提年度折旧额，精准反映院系年度固定资产消耗额。

（二）2018 年各学院教育活动产出情况

依据评价体系，根据 Q 大学学生、教务、科研等部门提供数据，经整理 2018 年各学院教育活动产出见表 5-4 至表 5-8。

表5-4　2018年Q大学各学院教育资源产出——人才培养统计

项目\学院	学生折算数	教学成果奖	学生竞赛奖	论文质量	本科就业率	考研率
教育学部	2022.0	300	706	360	90.12	6.42
法学社会学学院	1869.0	60	620	290	91.36	11.11
文学院	2173.0	60	533	290	90.00	6.75
历史与行政学院	1590.0	60	540	270	82.46	13.00
外国语学院	2440.5	100	430	260	86.24	8.50
经济管理学院	2305.0	60	586	230	94.47	5.30
泛亚商学院	952.0	0	230	180	97.74	6.00
马克思主义学院	72.0	100	375	190	86.67	7.82
传媒学院	1852.0	60	658	210	90.07	7.69
音乐舞蹈学院	1610.5	60	658	80	99.13	5.10
美术学院	1291.0	0	726	110	98.47	5.00
体育学院	1963.5	0	964	60	78.22	2.90
数学学院	1798.5	100	628	210	87.20	5.91
物理电信学院	1579.5	0	644	220	96.62	7.40
化学化工学院	1456.0	100	520	240	87.05	5.90
生命科学学院	1482.5	100	510	268	92.86	8.93
信息学院	1449.5	60	580	200	87.38	7.89
地理学部	2181.5	500	592	420	91.91	9.93
能源环境学院	744.0	300	608	380	97.60	36.00

注：1. 学生折算数 = 普通本专科在校生数 + 硕士研究生在校生数×1.5 + 博士研究生在校生数×2。2. 教学质量选取年度教学考核情况。3. 论文质量为高质量论文（核心期刊）折算分值。4. 学生就业质量通过本科生一次性就业率来考察。5. 就业率、考研率为百分比，考研率应届本科生考研录取率。6. 学生代表性成果为学生年度之内获得国家级、省部级以上奖项折算分值。7. 教学成果奖为国家级和省部级、校级教学成果奖折合分值。8. 数据来源有Q大学2018年年鉴及相关部门、学院数据。

因数据量纲不同，采用离差标准化进行无量纲处理，即 0-1 标准化处理。先找出每个指标的最大值和最小值，这两者之差称为极差，然后以每个指标实际值 x_i 减去该指标的最小值，再除以极差，就得到正规化评价值 y_i，公式如下。

$$y_i = \frac{x_i - x_{\min}}{x_{\max} - x_{\min}}$$

表 5-5　　2018 年 Q 大学各学院教育资源产出——
人才培养统计（标准化数据）

项目 学院	学生折算数	教学成果奖	学生竞赛奖	论文质量	本科就业率	考研率	折合分
教育学部	0.823	0.60	0.649	0.833	0.569	0.106	3.58
法学社会学学院	0.759	0.12	0.531	0.639	0.628	0.248	2.925
文学院	0.887	0.12	0.413	0.639	0.563	0.116	2.738
历史与行政学院	0.641	0.12	0.422	0.583	0.203	0.305	2.274
外国语学院	1.000	0.20	0.272	0.556	0.384	0.169	2.581
经济管理学院	0.943	0.12	0.485	0.472	0.777	0.072	2.869
泛亚商学院	0.372	0	0	0.333	0.934	0.093	1.732
马克思主义学院	0	0.2	0.198	0.361	0.404	0.148	1.311
传媒学院	0.752	0.12	0.583	0.417	0.567	0.145	2.584
音乐舞蹈学院	0.649	0.12	0.583	0.056	1.000	0.066	2.474
美术学院	0.515	0	0.676	0.139	0.968	0.063	2.361
体育学院	0.799	0	1.000	0	0	0	1.799
数学学院	0.729	0.20	0.542	0.417	0.429	0.091	2.408
物理电信学院	0.636	0	0.564	0.444	0.880	0.136	2.66
化学化工学院	0.584	0.20	0.395	0.5	0.422	0.091	2.192
生命科学学院	0.595	0.20	0.381	0.578	0.700	0.182	2.636
信息学院	0.581	0.12	0.477	0.389	0.438	0.151	2.156
地理学部	0.891	1.00	0.493	1.000	0.654	0.212	4.250
能源环境学院	0.284	0.60	0.515	0.889	0.927	1	4.215

表5-6　2018年Q大学各学院教育资源产出——科学研究统计

项目 学院	科研项目	著作质量	论文质量	科研获奖	产权与专利	新增平台	折合分值
教育学部	220	264	510	386	0	0	1380
法学社会学学院	168	328	480	328	0	0	1304
文学院	252	336	460	180	0	0	1228
历史与行政学院	548	420	440	224	0	0	1632
外国语学院	336	280	120	284	0	0	1020
经济管理学院	150	268	310	310	0	0	1038
泛亚商学院	126	276	260	210	0	0	872
马克思主义学院	136	264	140	240	0	100	880
传媒学院	124	276	110	0	0	300	810
音乐舞蹈学院	96	244	120	340	0	0	800
美术学院	108	312	180	410	240	300	1550
体育学院	164	128	140	480	0	0	912
数学学院	252	164	450	324	0	0	1190
物理电信学院	288	80	380	280	140	0	1168
化学化工学院	424	96	620	140	0	0	1280
生命科学学院	462	106	380	240	180	200	1568
信息学院	428	288	584	120	300	0	1720
地理学部	524	296	530	340	400	0	2090
能源环境学院	384	282	610	380	400	400	2456

注：1. 表中汇总数据为按科研考核折算后分值。2. 科研项目为纵向课题项目，包括国家级科研项目和省部级科研项目。3. 著作质量为各类专著情况。4. 论文质量包含北大核心期刊、CSSCI期刊、SCI期刊等为高质量论文。5. 科研获奖为省部级以上获奖情况。6. 历史与行政学院2018年新增国家重大招标项目1项。

资料来源：Q大学2018年年鉴及科研部门数据。

表 5-7　2018 年 Q 大学各学院教育资源产出——服务社会统计

单位：万元

项目 学院	专利、技术转让收入	横向课题经费	合计	备注
教育学部	3.30	9.00	12.30	
法学社会学学院	2.80	18.00	20.80	
文学院	0	0	0	
历史与行政学院	0	0	0	
外国语学院	0.60	0	0.60	
经济管理学院	3.80	20.00	23.80	
泛亚商学院	4.60	14.00	18.60	
马克思主义学院	1.10	1.00	2.10	
传媒学院	4.40	0	4.40	
音乐舞蹈学院	5.60	0	5.60	
美术学院	4.80	12.00	16.80	
体育学院	3.60	0	3.60	
数学学院	1.30	0	1.30	
物理电信学院	6.40	8.80	15.20	
化学化工学院	5.80	0	5.80	
生命科学学院	9.50	0	9.50	酿酒技术
信息学院	6.60	0	6.60	
地理学部	35.00	38.63	73.63	脱贫评估
能源环境学院	27.00	36.22	63.22	太阳能质检

资料来源：Q 大学 2018 年年鉴及学院及职能部门数据。

表 5-8　2018 年 Q 大学各学院教育资源产出——学科建设成效

项目 学院	国家学科评估报告中二级指标平均得分	专家年度打分	学科建设得分
教育学部	72.8	74	73.4
法学社会学学院	68.4	69	68.7
文学院	71.2	72	71.6
历史与行政学院	69.8	70	69.9
外国语学院	65.8	73	69.4
经济管理学院	68.8	69	68.9
泛亚商学院	63.2	65	64.1
马克思主义学院	72.2	70	71.1
传媒学院	63.4	64	63.7
音乐舞蹈学院	67.8	68	67.9
美术学院	63.6	64	63.8
体育学院	74.6	71	72.8
数学学院	70.6	68	69.3
物理电信学院	67.2	65	66.1
化学化工学院	68.2	66	67.1
生命科学学院	68.2	69	68.6
信息学院	67.8	63	65.4
地理学部	78.6	81	79.8
能源环境学院	74.6	76	75.3

资料来源：Q 大学参与全国第四轮学科评估分析报告。

依据评价体系，Q 大学专家、职能管理部门负责人、19 个学院领导班子成员、师生代表共计 402 人作为评价的主体，作为评价者共同参与评价过程，共同为 Q 大学各学院目标达成与发展能力进行评价。

表 5-9 2018 年 Q 大学各学院目标达成与发展能力专家及学院打分统计

项目 学院	目标达成					高质量发展能力		折合分
	立德树人	质量保障	师资队伍	社会贡献声誉	自我评定	成果生产力	外部竞争力	
教育学部	89.6	90.5	92.1	91.1	88	87.8	87.4	626.5
法学社会学学院	75.8	88.2	84.2	86.1	89	84.4	85.4	593.1
文学院	80.1	86.8	90.3	87.4	88	85.4	82.7	600.7
历史与行政学院	83.6	88.2	88.6	76.2	91	82.6	80.4	590.6
外国语学院	73.3	78.4	74.1	71.4	87	83.7	79.8	547.7
经济管理学院	74.1	79.8	75.3	75.8	86	81.1	83.4	555.5
泛亚商学院	71.5	76.2	78.1	77.1	89	75.6	78.4	545.9
马克思主义学院	82.4	80.4	74.5	74.8	88	76.8	79.6	556.5
传媒学院	78.4	76.8	72.4	75.2	84	78.3	78.9	544.0
音乐舞蹈学院	76.9	76.4	74.3	78.9	86	80.4	79.4	552.3
美术学院	79.8	77.2	72.4	76.8	87	81.3	78.2	552.7
体育学院	77.6	74.2	73.6	78.1	88	82.7	82.1	556.3
数学学院	82.5	80.6	78.8	80.1	86	81.1	80.3	569.4
物理电信学院	80.4	83.5	74.0	81.5	81	79.2	78.7	558.3
化学化工学院	83.1	85.1	80.2	80.4	89	81.4	81.7	580.9
生命科学学院	80.4	86.4	81.4	83.6	87	81.6	82.0	582.4
信息学院	79.8	78.1	78.6	76.2	81	78.1	77.9	549.7
地理学部	89.4	92.4	93.4	93.6	93	91.2	94.7	647.9
能源环境学院	90.6	91.7	90.2	92.7	89	90.4	93.8	638.4

注：向评价主体发放各学院目标达成与发展能力测评表，打分采取百分制，经统计求平均值。

(三) 2018 年 Q 大学教育资源内部配置绩效情况

DEA 关于对 DMU 个数选取方面，通常认为，样本越大，研究结果的代表性就越高，也就是说，假如 DMU 个数太少，会产生效率值高估的问题。根据法则，DMU 样本数至少是投入变量和产出变量个数和的两倍以上，才能得到令人满意的结果，因此，对三级指标、二级指标进行折算或标准化处理，通过折算后的一级指标来进行 DEA 评价。

表 5-10 2018 年 Q 大学各学院教育资源投入与产出一级指标值

项目 学院	资源投入			教育产出				
	人力资源	财力资源	物力资源	人才培养	科学研究	服务社会	学科建设	目标达成等
教育学部	106.7	711.51	168.26	3.580	1380	12.30	73.4	626.5
法学社会学学院	113.6	813.37	71.28	2.925	1304	20.80	68.7	593.1
文学院	106.3	826.99	54.36	2.738	1228	0	71.6	600.7
历史与行政学院	76.0	893.16	59.21	2.274	1632	0	69.9	590.6
外国语学院	173.1	883.96	121.11	2.581	1020	0.60	69.4	547.7
经济管理学院	111.9	829.63	98.77	2.869	1038	23.80	68.9	555.5
泛亚商学院	41.3	436.02	70.21	1.732	872	18.60	64.1	545.9
马克思主义学院	71.6	555.63	29.20	1.311	880	2.10	71.1	556.5
传媒学院	76.9	776.27	179.98	2.584	810	4.40	63.7	544.0
音乐舞蹈学院	103.7	769.63	170.81	2.474	800	5.60	67.9	552.3
美术学院	74.7	678.38	150.82	2.361	1550	16.80	63.8	552.7
体育学院	132.3	948.16	150.64	1.799	912	3.60	72.8	556.3
数学学院	103.3	712.32	172.11	2.408	1190	1.30	69.3	569.4
物理电信学院	102.0	1001.33	822.41	2.660	1168	15.20	66.1	558.3
化学化工学院	94.7	762.48	585.50	2.192	1280	5.80	67.1	580.9
生命科学学院	107.8	964.92	818.36	2.636	1568	9.50	68.6	582.4
信息学院	123.4	1036.50	321.49	2.156	1720	6.60	65.4	549.7
地理学部	131.3	781.13	539.12	4.250	2090	73.63	79.8	647.9
能源环境学院	90.6	635.08	789.24	4.215	2456	63.22	75.3	638.4

2018年投入产出数据使用DEAP Version 2.1软件进行分析。因研究主题是高校内部资源配置,关注投入要素的组合与使用情况,因此计算投入导向的效率值(假定产出不变,如何优化投入)。

首先使用CCR模型计算其总的技术效率,然后使用BCC模型考察其纯技术效率。Crste是不考虑规模收益时的技术效率(综合效率),采用多阶段方法计算松弛。

表5-11　　2018各单位教育资源综合绩效评价结果

单位	技术效率	单位	技术效率
教育学部	1.000	美术学院	1.000
法学社会学学院	1.000	体育学院	0.524
文学院	1.000	数学学院	0.788
历史与行政学院	1.000	物理电信学院	0.595
外国语学院	0.745	化学化工学院	0.649
经济管理学院	0.932	生命科学学院	0.583
泛亚商学院	1.000	信息学院	0.685
马克思主义学院	1.000	地理学部	1.000
传媒学院	0.817	能源环境学院	1.000
音乐舞蹈学院	0.713	平均值	0.844

注:crste是不考虑规模收益时的技术效率(综合效率)。

技术效率有效性是指决策单元在现有规模下,投入指标是否得到最有效利用,产出是否达到有效生产值前沿。技术效率用来衡量基于投入导向条件下高校教育资源投入是否存在冗余。技术效率值越接近1,说明资源配置越有效。

总体结果分析表明,在固定规模报酬下,19个学院综合绩效评价中,有9个决策单元的DEA值为1,即有9个学院投入产出是有效的,投入人、财、物资源要素之间的比例关系良好,协同度高,投入要素得到了有效运用，处于最有效的资源配置状态。但有 10 个学院的产出效率还不足，一半以上的学院还未达到最优的资源使用绩效，最低值为体育学院 0.524。Q 大学各学院平均综合效率值为 0.844。从文理科来看，9 个有效决策单元中，文科占 7 个，理科占 2 个，这与理科学院普遍需要仪器设备、实验用房有一定原因，但与 Q 大学是一所以文科见长的学校的情况相符。

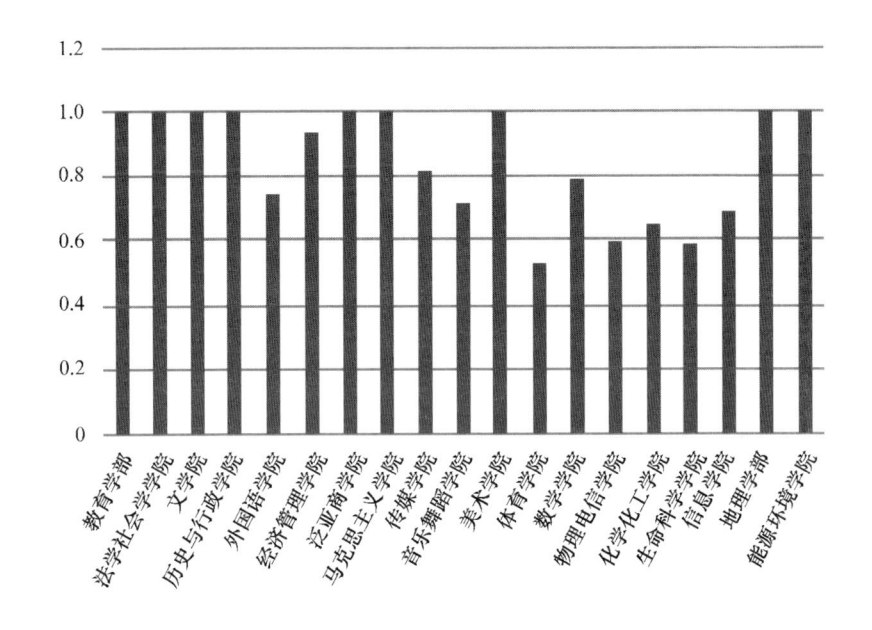

图 5-1　2018 年各单位技术绩效柱状

利用 DEAP 输出结果，对学院松弛变量进行分析。上述资源使用有效的 9 个学院松弛变量都为 0，资源配置相对有效，表示该决策单元落在效率前沿上，其投入与产出均达到最优配置。在未达到有效的 10 个学院中，资源配置未达到最优。通过投入松弛测度分析，考察投入指标的松弛变量取值，即原模型中的 s 值，从而得出：外国语学院人力资源冗余 43.83（人力资源标准值，下同），经济管理学院人力资源冗余 7.32，音乐舞蹈学院人力资源冗余 5.72，体育学院人力资源冗余 21.90 万元，数学学院人力资源冗余 16.74 万元，物理电信学院财力资源冗余 93.22 万元，物力资源冗余 113.05 万元，化学化工学院人力资源冗余 7.11 万元，财力资源冗余 131.78 万元，生命科学学院财力资源冗余 41.53 万元，物力资源冗余 88.72 万元，信息学院人力资源冗余 4.36 万元。上述 10 个学院可以通过松弛变量情况做出投入产出变量的调整，以达到最有效率的资源配置状态。

在规模报酬可变的情况下，使用 BCC 模型考察技术效率情况如表 5-12。

表 5-12　2018 年各单位教育资源综合绩效、纯技术效率、规模效率评价结果

单位	技术效率	纯技术效率	规模效率	
教育学部	1.000	1.000	1.000	—
法学社会学学院	1.000	1.000	1.000	—
文学院	1.000	1.000	1.000	—
历史与行政学院	1.000	1.000	1.000	—
外国语学院	0.735	0.739	0.994	drs
经济管理学院	0.914	0.998	0.916	drs
泛亚商学院	1.000	1.000	1.000	—
马克思主义学院	1.000	1.000	1.000	—
传媒学院	0.798	0.889	0.898	drs
音乐舞蹈学院	0.706	0.708	0.997	drs
美术学院	1.000	1.000	1.000	—
体育学院	0.524	0.835	0.627	drs
数学学院	0.788	0.821	0.960	drs
物理电信学院	0.583	0.585	0.995	irs
化学化工学院	0.649	0.671	0.967	drs

续表

单位	技术效率	纯技术效率	规模效率	
生命科学学院	0.583	0.584	0.998	irs
信息学院	0.685	0.708	0.969	drs
地理学部	1.000	1.000	1.000	—
能源环境学院	1.000	1.000	1.000	—

注：其中，crste 是不考虑规模收益时的技术效率（综合效率）；vrste 是考虑规模收益时的技术效率（纯技术效率）；scale 是考虑规模收益时的规模效率（规模效率），纯技术效率和规模效率是对综合效率的细分；最后一列 irs，-，drs，分别表示规模收益递增、不变、递减。

纯技术效率表示获得最大产出时的最小投入，用来测量对学院的投入要素组合是否能达到最优，即在规模报酬可变的情况下用来反映高校院系的教育资源绩效水平是否符合整体发展水平，以及是否在人才培养、科学研究、服务社会等方面发挥出最大的社会效益和经济效益。纯技术效率反映高校教育资源配置及管理水平的优良程度，其值越高越接近 1，表明教育资源投入纯技术效率越有效，即高校投入资源配置越有效率。从表 5-12 中得出，9 个学院纯技术效率为 1，资源使用效率高，不存在教育资源浪费现象，与技术效率一致。但 10 个学院的纯技术效率值低于 1，最低者为生命科学学院。且 10 个非有效学院中，理科学院 5 家，占理科学院的 71.4%，文科学院 5 家，占文科学院的 41.7%。

规模效率是指高校实施教育资源配置后考察院系的投入与产出之间是否达到最佳状态，即在人力资源、物力资源、财力资源三个方面通过优化配置对教育绩效产出产生的影响。规模效率是用来表明院系教育资源所处状态是否达到最优投入规模。若规模效率值等于 1 时，表明输入冗余量和输出不足量均为零，该决策单元处于规模报酬最优状态。规模效率值越接近于 1，表明决策单元教育资源投入产出效率越高，当规模效率值小于 1，则决策单元规模报酬处于递增或递减状态。从表 5-12 中得出，教育学部、法学社会学学院等 9 个学院规模效率值为 1，规模处于最佳的范围，无需增大规模，也无需减小规模。10 个学院的规模效率值低于 1，为规模无效，未达到最优投入规模。其中，外国语学院、经济管理学院、传媒学院、体育学院等 8 个学院的规模效率呈现递减状态，需要调整投入规模，调整对其资源配置，需要相应减少投入。生命科学学院、物理电信学院两个学院呈现递增状态，应相应增加投入，已获得更高的教育产出绩效。

二 2019 年教育资源内部配置绩效评价

（一）2019 年各学院教育资源投入情况

依据评价体系，根据 Q 大学人事部门、财务部门、国有资产部门提供数据，经整理，2019 年各学院人力资源、财力资源、物力资源投入见表 5-13、表 5-14、表 5-15。

表 5-13　　2019 年 Q 大学各学院人力资源投入统计

项目 学院	总人数（人）	正高（人）	副高（人）	中级（人）	初级（人）	博士（人）	折算标准数
教育学部	98	20	33	43	2	38	134.1
法学社会学学院	79	21	29	26	3	42	113.9
文学院	74	12	32	29	1	34	101.8
历史与行政学院	63	10	19	30	4	41	81.7
外国语学院	149	12	37	96	4	23	178.7
经济管理学院	90	11	36	39	4	35	118.2
泛亚商学院	32	7	8	14	3	19	42.4
马克思主义学院	58	10	25	19	4	30	79.7
传媒学院	64	12	11	39	2	19	81.1
音乐舞蹈学院	86	8	31	33	14	7	106.7
美术学院	62	7	15	36	4	8	75.7

续表

项目\学院	总人数（人）	正高（人）	副高（人）	中级（人）	初级（人）	博士（人）	折算标准数
体育学院	99	12	34	43	10	8	126.0
数学学院	76	16	28	25	7	39	104.6
物理电信学院	75	12	31	31	1	38	102.3
化学化工学院	66	20	24	18	4	39	97.2
生命科学学院	77	22	23	28	4	41	109.7
信息学院	90	9	35	44	2	29	116.1
地理学部	96	20	29	41	6	43	129.3
能源环境学院	65	23	17	20	5	39	95.5

资料来源：Q大学人事部门。教职工数量包括自然数量和折算数值，折算根据是职称，折算标准为：正高2、副高1.5、中级1、初级0.8、其他0.8。

表5-14　　　　2019年Q大学各学院财力资源投入　　　　单位：万元

项目\学院	人员经费	教学业务费	校内科研费	学科建设费	合计
教育学部	859.41	103.05	20.00	0	982.46
法学社会学学院	676.55	67.86	30.00	50.00	824.41
文学院	718.74	66.29	30.00	80.00	895.03
历史与行政学院	658.93	56.21	30.00	300.00	1045.14
外国语学院	923.99	118.76	20.00	50.00	1112.75
经济管理学院	666.04	129.84	20.00	50.00	865.88
泛亚商学院	451.98	173.00	10.00	0	634.98
马克思主义学院	432.74	56.66	20.00	140.00	649.40
传媒学院	512.69	145.26	23.00	80.00	760.95
音乐舞蹈学院	611.07	130.86	10.00	35.00	786.93

续表

项目\学院	人员经费	教学业务费	校内科研费	学科建设费	合计
美术学院	576.99	97.38	10.00	40.00	724.37
体育学院	838.03	161.49	15.00	18.85	1033.37
数学学院	689.44	100.39	30.00	0	819.83
物理电信学院	711.37	81.43	40.00	0	832.80
化学化工学院	648.56	71.29	60.00	60.00	839.85
生命科学学院	739.82	71.16	70.00	188.00	1068.98
信息学院	898.33	93.44	26.60	250.00	1268.37
地理学部	865.61	78.01	80.00	0	1023.62
能源环境学院	568.48	35.37	70.00	393.00	1066.85

注：部分学院学科建设经费学校投入为零，是因为该学院已经在获得了校外学科建设经费支撑。

资料来源：财务系统数据和学院审计报告。

表5-15　2019年Q大学各学院物力资源投入统计

项目\学院	公用房投入			固定资产年折旧（万元）	物力资源总投入（万元）
	公房面积（平方米）	折算单价（元/平方米）	折算金额（万元）		
教育学部	8422	134.0	112.85	60.02	172.88
法学社会学学院	3420	134.0	45.82	28.74	74.57
文学院	2512	134.0	33.66	21.91	55.57
历史与行政学院	3101	134.0	41.55	29.57	71.13
外国语学院	6305	134.0	84.48	40.69	125.18
经济管理学院	3510	134.0	47.03	54.49	101.52
泛亚商学院	3511	155.3	54.52	33.95	88.47

续表

项目\学院	公用房投入			固定资产年折旧（万元）	物力资源总投入（万元）
	公房面积（平方米）	折算单价（元/平方米）	折算金额（万元）		
马克思主义学院	1289	134.0	17.27	23.23	40.50
传媒学院	4450	134.0	59.63	126.35	185.98
音乐舞蹈学院	6899	134.0	92.44	82.06	174.51
美术学院	7510	134.0	100.63	62.17	162.81
体育学院	3745	134.0	50.18	109.97	160.15
数学学院	8189	134.0	109.73	66.64	176.37
物理电信学院	15886	134.0	212.87	68.78	281.66
化学化工学院	15221	134.0	203.96	399.29	603.25
生命科学学院	18789	134.0	251.77	646.33	898.10
信息学院	9654	134.0	129.36	231.99	361.36
地理学部	10332	134.0	138.44	490.53	628.98
能源环境学院	9876	134.0	132.33	731.57	863.91

注：1. 公房面积为建筑面积，折算单价为第三方资产评估公司年度市场评估价。

2. 固定资产依据其使用年限按照直线折旧法计提年度折旧额，精准反映院系年度固定资产消耗额。

（二）2019年各学院教育活动产出情况

依据评价体系，根据 Q 大学学生、教务、科研等部门提供的数据，经整理，2019 年各学院教育活动产出见表 5-16 至表 5-20。

表 5-16　　2019 年 Q 大学各学院教育资源产出——
人才培养统计（标准化后数据）

项目 学院	学生折算数	教学成果奖	学生竞赛奖	论文质量	本科就业率	考研率	折合分
教育学部	0.860	0.666	0.681	0.717	0.805	0.160	3.889
法学社会学学院	0.780	0	0.244	0.574	0.619	0.193	2.410
文学院	0.900	0	0.426	0.693	0.594	0.176	2.789
历史与行政学院	0.656	0	0.492	0.738	0.009	0.356	2.251
外国语学院	1.000	0.333	0.234	0.574	0.116	0.244	2.501
经济管理学院	0.969	0.200	0.417	0.348	0.716	0.120	2.770
泛亚商学院	0.379	0	0.000	0.020	0.903	0.112	1.414
马克思主义学院	0	0.200	0.404	0.205	0.466	0.183	1.458
传媒学院	0.771	0	0.501	0.201	0.514	0.159	2.146
音乐舞蹈学院	0.671	0.200	0.512	0.000	1.000	0.101	2.484
美术学院	0.522	0	0.803	0.471	0.971	0.085	2.852
体育学院	0.811	0	1.000	0.061	0.000	0.000	1.872
数学学院	0.741	0	0.487	0.471	0.438	0.086	2.223
物理电信学院	0.643	0.200	0.528	0.561	0.795	0.171	2.898
化学化工学院	0.593	0.333	0.341	0.734	0.475	0.124	2.600
生命科学学院	0.601	1	0.328	0.980	0.808	0.263	3.980
信息学院	0.588	0.200	0.213	0.484	0.509	0.153	2.147
地理学部	0.905	0.533	0.525	1.000	0.666	0.262	3.891
能源环境学院	0.288	1	0.596	0.635	0.849	1.000	4.368

注：1. 学生折算数 = 普通本专科在校生数 + 硕士研究生在校生数 ×1.5 + 博士研究生在校生数 ×2。2. 教学质量选取年度教学考核情况。3. 论文质量为高质量论文（核心期刊）折算分值。4. 学生就业质量通过本科生一次性就业率来考查。5. 就业率、考研率为百分比，考研率应届本科生考研录取率。6. 学生代表性成果为学生年度之内获得国家级、省部级以上奖项折算分值。7. 教学成果奖为国家级和省部级、校级教学成果奖折合分值。8. 标准化方法同 2018 年。

资料来源：Q 大学 2019 年年鉴及相关部门、学院数据。

表5-17　2019年Q大学各学院教育资源产出——科学研究统计

项目\学院	科研项目	著作质量	论文质量	科研获奖	产权与专利	新增平台	折合分值
教育学部	340	280	610	398	0	100	1728
法学社会学学院	110	212	380	318	0	0	1020
文学院	320	324	440	280	0	0	1364
历史与行政学院	310	328	420	264	0	0	1322
外国语学院	350	260	220	274	0	0	1104
经济管理学院	210	280	270	320	140	0	1220
泛亚商学院	130	224	240	180	0	0	774
马克思主义学院	146	246	210	230	0	100	932
传媒学院	140	258	260	120	0	0	778
音乐舞蹈学院	100	210	220	240	0	0	770
美术学院	110	286	280	420	140	300	1536
体育学院	180	240	240	460	0	0	1120
数学学院	280	244	350	380	0	0	1254
物理电信学院	260	120	360	180	0	0	920
化学化工学院	350	140	420	120	0	0	1030
生命科学学院	420	114	580	440	400	400	2354
信息学院	310	186	384	130	200	0	1210
地理学部	480	280	560	360	200	0	1880
能源环境学院	390	260	510	340	400	100	2000

注：1. 表中汇总数据为按科研考核折算后分值。2. 科研项目为纵向课题项目，包括国家级科研项目和省部级科研项目。3. 著作质量为各类专著情况。4. 论文质量包含北大核心期刊、CSSCI期刊、SCI期刊等为高质量论文。5. 科研获奖为省部级以上获奖情况。

资料来源：Q大学2019年年鉴及科研部门数据。

表 5-18 2019 年 Q 大学各学院教育资源产出——服务社会统计

项目 学院	专利、技术转让收入（万元）	横向课题经费（万元）	合计（万元）	备注
教育学部	3.5	9.0	12.5	
法学社会学学院	1.2	3.0	4.2	
文学院	0	1.5	1.5	
历史与行政学院	0	0.5	0.5	
外国语学院	0.4	0	0.4	
经济管理学院	4.8	15.0	19.8	
泛亚商学院	3.6	5.0	8.6	
马克思主义学院	2.1	2.0	4.1	
传媒学院	3.4	0	3.4	
音乐舞蹈学院	4.6	3.0	7.6	
美术学院	5.8	8.0	13.8	
体育学院	4.6	0	4.6	
数学学院	2.3	0	2.3	
物理电信学院	4.4	5.0	9.4	
化学化工学院	6.8	0	6.8	
生命科学学院	45.5	30.0	75.5	生物转化
信息学院	5.6	3.0	8.6	
地理学部	35.0	25.0	60.0	脱贫评估
能源环境学院	30.0	24.0	54.0	太阳能质检

资料来源：Q 大学 2019 年年鉴、学院及职能部门数据。

表 5-19 2019 年 Q 大学各学院教育资源产出——学科建设成效

项目 学院	国家学科评估报告中 二级指标平均得分	专家年度打分	学科建设得分
教育学部	72.8	75	73.9
法学社会学学院	68.4	70	69.2
文学院	71.2	72	71.6
历史与行政学院	69.8	71	70.4
外国语学院	65.8	72	68.9
经济管理学院	68.8	70	69.4
泛亚商学院	63.2	64	63.6
马克思主义学院	72.2	71	71.6
传媒学院	63.4	65	64.2
音乐舞蹈学院	67.8	68	67.9
美术学院	63.6	65	64.3
体育学院	74.6	73	73.8
数学学院	70.6	71	70.8
物理电信学院	67.2	67	67.1
化学化工学院	68.2	65	66.6
生命科学学院	68.2	70	69.1
信息学院	67.8	66	66.9
地理学部	78.6	82	80.3
能源环境学院	74.6	75	74.8

注：学科建设得分为国家评估得分和专家年度打分的平均值。

资料来源：Q 大学参与全国第四轮学科评估分析报告。

表 5-20　　2019 年 Q 大学各学院目标达成与发展能力专家及学院打分统计

项目＼学院	目标达成					高质量发展能力		折合分
	立德树人	质量保障	师资队伍	社会贡献声誉	自我评定	成果生产力	外部竞争力	
教育学部	90.2	86.5	91.1	89.1	93	88.8	89.4	535.1
法学社会学学院	81.6	80.2	78.2	80.1	90	76.4	80.4	476.9
文学院	82.4	87.8	89.3	86.4	92	84.4	83.7	514.0
历史与行政学院	82.4	88.2	87.6	81.2	93	81.6	81.4	502.4
外国语学院	80.4	80.4	76.1	72.4	90	82.7	79.8	471.8
经济管理学院	81.6	81.8	74.3	76.8	90	81.1	83.4	479.0
泛亚商学院	75.8	79.2	77.1	74.1	91	78.6	75.4	460.2
马克思主义学院	80.4	85.4	81.5	73.8	92	82.8	79.9	483.8
传媒学院	75.2	76.8	73.4	74.2	90	76.3	76.9	452.8
音乐舞蹈学院	74.1	75.4	76.3	76.9	88	79.4	74.4	456.5
美术学院	78.6	77.2	74.4	73.8	89	80.3	76.2	460.5
体育学院	73.5	73.8	76.6	74.1	86	82.7	81.1	461.8
数学学院	84.6	82.6	82.8	81.1	90	80.1	80.3	491.5
物理电信学院	81.4	81.6	76.6	79.5	90	78.2	74.7	472.0
化学化工学院	84.9	82.1	82.2	81.4	91	82.4	80.7	493.7
生命科学学院	89.8	88.4	86.4	88.6	94	89.6	88.9	531.7
信息学院	80.6	79.1	79.6	74.2	87	79.1	74.9	467.5
地理学部	88.7	90.4	90.4	91.1	92	91.8	92.7	545.8
能源环境学院	91.6	91.3	89.2	90.7	90	90.1	90.3	543.2

注：向 Q 大学专家、职能管理部门负责人、19 个学院领导班子成员、师生代表共计 402 人发放各学院目标达成与发展能力测评表，打分采取百分制，经统计求平均值。

(三) 2019 年 Q 大学教育资源内部配置绩效情况

2019 年投入产出数据使用 DEAP Version 2.1 软件进行分析，投入导向的效率值（假定产出不变，如何优化投入）。首先使用 CCR 模型计算其总的技术效率，然后使用 BCC 模型考察其纯技术效率。

表 5-21　　2019 各单位教育资源综合绩效评价结果

单位	技术效率	单位	技术效率
教育学部	1.000	美术学院	1.000
法学社会学学院	0.953	体育学院	0.680
文学院	1.000	数学学院	0.870
历史与行政学院	1.000	物理电信学院	0.899
外国语学院	0.701	化学化工学院	0.885
经济管理学院	1.000	生命科学学院	1.000
泛亚商学院	1.000	信息学院	0.556
马克思主义学院	1.000	地理学部	1.000
传媒学院	0.875	能源环境学院	1.000
音乐舞蹈学院	0.911	平均值	0.912

注：crste 是不考虑规模收益时的技术效率（综合效率）。

通过测量总体结果的分析发现，在固定规模报酬下，2019 年 19 个学院综合绩效评价中，有 10 个决策单元的 DEA 值为 1，即有 10 个学院投入产出是有效的，比 2018 年提高 1 个。经济管理学院、马克思主义学院、生命科学学院提高了资源使用绩效，而法学与社会学学院较 2018 年降低了资源使用绩效。存在 9 个学院的产出效率还不足，最低值为信息学院 0.556。该大学各学院平均综合效率值为 0.912，较 2018 年提高 0.068。从文理科来看，9 个有效决策单元中，文科占 7 个，理科占 3 个，总体来说，文科学院绩效状况整体相对较好。

◈ 地方高校教育资源内部配置的绩效评价研究

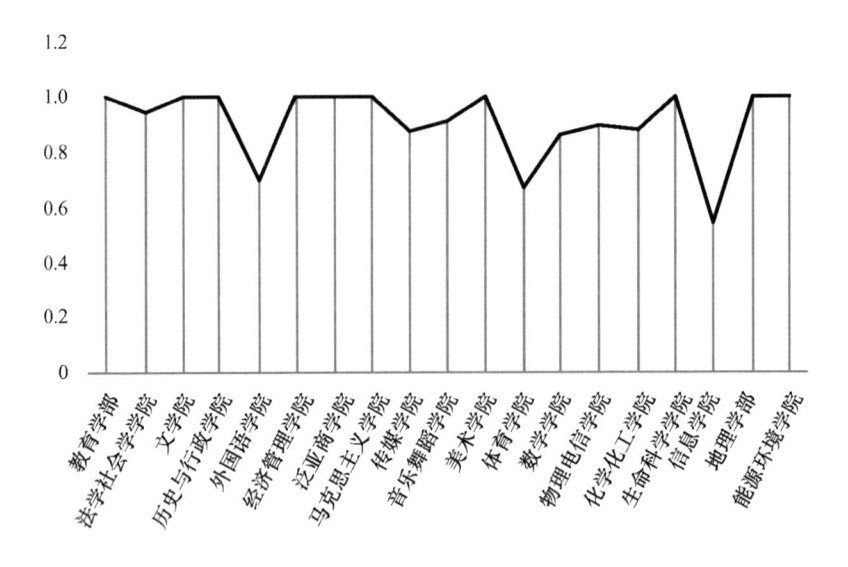

图 5-2 2019 年各单位技术绩效折线图

利用 DEAP 输出结果，对学院松弛变量进行分析。上述资源使用有效的 10 个学院松弛变量都为 0，资源配置相对有效。在未达到有效的 10 个学院中，通过投入松弛测度分析，考察投入指标的松弛变量取值，从而得出：法学与社会学学院人力资源冗余 18.90（人力资源标准值，下同），外国语学院人力资源冗余 37.45，传媒学院物力资源冗余 53.56 万元，音乐舞蹈学院人力资源冗余 18.64，物力资源冗余 30.24 万元，体育学院学院人力资源冗余 2.60，物力资源冗余 35.96 万元，数学学院人力资源冗余 10.15，物力资源冗余 49.44 万元，物理电信学院人力资源冗余 13.18，物力资源冗余 89.74 万元，化学化工学院人力资源冗余 4.82，物力资源冗余 398.25 万元，信息学院物力资源冗余 75.04 万元。上述 9 个学院可以通过松弛变量情况做出投入产出变量的调整，以达到最有效率的资源配置状态。针对上述部分学院存在投入冗余的状况，应及时对现有教育资源进行资产清理、统筹规划和有效使用，确保现有资源应用尽用，不能一味追求教育资源的多寡，而要将合适的教育资源充分利用，做到物尽其用、人尽其才。

在规模报酬可变的情况下，使用 BCC 模型考察技术效率情况见表 5-22。

表 5-22　2019 年各单位教育资源综合绩效、纯技术效率、规模效率评价结果

单位	技术效率	纯技术效率	规模效率	
教育学部	1.000	1.000	1.000	—
法学社会学学院	0.953	0.959	0.993	irs
文学院	1.000	1.000	1.000	—
历史与行政学院	1.000	1.000	1.000	—
外国语学院	0.701	0.702	0.998	irs
经济管理学院	1.000	1.000	1.000	—
泛亚商学院	1.000	1.000	1.000	—
马克思主义学院	1.000	1.000	1.000	—
传媒学院	0.875	0.895	0.978	irs
音乐舞蹈学院	0.911	0.919	0.990	drs
美术学院	1.000	1.000	1.000	—
体育学院	0.680	1.000	0.680	drs
数学学院	0.870	0.905	0.961	drs
物理电信学院	0.899	0.914	0.983	drs
化学化工学院	0.885	0.926	0.956	drs
生命科学学院	1.000	1.000	1.000	—
信息学院	0.556	0.577	0.962	drs
地理学部	1.000	1.000	1.000	—
能源环境学院	1.000	1.000	1.000	—

注：其中，crste 是不考虑规模收益时的技术效率（综合效率）；vrste 是考虑规模收益时的技术效率（纯技术效率）；scale 是考虑规模收益时的规模效率（规模效率），纯技术效率和规模效率是对综合效率的细分；最后一列 irs、—、drs，分别表示规模收益递增、不变、递减。

从表 5-22 中得出，11 个学院纯技术效率为 1，资源配置有效，不存在教育资源浪费现象，应稳定资源投入规模。仍有 8 个学院的纯技术效率值低于 1，应加大资源管理使用，提高资源产出绩效。

从规模效率来看，9 个学院的规模效率值低于 1，其中，信息学院、化学化工学院、音乐舞蹈学院、体育学院等 7 个学院的规模效率呈现递减状态，法学社会学学院、传媒学院、外国语学院 3 个学院呈现递增状态。针对部分学院的规模效益呈递减或处于波动状况的情况，还需要进一步优化资源配置，递减状态的学院应减少资源投入，递增状态的学院应增加资源投入，避免教育资源盲目投入或重复投入，减少资源浪费，确保教育资源物尽其用，做到精准配置，使有限资源向积极良好的方向发展。

三 2020 年教育资源内部配置绩效评价

（一）2020 年各学院教育资源投入情况

依据评价体系，根据 Q 大学人事部门、财务部门、国有资产部门提供的数据，经整理，2020 年各学院人力资源、财力资源、物力资源投入见表 5-23、表 5-24、表 5-25。

表 5-23　　2020 年 Q 大学各学院人力资源投入统计

项目 学院	总人数（人）	正高（人）	副高（人）	中级（人）	初级（人）	博士（人）	折算标准数
教育学部	116	23	42	45	6	47	158.8
法学社会学学院	54	11	18	16	9	25	72.2
文学院	86	17	32	30	7	44	117.6
历史与行政学院	58	10	18	27	3	38	76.4
外国语学院	152	13	40	89	10	25	183
经济管理学院	89	12	34	38	5	34	117
泛亚商学院	37	8	9	13	7	23	48.1

续表

项目\学院	总人数（人）	正高（人）	副高（人）	中级（人）	初级（人）	博士（人）	折算标准数
马克思主义学院	98	22	40	32	4	52	139.2
传媒学院	67	10	14	37	6	19	82.8
音乐舞蹈学院	85	9	31	33	12	7	107.1
美术学院	60	6	17	34	3	7	73.9
体育学院	97	13	30	40	14	9	122.2
数学学院	84	18	29	27	10	44	114.5
物理电信学院	75	11	30	27	7	39	99.6
化学化工学院	70	19	26	18	7	44	100.6
生命科学学院	79	24	20	29	6	43	111.8
信息学院	82	25	10	32	15	25	109
地理学部	111	23	39	43	6	56	152.3
能源环境学院	69	23	19	20	7	41	100.1

注：教职工数量包括自然数量和折算数值，折算根据是职称，折算标准为正高 2、副高 1.5、中级 1、初级 0.8、其他 0.8。

表 5-24　　　　2020 年 Q 大学各学院财力资源投入　　　　单位：万元

项目\学院	人员经费	教学业务费	校内科研费	学科建设费	合计
教育学部	1052.35	107.26	25	115	1299.61
法学社会学学院	572.50	67.91	10	100	750.41
文学院	768.39	92.10	100	115	1075.49
历史与行政学院	661.42	60.82	8	100	830.24
外国语学院	1092.37	87.96	0	15	1195.33

续表

项目 学院	人员经费	教学业务费	校内科研费	学科建设费	合计
经济管理学院	762.76	124.15	20	50	956.91
泛亚商学院	489.93	161.96	20	0	671.89
马克思主义学院	759.51	58.42	10	115	942.93
传媒学院	582.18	144.95	0	100	827.13
音乐舞蹈学院	620.82	113.31	0	50	784.13
美术学院	510.57	96.66	0	50	657.23
体育学院	815.29	169.67	10	15	1009.96
数学学院	668.40	96.57	20	115	899.97
物理电信学院	770.99	93.74	30	100	994.73
化学化工学院	712.92	75.37	30	115	933.29
生命科学学院	781.72	73.46	40	15	910.18
信息学院	891.01	101.64	20	50	1062.65
地理学部	1010.12	85.58	40	15	1150.70
能源环境学院	594.11	38.34	30	15	677.45

资料来源：财务系统数据和学院审计报告。

表 5-25　　2020 年 Q 大学各学院物力资源投入统计

项目 学院	公用房投入			固定资产年折旧 （万元）	物力资源总投入 （万元）
	公房面积 （平方米）	折算单价 （元/平方米）	折算金额 （万元）		
教育学部	10815	110	118.96	61.77	180.74
法学社会学学院	5026	110	55.28	36.53	91.81
文学院	3401	110	37.41	26.10	63.52

续表

项目\学院	公用房投入 公房面积（平方米）	公用房投入 折算单价（元/平方米）	公用房投入 折算金额（万元）	固定资产年折旧（万元）	物力资源总投入（万元）
历史与行政学院	4299	110	47.28	30.14	77.43
外国语学院	4062	110	44.68	46.35	91.03
经济管理学院	5658	110	62.23	63.14	125.37
泛亚商学院	3949	135	53.31	34.35	87.66
马克思主义学院	3647	110	40.11	24.44	64.55
传媒学院	6819	110	75.01	129.38	204.39
音乐舞蹈学院	11989	110	131.87	84.84	216.72
美术学院	11629	110	127.91	71.03	198.95
体育学院	5373	110	59.10	116.05	175.15
数学学院	11643	110	128.07	70.56	198.63
物理电信学院	21153	110	232.68	716.22	948.91
化学化工学院	17256	110	189.81	403.89	593.71
生命科学学院	21069	110	231.75	684.86	916.62
信息学院	13332	110	146.65	245.17	391.83
地理学部	14865	110	163.51	544.88	708.40
能源环境学院	16379	110	180.16	775.32	955.49

注：1. 公房面积为建筑面积，折算单价为第三方资产评估公司年度市场评估价。2. 固定资产依据其使用年限按照直线折旧法计提年度折旧额，精准反映院系年度固定资产消耗额。

（二）2020年各学院教育活动产出情况

依据评价体系，根据Q大学学生、教务、科研等部门提供数据，经整理2018年各学院教育活动产出见表5-26至表5-29。

表 5-26　2020 年 Q 大学各学院教育资源产出——人才培养统计（标准化数据）

项目 学院	学生折算数	教学成果奖	学生竞赛奖	论文质量	本科就业率	考研率	折合分
教育学部	0.876	0.556	0.579	0.799	0.572	0.325	3.707
法学社会学学院	0.817	0.000	0.315	0.342	0.000	0.323	1.797
文学院	0.914	1.000	0.562	1.000	0.741	0.370	4.587
历史与行政学院	0.689	0.278	0.519	0.822	0.314	0.667	3.289
外国语学院	1.000	0.000	0.308	0.479	0.943	0.344	3.074
经济管理学院	0.890	0.278	0.265	0.388	0.524	0.219	2.564
泛亚商学院	0.371	0.000	0.000	0.023	0.786	0.177	1.357
马克思主义学院	0.000	0.278	0.370	0.320	0.480	0.271	1.719
传媒学院	0.789	0.000	0.335	0.224	0.629	0.198	2.175
音乐舞蹈学院	0.700	0.167	0.536	0.000	1.000	0.094	2.497
美术学院	0.532	0.000	0.775	0.365	0.960	0.063	2.695
体育学院	0.825	0.833	1.000	0.297	0.608	0.000	3.563
数学学院	0.742	0.000	0.515	0.525	0.601	0.365	2.748
物理电信学院	0.660	0.556	0.645	0.639	0.790	0.417	3.707
化学化工学院	0.602	0.167	0.395	0.361	0.559	0.365	2.449
生命科学学院	0.644	0.278	0.337	0.616	0.808	0.333	3.016
信息学院	0.687	0.167	0.260	0.539	0.545	0.271	2.469
地理学部	0.918	0.722	0.452	0.639	0.610	0.646	3.987
能源环境学院	0.326	0.278	0.316	0.571	0.400	1.000	2.891

注：1. 学生折算数 = 普通本专科在校生数 + 硕士研究生在校生数 × 1.5 + 博士研究生在校生数 × 2。2. 教学质量选取年度教学考核情况。3. 论文质量为高质量论文（核心期刊）折算分值。4. 学生就业质量通过本科生一次性就业率来考查，2020 年受新冠疫情影响就业率降低。5. 就业率、考研率为百分比，考研率应届本科生考研录取率。6. 学生代表性成果为学生年度之内获得国家级、省部级以上奖项折算分值。7. 教学成果奖为国家级和省部级、校级教学成果奖折合分值。8. 标准化方法同 2018 年。

表 5-27　2020 年 Q 大学各学院教育资源产出——科学研究统计

项目\学院	科研项目	著作质量	论文质量	科研获奖	产权与专利	新增平台	折合分值
教育学部	434	310	570	410	0	100	1824
法学社会学学院	128	242	370	320	0	0	1060
文学院	420	424	410	380	0	0	1634
历史与行政学院	386	368	380	280	0	100	1514
外国语学院	290	240	230	260	0	0	1020
经济管理学院	320	390	320	330	60	0	1420
泛亚商学院	184	214	240	160	0	0	798
马克思主义学院	220	276	210	240	0	100	1046
传媒学院	190	238	240	210	0	0	878
音乐舞蹈学院	230	240	230	340	0	0	1040
美术学院	216	312	270	390	140	0	1328
体育学院	290	340	340	380	0	70	1420
数学学院	330	140	450	480	0	0	1400
物理电信学院	308	240	460	380	200	280	1868
化学化工学院	408	140	420	370	0	0	1338
生命科学学院	380	114	480	340	200	0	1514
信息学院	316	186	360	230	0	0	1092
地理学部	480	270	550	390	300	0	1990
能源环境学院	390	250	530	370	100	0	1640

注：1. 表中汇总数据为按科研考核折算后分值。2. 科研项目为纵向课题项目，包括国家级科研项目和省部级科研项目。3. 著作质量为各类专著情况。4. 论文质量包含北大核心期刊、CSSCI 期刊、SCI 期刊等为高质量论文。5. 科研获奖为省部级以上获奖情况。

资料来源：Q 大学 2019 年年鉴及科研部门数据。

表5-28　2020年Q大学各学院教育资源产出——服务社会统计

项目 学院	专利、技术转让收入（万元）	横向课题经费（万元）	合计（万元）	备注
教育学部	0	22.0	22.0	
法学社会学学院	2.7	9.0	11.7	
文学院	0	8.0	8.0	
历史与行政学院	0	5.0	5.0	
外国语学院	0	7.8	7.8	
经济管理学院	6.8	22.0	28.8	
泛亚商学院	0	18.0	18.0	
马克思主义学院	0	7.0	7.0	
传媒学院	4.5	8.5	13.0	
音乐舞蹈学院	5.3	11.0	16.3	
美术学院	6.5	12.0	18.5	
体育学院	0	16.0	16.0	
数学学院	5.7	5.0	10.7	
物理电信学院	12.0	16.0	28.0	
化学化工学院	8.8	6.0	14.8	
生命科学学院	22.0	34.0	56.0	
信息学院	6.8	9.8	16.6	
地理学部	28.0	34.0	62.0	
能源环境学院	28.0	27.0	55.0	太阳能质检

资料来源：Q大学2019年年鉴、学院及职能部门数据。

表5-29 2020年Q大学各学院教育资源产出——学科建设成效

学院 \ 项目	国家学科评估报告中二级指标平均得分	专家年度打分	学科建设得分
教育学部	77.2	78	77.6
法学社会学院	69.6	66	67.8
文学院	72.4	75	73.7
历史与行政学院	69.8	72	70.9
外国语学院	66.8	68	67.4
经济管理学院	69.8	70	69.9
泛亚商学院	61.2	65	63.1
马克思主义学院	68.2	72	70.1
传媒学院	62.4	63	62.7
音乐舞蹈学院	66.6	67	66.8
美术学院	62.6	66	64.3
体育学院	76.2	73	74.6
数学学院	68.4	72	70.2
物理电信学院	72.2	70	71.1
化学化工学院	69.2	68	68.6
生命科学学院	69.2	72	70.6
信息学院	59.8	67	63.4
地理学部	77.2	81	79.1
能源环境学院	75.4	77	76.2

资料来源：Q大学参与全国学科评估分析报告。

表 5-30　2020 年 Q 大学各学院目标达成与发展能力专家及学院打分统计

项目\学院	目标达成					高质量发展能力		折合分
	立德树人	质量保障	师资队伍	社会贡献声誉	自我评定	成果生产力	外部竞争力	
教育学部	90.2	89.5	92.2	88.1	94	89.8	89.4	633.2
法学社会学学院	82.6	81.2	80.2	78.1	87	78.4	82.4	569.9
文学院	83.4	89.8	88.3	84.4	95	86.4	81.7	609.0
历史与行政学院	81.4	87.2	85.6	82.2	92	84.6	82.4	595.4
外国语学院	78.4	81.4	76.9	73.5	90	81.6	78.8	560.6
经济管理学院	80.6	83.8	75.1	77.7	92	83.4	82.4	575.0
泛亚商学院	76.7	76.2	76.8	76.5	91	80.6	78.4	556.2
马克思主义学院	81.4	83.4	80.9	77.9	93	83.8	81.9	582.3
传媒学院	73.2	75.6	74.6	78.3	90	79.3	77.9	548.9
音乐舞蹈学院	77.1	73.7	77.8	76.9	90	80.1	78.4	554.0
美术学院	79.6	78.4	78.7	75.9	91	82.6	77.2	563.4
体育学院	76.5	79.3	77.2	82.1	93	83.7	80.1	571.9
数学学院	83.7	81.5	81.2	83.1	92	81.1	81.3	583.9
物理电信学院	83.9	84.3	78.6	83.5	94	79.2	82.7	586.2
化学化工学院	82.4	81.1	81.4	82.4	93	83.4	83.7	587.4
生命科学学院	86.2	86.6	83.2	83.2	93	89.8	86.9	608.9
信息学院	81.3	78.4	89.6	75.1	90	80.1	79.9	574.4
地理学部	89.7	86.4	89.3	88.8	94	92.8	94.7	635.7
能源环境学院	88.6	89.3	89.8	91.3	93	91.1	93.3	636.4

注：向 Q 大学专家、职能管理部门负责人、19 个学院领导班子成员、师生代表共计 402 人发放各学院目标达成与发展能力测评表，打分采取百分制，经统计求平均值。

(三) 2020 年 Q 大学教育资源内部配置绩效情况

2020 年投入产出数据使用 DEAP Version 2.1 软件进行分析，投入导向的效率值（假定产出不变，如何优化投入）。首先使用 CCR 模型计算其总的技术效率，然后使用 BCC 模型考察其纯技术效率。

表 5-31　　　2020 年各单位教育资源综合绩效评价结果

单位	技术效率	单位	技术效率
教育学部	0.835	美术学院	1.000
法学社会学学院	0.991	体育学院	0.879
文学院	1.000	数学学院	0.833
历史与行政学院	1.000	物理电信学院	1.000
外国语学院	0.739	化学化工学院	0.751
经济管理学院	1.000	生命科学学院	0.965
泛亚商学院	1.000	信息学院	0.640
马克思主义学院	1.000	地理学部	1.000
传媒学院	0.785	能源环境学院	1.000
音乐舞蹈学院	0.876	平均值	0.910

注：crste 是不考虑规模收益时的技术效率（综合效率）。

通过测量总体结果分析表明，在固定规模报酬下，2020 年 19 个学院综合绩效评价中，有 9 个决策单元的 DEA 值为 1，即有 9 个学院投入产出是有效的，比 2018 年降低 1 个。泛亚商学院、物理电信学院提高了资源使用绩效，而教育学部由于人力资源和财力资源投入增加较 2019 年资源绩效有所下降。存在 10 个学院的产出效率不足，最低值为信息学院 0.640。该大学各学院平均综合效率值为 0.910，基本与 2019 年持平。从文理科来看，9 个有效决策单元中，文科占 6 个，理科占 3 个，总体来说，文科学院绩效状况依然整体较好。

◇◆ 地方高校教育资源内部配置的绩效评价研究

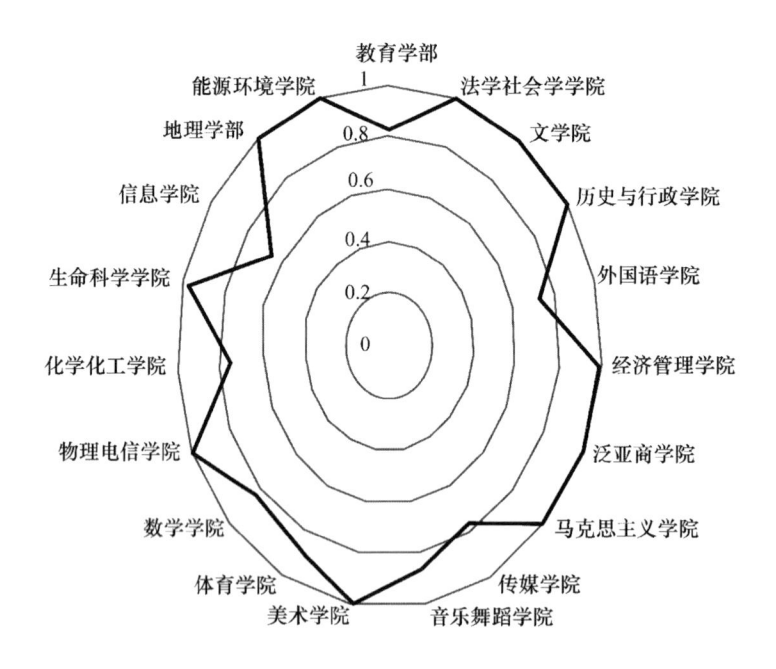

图 5-3　2020 年各单位技术绩效雷达图

利用 DEAP 输出结果,对学院松弛变量进行分析。上述资源使用有效的 9 个学院松弛变量都为 0,资源配置相对有效。在未达到有效的 10 个学院中,通过投入松弛测度分析,考察投入指标的松弛变量取值,从而得出:教育学部人力资源冗余 13.52(人力资源标准值,下同),法学与社会学学院人力资源冗余 12.38,外国语学院人力资源冗余 38.57(与担当公共外语课有关),传媒学院人力资源冗余 0.553,音乐舞蹈学院人力资源冗余 20.88,体育学院人力资源冗余 12.20,数学学院人力资源冗余 19.10,化学化工学院物力资源冗余 211.68 万元,生命科学学院财力资源冗余 12.72 万元,信息学院物力资源冗余 76.42 万元。上述 9 个学院可以通过松弛变量情况做出投入产出变量的调整,以达到最有效率的资源配置状态。

在规模报酬可变的情况下,使用 BCC 模型考察技术效率情况见表 5-32。

表 5-32 2020 年各单位教育资源综合绩效、纯技术效率、规模效率评价结果

单位	技术效率	纯技术效率	规模效率	
教育学部	0.835	1.000	0.835	drs
法学社会学学院	0.991	1.000	0.991	drs
文学院	1.000	1.000	1.000	—
历史与行政学院	1.000	1.000	1.000	—
外国语学院	0.739	0.773	0.955	irs
经济管理学院	1.000	1.000	1.000	—
泛亚商学院	1.000	1.000	1.000	—
马克思主义学院	1.000	1.000	1.000	—
传媒学院	0.785	0.800	0.981	irs
音乐舞蹈学院	0.876	0.903	0.970	drs
美术学院	1.000	1.000	1.000	—
体育学院	0.879	1.000	0.879	drs
数学学院	0.833	0.875	0.952	drs
物理电信学院	1.000	1.000	1.000	—
化学化工学院	0.751	0.757	0.992	drs
生命科学学院	0.965	0.981	0.984	drs
信息学院	0.640	0.648	0.986	drs
地理学部	1.000	1.000	1.000	—
能源环境学院	1.000	1.000	1.000	—

注：crste 是不考虑规模收益时的技术效率（综合效率）；vrste 是考虑规模收益时的技术效率（纯技术效率）；scale 是考虑规模收益时的规模效率（规模效率），纯技术效率和规模效率是对综合效率的细分；最后一列 irs、-、drs，分别表示规模收益递增、不变、递减。

从表 5-32 得出，有 9 个学院综合效率为 1，10 个学院综合效率

小于1,也就是说2020年52.6%的学院未达到资源配置有效的状态,较2019年出现略微下降。主要原因在于:一是受新冠疫情和国家宏观经济形势影响,就业率指标普遍下降;二是社会服务能力增长不够明显。

2020年存在12个学院纯技术效率为1,7个学院的纯技术效率值低于1,表明资源配置管理的效率不断提高。教育学部、法学与社会学学院、体育学院虽然综合效率小于1,但是纯技术效率值为1。表明上述3个学院教育产出由于规模效率无效(规模递减)的影响从而降低了综合绩效,因此,上述学院应在加强资源利用的同时,适度调整发展规模,避免资源投入的浪费。

从规模效率来看,10个学院的规模效率值低于1,其中,7个学院的规模效率呈现递减状态,外国语学院、传媒学院两个学院呈现递增状态。规模效率递减表明学院产出比例的增加会小于投入资源比例的增加,处于规模无效状态,需要调整其资源配置,适度减少其资源配置总量,提高教育资源的使用率。

表5-33　　Q大学2020年各学院CCR、BCC效率分布

效率平均值分布段	CCR技术效率		BCC纯技术效率		BCC规模效率	
	数量	占比(%)	数量	占比(%)	数量	占比(%)
$\theta=1$	9	47.4	12	63.2	9	47.4
$0.85 \leq \theta < 1$	4	21.1	3	15.8	9	47.4
$0.7 \leq \theta < 0.85$	5	26.3	3	15.8	1	5.3
$\theta < 0.7$	1	5.3	1	5.3	0	0

从表5-33可知,不考虑规模变化,有9个学院资源配置效率有效。考虑规模变化情况下,有12个学院纯技术效率有效,资源配置有效。纯技术效率整体要优于技术效率,说明该大学内部资源配置管理不断提高,其中,地方高校走内涵式发展道路、精细化管理对学院

资源配置的技术效率起到提升促进作用。

四 Q大学三年教育资源内部配置绩效分析

在上述实证研究的基础上，对评价的情况进一步做一些有益的综合分析，从综合分析的结果中得到一些对地方高校内部改进资源配置绩效的建议。

（一）投入产出的变化趋势分析

从不同院系的三年投入变化趋势来看，一是人力资源总数量不断增加，具有博士学位的专任教师稳步增加，教师结构不断优化。2018—2021年各院系在人力资源投入上分析，具有博士学位的教师比例明显增加；二是教育经费收入、科研经费和其他经费收入有所增加，人员运行经费显著提高，国家对高校的重视不断加大；三是物力资源也呈现出逐年增加的状态。

从不同院系的三年产出变化趋势来看，一是人才培养和科学研究在数量和质量上有所上升，但科研水平提升还不够明显；二是学科建设整体还是以C类为主，学科建设的质量还需不断提升；三是从产出结构看，人才培养的产出大，科学研究、服务社会方面的产出小，整体以教学研究型为主。这样的产出结构难以适应知识型社会对地方高校的需求，地方高校以科研服务社会程度不高，社会服务产出偏低，社会服务功能未得到充分发挥。

（二）基于CCR模型的技术效率分析

Q大学2018—2020年三年的技术效率（综合效率）及其平均值见表5-34。

表5-34　　　　三年各学院技术效率及平均值

单位	2018年技术效率	2019年技术效率	2020年技术效率	技术效率平均值
教育学部	1	1	0.835	0.95
法学社会学学院	1	0.953	0.991	0.98

续表

单位	2018年技术效率	2019年技术效率	2020年技术效率	技术效率平均值
文学院	1.000	1.000	1.000	1.00
历史与行政学院	1.000	1.000	1.000	1.00
外国语学院	0.745	0.701	0.739	0.73
经济管理学院	0.932	1.000	1.000	0.98
泛亚商学院	1.000	1.000	1.000	1.00
马克思主义学院	1.000	1.000	1.000	1.00
传媒学院	0.817	0.875	0.785	0.83
音乐舞蹈学院	0.713	0.911	0.876	0.83
美术学院	1.000	1.000	1.000	1.00
体育学院	0.524	0.680	0.879	0.69
数学学院	0.788	0.870	0.833	0.83
物理电信学院	0.595	0.899	1.000	0.83
化学化工学院	0.649	0.885	0.751	0.76
生命科学学院	0.583	1.000	0.965	0.85
信息学院	0.685	0.556	0.64	0.62
地理学部	1.000	1.000	1.000	1.00
能源环境学院	1.000	1.000	1.000	1.00

Q大学三年各学院资源使用技术效率平均值为0.888，从表5-34可以看出，2019年、2020年比2018年整体略有提升。从三年技术效率平均值来看，资源配置有效的学院有7个，资源配置非有效的学院有12个，资源配置有效率占比36.8%，资源配置非有效率为63.2%，也就是在不考虑规模因素的情况下，Q大学三年内一半以上的学院处于资源非有效配置的状态。具体来看，地理学部、能源环境学院、美术学院、马克思主义学院、泛亚商学院、历史与行政学院、

```
 ─◆─ 2018年技术效率 ─■─ 2019年技术效率 ─▲─ 2020年技术效率 ─✕─ 技术效率平均值
```

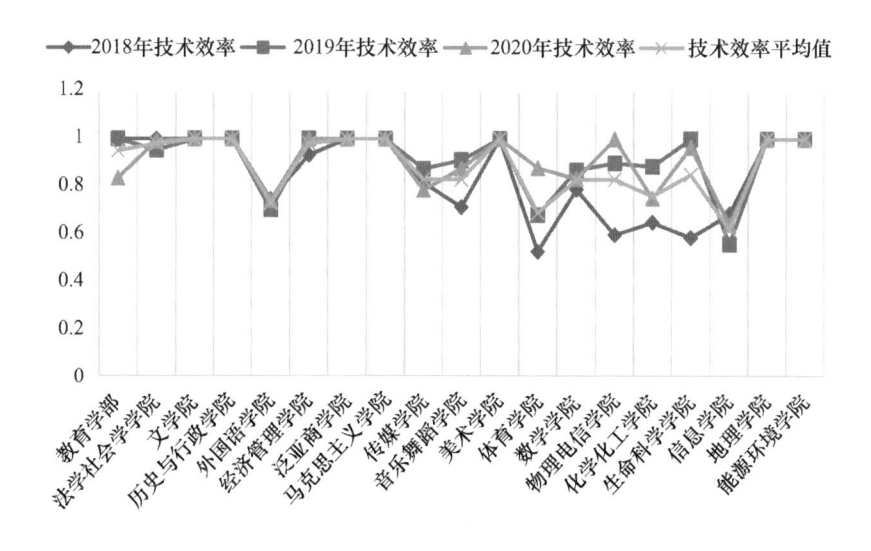

图 5-4　三年各学院技术效率折线图

文学院 7 个学院是有效的，其余 12 个学院的综合技术效率小于 1。三年资源使用绩效最低的是信息学院。从三年技术效率稳定性来看，文科学院相对稳定，理科学院 2019 年、2020 年比 2018 年整体略有提升。

（三）基于 BCC 模型的纯技术效率分析

表 5-35　　　　　　三年各学院纯技术效率及平均值

单位	2018 年纯技术效率	2019 年纯技术效率	2020 年纯技术效率	平均值
教育学部	1.000	1.000	1.000	1.000
法学社会学学院	1.000	0.959	1.000	0.986
文学院	1.000	1.000	1.000	1.000
历史与行政学院	1.000	1.000	1.000	1.000
外国语学院	0.739	0.702	0.773	0.738
经济管理学院	0.998	1.000	1.000	0.999
泛亚商学院	1.000	1.000	1.000	1.000
马克思主义学院	1.000	1.000	1.000	1.000

续表

单位	2018年纯技术效率	2019年纯技术效率	2020年纯技术效率	平均值
传媒学院	0.889	0.895	0.800	0.861
音乐舞蹈学院	0.708	0.919	0.903	0.843
美术学院	1.000	1.000	1.000	1.000
体育学院	0.835	1.000	1.000	0.945
数学学院	0.821	0.905	0.875	0.867
物理电信学院	0.585	0.914	1.000	0.833
化学化工学院	0.671	0.926	0.757	0.785
生命科学学院	0.584	1.000	0.981	0.855
信息学院	0.708	0.577	0.648	0.644
地理学部	1.000	1.000	1.000	1.000
能源环境学院	1.000	1.000	1.000	1.000

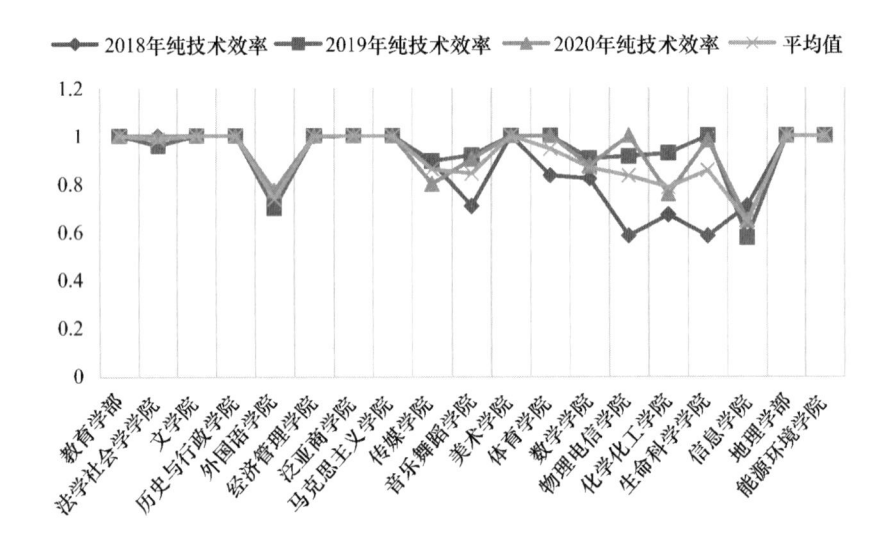

图 5-5 三年各学院纯技术效率折线图

Q 大学学院资源使用三年纯技术效率平均值为 0.913，高于技术效率。教育学部、地理学部、能源环境学院、美术学院、马克思主义学院、泛亚商学院、历史行政学院、文学院8个学院有效的，比技术效率增加1个学院。三年纯技术效率最低的是信息学院。从三年技术效率稳定性来看，相比文科学院，理科学院波动性较大。

教育资源配置绩效的变动主要受到技术效率变动的影响，技术效率的变动又主要受到纯技术效率变动的影响。纯技术效率代表学院资源配置的使用与管理是有效的，只是受学院规模因素的制约，导致技术效率非有效。因此，技术效率不是1，但纯技术效率为1的学院，可以视为资源配置相对有效。据此，通过 CCR 模型和 BCC 模型对 Q 大学三年教育资源绩效评价，可以将各学院分为三类（表5–36）。

表5–36　　Q大学2018—2020年各学院三年绩效分布

效率平均值分布段	决策单元（Q大学各学院）
有效	地理学部、能源环境学院、美术学院、马克思主义学院、泛亚商学院、历史行政学院、文学院
相对有效	教育学部
非有效	法学与社会学院、外国语学院、经济管理学院、传媒学院、音乐舞蹈学院、体育学院、数学学院、化学化工学院、物理电信学院、生命科学学院、信息学院

对于非有效的学院，要提升管理创新水平，要借鉴高效率院系的经验，提高创新效率和纯技术效率，完善运行机制，提升自身管理水平，明确责任主体，强化对人力资源、财力资源和物力资源的调配，优化管理流程，提高管理效率和办学效率，提升技术进步和促进创新。

（四）基于 Malmquist 指数的动态变化分析

对地方高校教育资源绩效进行分析评价时，如果只分析静态绩效，只能反映当时某一年的教育资源绩效状况，不能对绩效的发展变化做出动态判断，也就不能全面掌握院系绩效评价的发展趋势和变化规律，如果要更好地分析教育资源绩效的变化原因，更加全面地进行评价，需要对高校资源绩效进行动态分析。使用 Malmquist 模型考察三年时期内 19 个学院的变化情况可以实现 DEA 方法对院系相对有效性的动态分析的目的。

表 5 - 37　　各学院教育资源配置效率的 Malmquist 指数

单位	技术效率	技术进步	纯技术效率	规模效率	全要素生产效率
教育学部	0.914	0.930	1.000	0.914	0.850
法学社会学学院	0.996	0.881	1.000	0.996	0.878
文学院	1.000	1.078	1.000	1.000	1.078
历史与行政学院	1.000	0.968	1.000	1.000	0.968
外国语学院	0.996	0.944	1.017	0.980	0.940
经济管理学院	1.036	0.950	1.001	1.035	0.984
泛亚商学院	1.000	0.908	1.000	1.000	0.908
马克思主义学院	1.000	0.751	1.000	1.000	0.751
传媒学院	0.980	0.925	0.941	1.041	0.907
音乐舞蹈学院	1.108	0.890	1.125	0.985	0.986
美术学院	1.000	0.987	1.000	1.000	0.987
体育学院	1.296	0.845	1.094	1.184	1.095
数学学院	1.028	0.888	1.032	0.996	0.913
物理电信学院	1.297	0.885	1.293	1.003	1.147
化学化工学院	1.076	0.867	1.062	1.013	0.933
生命科学学院	1.287	0.883	1.296	0.993	1.136
信息学院	0.966	0.962	0.957	1.009	0.929
地理学部	1.000	0.822	1.000	1.000	0.822

续表

单位	技术效率	技术进步	纯技术效率	规模效率	全要素生产效率
能源环境学院	1.000	0.944	1.000	1.000	0.944
平均值	1.046	0.908	1.039	1.007	0.950

注：技术效率 = 规模效率 × 纯技术效率；Malmquist 指数（全要素生产效率、tfp 变化）= 技术效率 × 技术进步 = 规模效率 × 纯技术效率 × 技术进步。

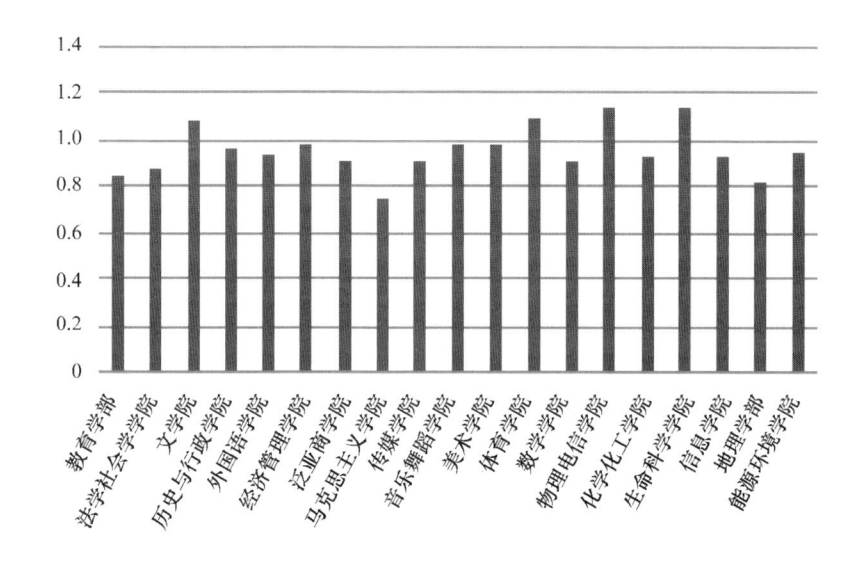

图 5-6　各学院 Malmquist 指数柱形图

当 Malmquist 指数大于 1 时，表明高校教育效率全要素生产率水平相比上一时期有所改进，教育资源绩效得到显著改善；而 Malmquist 指数小于 1 时，表明高校教育效率全要素生产率水平对比上一时期有所衰退，教育资源绩效有所下降。通过上述数据动态变化趋势分析，综合技术效率平均增长 4.6%，表明 Q 大学教育资源配置综合技术效率在稳步提升，技术进步平均下降 9.2%，技术进步的下降作用大于综合技术效率的增长作用，该校 Malmquist 指数均值为 0.950，年平均下降 5%，表明该校教育资源配置效率总体呈下降态势。各学院 Malmquist 指数仅有文学院、体育学院、生命科学学院、物理电信学院呈现上升趋势，剩下 15 个学院处于下降趋势，应引起足够的重视。

总体来说，Q 大学教育资源整体综合绩效为 1.046，但呈现下降趋势，即教育产出增长的速度低于教育资源投入增加的速度，边际效益递减规律明显。也就是说，教育资源投入规模并非越大越好，达到一定的最优规模之后，如果再继续增加教育资源规模的投入，教育资源配置的边际效益将会下降，无法实现资源的最大效用。同时，Q 大学资源绩效存在区域分布不均衡状况。有 14 个学院综合技术效率大于或等于 1，表明资源配置的总体是有效的。其中，有 8 个为文科学院，6 个为理工科学院。不同类型学院的效率值是不一样的，体育、艺术类学科的效率值相对来说偏低。

（五）影响地方高校教育资源内部配置绩效的因素分析

以 Q 大学三年教育资源配置效率为例，选取 DEA 效率分析的纯技术效率值作为被解释变化量，选取部分变量作为解释变量，构建 Tobit 回归模型分析地方高校教育资源配置绩效影响因素。

基于调研及影响因素分析，将影响地方高校教育资源配置绩效的诸多因素进行了自变量和因变量的划分，提出如下影响因素。

F_1：学院师生数。学院师生是教学、科研等教育产出的主体，反映了学院规模，单位为人。

F_2：博士学位教师数。近年来，地方高校注重大量引进具有博士学位的教师，这对于优化教师学历结构、提升人力资源整体质量发挥了重要作用，单位为人。

F_3：用房面积。用房面积是学院的重要保障场所，在资源日趋紧张的背景下，对高校院系产出产生影响。

F_4：科研配套费。在当前"双一流"建设背景下，各高校注重加大科学研究支持力度，加大对科研经费的投入，单位为万元。

F_5：副高级职称以上教师数。副高级及以上职称人员是高校内部的产出重要力量，势必会影响学院的教育产出。

F_6：国家和省部级重点学科。国家和省部级重点学科反映高校院系办学实力，单位为个，数据来源于高校职能部门。

Tobit 模型也称为截尾回归模型、样本选择模型，属于因变量受到限制的一种回归模型，是基于最大似然估计原理的 Tobit 模型。该模型由诺贝尔经济学奖获得者托宾在 1958 年提出，该模型使用最大似然法代替普通最小二乘法的截取回归模型，能避免因被解释变量满足某种约束条件下取值产生较大偏差，能科学反映因变量的实际精确状态，而在经济、教育等领域的研究中得到广泛的应用。

采用包络数据分析方法得出的效率值具有离散性，其数值分布在 [0 1] 区间，具有数据截断特点。在考察影响高校内部院系投入产出绩效因素过程中，将标准 Tobit 模型进一步细化为：

$$y_i^* = \beta_1 F_1 + \beta_2 F_2 + \beta_3 F_3 + \beta_4 F_4 + \beta_5 F_5 + \beta_6 F_6 + C。$$

其中，y_i^* 表示纯技术效率值，F_1 至 F_6 表示学院师生数、博士学位教师数、副高级以上职称人数、科研配套费、用房面积、国家和省部级重点学科，C 表示常数。将前文收集的数据和 Q 大学获得数据导入 Eviews 软件，选择 Tobit 模型，经过计算分析之后的回归结果见表 5-38。

表 5-38　　　　　　**绩效影响因素分析 Tobit 模型运行结果**

解释变量	回归系数	标准误差	Z 值	P 值
常数（C）	0.163964	0.123836	1.324058	0.1854
学院师生数（F1）	-0.00000925	0.00000801	-1.154672	0.2481
博士学位教师数（F2）	0.155897	0.095224	1.637185	0.0102**
用房面积（F3）	-0.000296	0.000144	-2.032701	0.0422**
科研配套费（F4）	2.074036	0.501458	4.136003	0.000***
副高级职称以上教师（F5）	0.142116	0.017003	0.842062	0.1742
国家和省部级重点学科（F6）	2.260402	0.478053	4.728334	0.000***

注：***、**、*分别代表在 1%、5%、10% 的水平上显著。

从 Tobit 模型分析结果来看：

第一，学院师生数量与教育资源内部配置绩效无明显正相关性。学院师生数与教育资源绩效呈现较小的负相关性，表明学院师生规模与教育资源内部绩效没有必然的联系，例如 Q 大学 2018—2020 年泛亚商学院、马克思主义学院等师生规模小的学院，资源配置绩效也可能高于师生规模较大的学院。

第二，博士学位教师数有助于提高教育资源绩效。博士学位教师对学院教育资源绩效在 5% 的显著性水平下显著相关。具有博士学位的专任教师比例越高对总体绩效的水平的影响越大，这表明地方高校拥有博士阶段专门训练的教师是教师队伍建设的中坚创新力量。拥有博士学位、受过严格学术训练的教师是学校教学、科研的骨干力量，是地方高校发展的生力军，对高校教育资源绩效有一定的正向影响，这也是近年来地方高校均注重引进年轻博士的原因。因此，地方高校要优化教师队伍建设，适当降低行政教师的比例，加大引进和培养优秀博士，加大博士占教师的比重，释放博士学位教师的教学、科研潜力。

第三，用房面积与教育资源绩效无明显正相关。用房面积对学院教育资源绩效在 5% 的显著性水平下显著相关。高校的办学物质条件因素包括教学科研设备总值和实验实习场所等，高校办学条件能够间接影响高校教育资源配置效率。用房面积与学科属性相关，对于理工科院系而言，教学、科研用房面积增加能促进教育资源绩效的提升，但对于文科院系而言，教学科研用房的增加过大，对教育资源的产出具有负效应。Q 大学属于文理兼有的地方高校，综合来看，用房面积对教育资源使用绩效无明显正相关，呈现一定的负相关。高校内部院系公用房数量对院系绩效影响相对较小。

第四，科研配套经费对教育资源配置绩效有显著的正相关性。科研配套经费对学院教育资源绩效在 1% 的显著性水平下显著相关。加大科研经费投入，能直接影响地方高校科研产出，间接影响人才培养、服务社会和学科建设，因此，科研配套经费对地方高校教育资源产出具有显著相关性。因此，地方高校应加大科研经费的投入，以科研反哺育人，以科研提升服务社会能力，从而提升自身的办学实力和影响力。

第五，副高级以上职称教师有助于教育资源使用绩效的提升。副高级以上职称的教师可以提升教育资源绩效，但不够明显，提升作用有限，这也是地方高校的显著特色，这表明地方高校职称评审往往受到工龄、贡献等多种因素影响，副高级职称以上人员年龄偏大，创新性、进取心减退，因此，应杜绝职称评审的不良风气，匡正职称评比导向，加强高级职称人员的激励机制，发挥高级职称人员的作用。

第六，国家和省部级重点学科对教育资源绩效的提升显著正相关。重点学科情况与高校教育资源绩效在1%的显著性水平上正向相关。这表明在当前"双一流"建设背景下，学科建设是提升学校竞争力的核心，学科建设能带动专业建设和人才培养，学科发展能提升学院服务社会的能力，能促进学校发展的目标达成，从而促进院系整体绩效的提升。

第二节　Q大学实证案例分析的结论与思考

一　Q大学实证案例分析的结论

为了验证评价体系和评价方法的科学性与可行性，对Q大学19个学院2018—2020年的教育资源内部配置绩效情况进行评价。研究有以下发现。

一是在不考虑规模因素的情况下，Q大学教育资源内部配置绩效不均衡，部分学院投入存在冗余，表明学院发展不充分、不平衡。Q大学三年期间一半以上学院处于教育资源配置非有效状态。对Q大学资源内部配置绩效在整体绩效作出判断：教育资源并没有得到充分、有效利用，教育资源配置绩效仍有很大的改进空间。

二是在考虑规模变化的情况下，Q大学三年期间资源内部配置管理绩效略有改观，但是，Q大学三年期间资源内部配置规模效率处于递减状态，这与地方高校仍保持着外延式发展的惯性因素有关。地方高校教育资源配置绩效不均衡，既有管理水平不高的原因，也有规模效率不高的原因。

三是基于DEA的BCC模型，对Q大学19个学院资源配置绩效从有效、相对有效、非有效三个段位进行分区，对不同院系的绩效情况做出了区分。

四是基于DEA的Malmquist指数表明，Q大学教育资源配置绩效总体呈下降态势，存在边际效用递减现象。仅有4个学院呈现上升趋势，剩下15个学院处于下降趋势，应引起足够的重视。这表明资源投入总体上稳步增长，但教育活动绩效产出的增长速度还赶不上资源配置增长的速度，资源投入的激励作用发挥不够，需要强化改革激发动力和活力，进而克服资源投入边际效用递减现象。这也说明，地方高校的发展通过采取大量资源投入，在短期内大幅改变学校办学绩效不是一件容易的事情，学校办学质量的提升是一个稳步发展、久久为功的过程。

五是作为地方高校的Q大学，科研配套经费、国家和省部级重点学科、博士学历教师占学院全体教师比例是影响地方高校教育资源配置绩效的关键因素。副高级以上职称教师有利于教育资源绩效的提升。学院师生数量和公用房使用面积对教育资源配置绩效无明显正相关。通过Q大学实证分析发现，人力资源中的博士学位教师、财力资源中的科研配套经费以及现有重点学科对地方高校教育资源绩效评价呈现绩效高相关性和显著动态性，而师生数量、用房面积对地方高校教育资源绩效评价无明显正相关，副高级以上职称教师数有相关性但不够明显。

由实证研究可以看出，由于存在资源边际效用递减规律，教育资源的过多投入未必会带来相应多的教育产出，这要求地方高校需要合理配置内部资源，注重资源配置的效率，避免不必要的资源冗余或资源浪费。因此，地方高校在提高教育资源绩效上，除了在教育资源使用上节流外,还应加强人、财、物等各项资源的有效配置和使用,统筹好各个院系资源配置运作中出现的问题,做好内部管理的协调,提高资源配置的统筹水平,尽可能达到规模报酬最优状态,这样方能提升地方高校整体资源配置绩效。

二 实证案例所构建的绩效评价体系的思考

以二维分析框架构建的评价体系,通过 Q 大学的实证研究,总体来说能较好地对地方高校教育资源内部配置绩效做出客观评价。

(一) 评价体系的合理性

以新公共管理理论和第四代评价理论为基础建构的地方高校教育资源内部配置绩效评价体系,实施过程中注重指标共建和多主体参与评价,充分体现了竞争、绩效和多元共建等特点,能较好地体现二维分析框架的理念和内涵。基于二维分析框架的教育资源内部配置绩效评价可以深入揭示地方高校的资源管理水平和质量状况,可以深刻地反映地方高校的资源利用情况,为地方高校资源的科学配置提供依据,为改进地方高校管理提供支持。地方高校教育资源内部配置绩效评价是根据绩效评价的思想和方法进行的实践尝试,一定程度上体现资源绩效评价的实践性,体现以地方高校为特色的资源绩效评价体系。

相比于已有地方高校教育资源绩效评价研究,本研究的特点是将资源配置的市场规律和教育产出的教育规律相结合,纠正地方高校资源配置绩效评价忽视教育规律的现象。所构建的资源配置绩效评价指标体系在注重绩效和竞争的基础上,以第四代评价理论为观照,进一步克服当前评价中的管理主义倾向,在评价指标的设置方面,除了设置传统教育产出的经济效率指标之外,根据当前地方高校实际,设置了教育目标达成指标,包含立德树人成效、质量保障能力、师资队伍建设质量、社会贡献和声誉等具体指标,并注重院系的自我评价。教育产出指标通过成果生产力和外部资源竞争力突出地方高校的发展能力,反映了投入与产出的关系,鲜明地表现了各项指标之间的内在联系和设计理念,体现了使用者的要求,具有一定的通用性和可比性,体现了地方高校教育产出的经济性、社会性和人文性,能针对当前地方高校教育资源内部配置状况,起到诊断、激励、调节、改进作用。与此同时,在指标的构建过程中,充分通过被评价院系的共同参与、协商、共建了评价指标,体现了高等教育评价的价值协商,实现了评价范式的转换。

结合Q大学案例,具体有以下几个方面:一是对地方高校内部各院系的资源配置情况做出诊断,并根据评价结果,准确指出非有效学院的投入冗余之处,提出改进的具体建议。二是以三年为总的评价周期,可以对地方高校教育资源内部配置的总体情况做出判断,具体区分出教育资源配置有效单位和非有效单位。三是根据评价指标体系和DEA的BCC模型,可以得出资源配置的规模效率,以便区分资源配置是由于管理效率的提升还是由于规模效益的改变,找出非有效资源配置单位的原因。四是根据评价指标体系,可以对三年教育资源绩效发展变化趋势做出判断,以便地方高校管理层做出合理的应对,制定有效的预防措施。五是以纯技术效率为因变量,以影响资源配置的部分因素为自变量,对因素资源配置的纯技术效率进行分析,找出突出的影响因素,为地方高校提高内部教育资源绩效提供改进措施方向。

(二)评价体系的再优化

在肯定评价体系合理性的同时,研究也发现,任何针对高校的综合评价很难做到十全十美。通过对Q大学的实证研究,或因为本书的限制条件,也发现本书所构建的评价体系还有需要进一步探讨分析的地方,具体如下。

1. 评价指标体系需不断优化

一是人力资源作为高校的第一资源,人力资源指标体系还需进一步选取和优化,选取过程中还要兼顾指标的重要性和指标之间的重复计算的可能。二是物力资源作为教育资源投入的一部分,对配置绩效结果影响较大,还应针对文理不同学科特点再进一步设计系数,在保障公平的前提下,给理科学院一个物力资源配置系数,以便更合理地考察地方高校内部院系横向的资源绩效状况。三是学科建设评价指标稳定性较强。学科建设是当前地方高校高质量发展的龙头，通过影响Q大学教育资源内部配置绩效的因素实证分析发现，学科与专业等文化资源对教育资源绩效起到显著正相关作用。但由于国家学科建设评估和省级学科建设评估在实际中不是每年都开展，通过数据收集可以看出，地方高校学科建设产出年度稳定性较强，年度变化不明显。因此，如何解决这一指标既重要又评价周期内变化不大的矛盾，还需进一步深化探索。四是评价指标体系还需要体现地方高校的特色，以学校使命、愿景和发展目标为导向，体现地方高校发展定位和发展战略。

2. 评价方法与指标选取还需优化

由于 DEA 绩效评价方法有其决策单元数量的限制，造成评价指标数量难以全部直接通过 DEA 方法评价得出，还需要对评价指标体系中的三级指标、二级指标进行标准化折算。评价方法还需结合地方高校进一步优化。在评价数据的选举上，虽选用了过去三年的投入产出数据，有一定的代表性和时间跨度，但还不足以完全反映地方高校实际资源内部配置绩效情况，因此，数据的统计时限还应进一步延长，数据收集的信度和效度还需进一步提升。

3. 评价周期还需进一步优化

地方高校教育资源内部配置绩效评价是在投入—产出的框架下开展的周期性绩效评价，本书的评价周期选择了年度性周期评价，研究重心在于在二维分析框架下构建科学合理的绩效评价体系，以一年为例提供一种思路和方法，并考察了三年的总体情况。鉴于教育产出的隐形性和滞后性，教育活动产出往往不能在短期内呈现出来，一般需要一定的转化周期，特别是对经济、生态的科研成果形式呈现需要数年，后续研究还可以根据研究呈现形式，延长评价周期，以两年、三年甚至五年为一个评价周期，以便更真实有效地实施评价。

4. 评价过程还需不断优化

在评价的过程中，根据第四代评价理论操作流程，需要充分地回应、协商与共同建构，还需多更广泛主体参与，多轮协商但受研究的时间和空间的限制，针对评价指标协商、回应的还不充分，建构性的探究方法还不充分，针对师生参与评价的范围还不够广泛，共建共评还需进一步改进。

第六章　地方高校教育资源内部配置绩效评价的策略

本章结合地方高校资源配置现状与问题，在地方高校教育资源内部配置的二维分析框架下，通过构建的评价体系和 Q 大学的实证分析案例以及教育资源绩效评价的国际借鉴，提出改进地方高校教育资源内部配置绩效评价的建议。

第一节　建立教育资源内部配置的绩效评价机制

改进地方高校教育资源绩效评价，需要结合西方发达国家经验，建立完善的评价机制，保障绩效评价的有效开展。

一　建立教育资源内部配置绩效评价的保障机制

以美英为代表的西方发达国家在高等教育资源绩效评价方面经历了比较系统的探索性改革，形成了富有特色的评价管理机制，西方高等教育资源绩效评价为我国高校教育资源配置绩效评价提供了参考。西方高校教育资源绩效评价建立了较为完善的保障机制，体现在以下几方面。

第一，制度和政策的保障。制度和政策具有强制作用和导向作用，能够为教育资源绩效评价提供最有效的约束和坚实的保障。各国都在实施教育资源绩效评价的过程中发挥了立法和政策的作用。美国联邦政府和州政府对高等教育的拨款政策都是通过法律来确定下来的。在联邦层面,1993年通过《政府和绩效结果法案》,法条上的细化使具体的资源分配政策有了依据;在州政府层面,田纳西州出台的《教育促进法》、南卡罗来纳州的《绩效拨款法》都对资源分配做出了全面、详细的规定。英国出台了《大学学术标准》《高等教育——迎接新的挑战》《继续教育与高等教育法》等文件,审查和问责高等教育资源的流向,同时在教学和科研领域实施质量保障和评价战略。综上,西方国家通过制定政策对政府、高校、独立机构之间权力和职责进行了划分,维护了办学者的合法权益,保障了政府和大学办学自主权,也激发了高校内部提高教育资源绩效的积极性。

第二,评价主体的多元化。高校教育资源绩效评价涉及众多利益相关者,包括高校、公众等多方主体,需要建立外部监督和制约机制。教育资源绩效评价首先是高校自己的责任,高校的绩效评价不是被动接受的,而是主动实施的。只有高校调动多元主体在绩效评价中的积极性,才能更好发挥绩效评价的作用。要转变高校管理职能,建立基于绩效评价的政府与高校的关系、高校与内部院系的关系。从高校内部来说,高校既要为内部院系提供资源,又要对内部院系进行监督,所以,建立既能发挥内部院系的自主权,又能实施有力监督的关系就显得尤为重要了。

第三,明确高校内部职责,增强院校自我评估。高校实施内部绩效评价,对学院、学部、部门内部报告教育资源使用绩效情况,这是高校绩效管理和改善的关键步骤,高校实施内部教育资源绩效报告可以将责任制明确到直接责任的实施群体上。高校内部绩效评价的实施有助于高校内部决策、院系和部门认清关键指标上的责任信息,从而为更高层面的绩效实现提供支持。借鉴西方国家经验,地方高校教育资源内部配置绩效评价可从以下方面建立绩效评价的保障机制。

(一)不断进行理论探索

地方高校教育资源配置绩效评价是我国高等教育发展到一定阶段的产物,对它的理论探索包括评价的背景与原因、评价的产生与发展等,基本原理包括教育资源内部配置绩效评价的内涵、绩效评价的理论基础、绩效评价的特征、绩效评价的功能、绩效评价的原则等。总体来说，地方高校教育资源绩效评价的产生与发展，顺应了经济和社会的变化和地方高校高质量发展的需要，其产生和发展经历了产生阶段、推行阶段和成熟多样化阶段。产生阶段是20世纪70年代，主要基于地方高校教育资源的供给有限和需求无限，基于教育资源配置的测量，基于资源管理的专业化发展；推行阶段是20世纪80年代，基于公共问责思想的发展，世界高等教育强国在实践上逐步推行资源绩效评价；从20世纪90年代至今，高等教育资源绩效评价进入成熟与多样化阶段，追求高质量发展、注重绩效的理念在高校特别是地方高校进一步深化，绩效评价的方法不断多样化，绩效评价指标更加具体、细化和多样化。

在高校教育资源绩效评价理论探索方面，我国学者张男星进行了深入系统的探索，从绩效评价的实施要素、影响作用、发展趋势以及中外高校资源绩效评价的比较等方面进行了研究。在阐述绩效评价的合理性与发展逻辑时，从本体论、政治论、实践论三个方面进行了积极探索，但仍有部分问题需要进一步探索，例如现有资源绩效评价指标所获取的数据信度和效度问题，投入、过程和产出指标之间的不平衡性显著，问责思想与大学学术文化自由的背离，维护公共问责需求与高校内部质量保障之间的平衡等，这些问题还需作进一步的思考与探索。

在理论基础方面，一般认为，地方高校教育资源配置绩效评价的理论基础主要是新公共管理理论。近年来，组织社会学提出资源依赖理论，强调组织发展依赖于外部环境提供的资源，随着高等教育的质量观逐步深入实践领域，质量和绩效进行了有机整合，形成了基于绩效的资源配置机制。资源依赖理论认为，为地方高校内部院系提供资源的组织具有对其实施绩效评价的权力。因此，从资源依赖理论可以对高校教育资源绩效评价进行证成。除了资源依赖理论，知识生产模式的变革，也可为高校教育资源绩效评价提供理论基础。知识生产模式从模式1到模式2、模式3，需要灵活的资源配置，绩效评价就是将资源绩效反馈至高校系统,不断强调与市场相近的规则,以评价结果促进资源配置,实现高校的决策民主化和教育资源使用的合法化。还有学者从高等教育质量观、新制度主义社会学的视角论证高校教育资源绩效评价。① 综上,总体来看,我国高校教育资源绩效评价理论基础多借鉴国外理论,分析与建构我国高等教育特别是地方高校资源绩效评价的理论还不够,因此,需要借鉴世界先进资源绩效评价理论,从理论视角审视地方高校教育资源配置绩效评价的合理性,紧密联系地方高校资源绩效评价的实际,构建符合地方高校本土特色的理论。

(二)建立评价的支持体系

地方高校教育资源绩效评价既是一种办学理念,也是一项涉及全校的系统工程,需要构建有效的支持体系方能顺利开展绩效评价。需要得到地方高校、专家、师生的大力支持。一是地方高校要有自我评价机制。由于政府对地方高校缺乏日常的绩效监督和审查,导致地方高校不计成本、绩效不佳、浪费惊人,地方高校要自我改革,健全资源绩效评价制度,强化内部资源使用考核,调动院系的积极性、主动性与创造性,不断推动学校整体提高绩效。二是需要得到专家的支持。地方高校教育资源绩效评价改革,需要专家和学者的积极论证,这是推动改革的强大动力,例如加强评价指标的科学性与合理性,提高评价的针对性和有效性。三是需要得到院系和师生的支持。开展地方高校内部教育资源绩效评价需要院系师生提供第一手数据资料,以便评价能够精准实施并如实反映院系绩效状况。当绩效评价后,需要院系针对评价结果积极反思资源使用情况,进而调整资源使用方向,提高院系的办学活动质量。

评价体系是一个完整、有机的整体,评价支持体系的建立,除了师生主体的参与外,还需要树立科学的评价理念,选择精准的评价内容,建立稳定的评价标准和合理的评价方式,有科学的评价步骤和充

---

① 史璞、孟澂:《我国大学绩效管理的制度基础探究——基于新制度主义社会学的视角》,《华东师范大学学报》(教育科学版) 2012 年第 3 期。

足的评价依据以及及时的评价反馈。

(三) 强化绩效评价制度安排

道格拉斯·诺斯在其著作《制度、制度变迁与经济绩效》《经济史中的结构变迁》中开宗明义地认为,制度是一种社会、经济交往关系的规则,制度是被制定出来的一系列规则、程序、行为规范,构成了人们在政治、经济、社会领域里互动交换的激励,旨在约束追求主体福利或效用最大化利益的个人行为。① 诺斯认为,制度对经济绩效的影响是无可争议的。制度是高校内部结成的各种教学、科研、管理等组织或体系,通过集体行动决定高校活动和各种关系展开的框架。制度体系是大学治理的重要组成部分。地方高校教育资源内部配置绩效评价活动处于一种"自主"和"自为"的状态,要充分发挥高校内部院系的能动性和高校的自我评价、自我革新的能力,释放地方高校教育资源绩效评价的活力。但这种"自主"和"自为"的状态需要相关的内部控制制度作为保障,形成教育资源配置的绩效评价标准,做到规范化与统一化,实现地方高校绩效评价活动的"自律"和"他律"相结合,摒弃以往高校绩效评价的随意性。目前,大多数地方高校在资源配置绩效评价方面,存在制度建设不到位、不完善的情况,以新公共管理和第四代评价理论为指导体现地方高校自身发展特色的绩效评价指标体系尚未建立和完善,因此,提高绩效评价的成效,要关注绩效评价的制度建设。

一是弥补资源配置绩效评价制度的缺失。地方高校发展的复杂性、不确定性、决策者理性决策的有限性、参与治理主体之间的利益和价值多元性等,决定了地方高校制度的重要性。制度对于地方高校内部治理体系构建起指导和约束作用,完善地方高校内部治理结构的实践基础是构建内部管理制度体系。我国地方高校内部治理制度缺失与制度的供给不足紧密相关,因为地方高校内部治理的复杂性,现有

---

① [美] 道格拉斯·诺斯:《经济史中的结构变迁》,陈郁译,生活·读书·新知三联书店1994年版,第225—226页。

的教育制度供给路径远远不能满足学校高质量发展的要求，逐步形成教育制度缺陷和真空。在缺乏制度约束的真空中，地方高校行政主导的权力使用就会扭曲变形，导致资源配置和绩效评价行为的失效，从而引起资源寻租，由此带来对教育资源的浪费。如何提高资源配置与绩效评价制度的供给质量是真正解决地方高校内部治理制度缺失的路径选择。地方高校内部院系组织都会在自由和约束之间保持张力，拥有专业知识的教授们都会根据内外部环境的变化适当做出必要的应答。因此，要逐步强化地方高校内部校级层面的制度供给主体，增强学校内部制度供给的动力，根据环境变化建立更适合学校发展的制度体系，以此来调动高校内部院系组织中创新团体和创新个人的积极性。通过制度认知、制度实践、制度认同不断完善资源配置的能力，从制度的根本性、全局性、长远性和稳定性出发，提升配置主体设计制度、执行制度、影响制度和完善制度的能力，将资源配置绩效评价制度优势转化为管理效能。

二是解决教育资源绩效评价制度的低效问题。通过调研发现，教育资源管理制度的低效会导致制度对教育行为或教育权力失去应有的约束力，部分高校的教育资源绩效评价因制度缺乏约束在机会主义倾向下偏离轨道而滋生教育寻租或者教育腐败，如此必然带来教育资源无效利用甚至流失，从而影响到教育资源的配置绩效。相比于制度缺失，教育资源绩效评价制度低效带来的对于教育资源的浪费更具有隐蔽性和危害性。教育制度低效归根结底在于其生成路径上的缺陷，单纯的强制性生成路径并不能保证制度的有效执行，只有学校层面的强制性和对师生诱导性相结合，消除非正式制度干预，才能够真正约束高校内部组织与个人，减少资源使用效能的不确定性。高校内部治理是制度与人互动的结果，一方面要重视制度设计与供给，另一方面也要注重人作为行动者的治理主体的价值。[①] 强调资源绩效评价制度在

---

① 李立国、王梦然：《制度与人：大学治理的建构与演进》，《中国高教研究》2021年第9期。

地方高校治理中的重要性，并不是认为资源管理制度是主观设计或一成不变的，而是注重资源管理制度内外环境与人作为治理主体的共同作用，通过师生参与来提高制度供给的质量，是在实践中不断通过资源管理的制度认知、制度实践、制度认同与制度评价逐渐建构的过程，从而提高教育资源配置绩效，保证教育资源最大效能和绩效达成。

三是强化资源配置绩效评价主体与制度的良性互动。地方高校教育资源绩效评价中的每个主体不仅仅是有自身的利益需求，多评价主体之间在资源配置绩效评价中也分别担负着自身的功能作用，从而导致了各自的功能作用不同和多评价主体的利益倾向不同，这就要求不同评价主体都应该充分了解自身的功能作用，除此之外还必须对评价所需的制度要求有很好的理解，并把制度与自身的功能作用较好地结合起来。在制度运行过程中，注重资源评价主体与制度的良性互动。要求不同评价主体和客体都充分了解自身的功能作用，除此之外还必须对绩效评价所需的制度要求有很好的理解，并把制度与自身的功能作用较好地结合起来。只有这样才可能在地方高校教育资源配置绩效评价中使各评价主体与制度之间产生互动，结合行为主体和外部环境，及时发现制度与绩效评价或资源配置不相适应的方面，从中观层面推动制度的生成与革新，使制度能更好地适应教育资源配置绩效评价。

二 建立教育资源内部配置绩效评价的运行机制

良好的运行机制可以促进绩效评价的顺利实施。结合美国、英国、澳大利亚等国高等教育绩效评价的实践经验，资源绩效评价要建立完善的运行机制；要建立科学的评价体系和系统的评价指标，可以以此为开展详细的评价。绩效指标要具有系统性、发展性、适切性，指标的选取要体现政策制定者对高校教育资源配置情况的关注，反映一定的价值取向，效益、质量、公平等是核心价值。绩效指标要适度，合理数量的指标应遵循的原则是在有限的资源范围内，使绩效指标涵盖所有的评价目标，同时还要明确现实政策的优先配置目标。地方高校教育资源内部配置的绩效指标选取，要体现自己的特点，反映出地方高校自身独特的历史使命。要建立多元的评价方式，包括建立周期性的评价制度，既有年度绩效评价，也有结合高校发展的中期绩效评价。时空维度，建立从静态到动态的评价方式。内容维度，实施从"单一"到"多维"的评价方式。探索定性评价与定量评价相结合，引入发展性评价，充分发挥教育资源绩效评价的预测、诊断、激励作用。地方高校可从以下方面建立绩效评价的运行机制。

一是完善院系师共同参与运行机制。依据本书构建的二维分析框架，地方高校教育资源内部配置绩效评价实施中，要突出多元主体性，绩效评价的决策者、评价者、被评价院系和相关利益人员应融为一体，以便充分听取不同主体的意见，探索构建有效的协商机制，达到共同构建评价的要求，通过协商论辩达成一致，以化解不同利益主体在评价观点上的矛盾。保证评价主体参与的多元化和开放化，地方高校教育资源绩效评价的影响就会更加积极。绩效评价应当尊重高校院系对于自身学科特点、办学特色的自我描述以及对评价指标的意见，只有充分考虑绩效评价活动利益相关者的意见，缩短评价主体不同意见之间的分歧，朝向共同的资源绩效提升目标，才能使绩效评价成为一种实质意义上的共同建构过程，绩效评价结果才能得到各方的共同认可。依据地方高校院系场域关系构型所涉及的利益主体，教育资源绩效评价应形成多元主体协作的评价体系：学校层面由发展规划部门、评估部门等统筹组织开展，由学校党政主要校领导担任绩效评价总负责人，内部相关部门的负责人担任小组秘书，成员包括校内院系的党政负责人、学生代表、教授代表、用人单位以及毕业校友，并邀请校外教育管理与绩效评价学科背景的资深顾问、专家，形成学校层面与学院层面相结合、行政与学术相融合、外部与内部互相监督制衡的绩效评价格局。地方高校院系要组建绩效评价小组，完成学校整体布置的自评总结要求，并配合学校完成相关评价任务。为确保相关利益各方能够有效地运用评价结果，绩效评价的过程要遵循透明原则。因此，地方高校在考察绩效评价结果前，应了解绩效评价参与主体是否到位，参与主体是否发表了绩效评价意见，是否共同建构了评价体系，是否对评价结果予以认可。这也是当前影响地方高校教育资源绩效评价体系建构的主要障碍。

二是要允许不同评价主体间的充分博弈机制。从权力梯度上，地方高校内部资源配置绩效评价实践中受行政权力、学术权力、市场竞争和人情社会的多重影响，不同评价主体具有不同的人性假设和配置逻辑秩序。[①] 地方高校内部资源配置绩效评价的现状是在行政主义、管理主义、专业主义和关系主义的相关博弈中形成的。地方高校在资源配置绩效评价的制度设计上，不仅要兼顾不同的利益主体，更要允许不同绩效评价主体有充分的博弈的权力。目前的地方高校资源配置绩效评价，往往是行政权力独大，导致资源配置绩效评价的行政化倾向明显，过于强调外显数量与产出，学科和专业发展的模式暗淡，违背了高等教育规律的应然配置模式。鉴于此，要推进高校内部资源配置绩效评价的主体民主化，要平衡各种影响资源配置绩效评价的力量和因素，要允许教授、学生以及其他利益相关者充分表达意见，提高师生参与资源配置绩效评价的程度，要兼顾不同主体的权力制约和平衡，防止一方主体权力过大而导致绩效评价的失衡，保障资源使用主体的广泛性和代表性，平衡不同主体间的影响因素，监控绩效评价的权力，以此来降低绩效评价决策中的失误和风险，使绩效评价整体方向上符合高等教育规律，这理应是地方高校教育资源内部配置绩效评价主体制衡的基础性考量。

三是实施评价信息沟通机制。地方高校解读教育资源绩效评价结果的前提是所有得到的投入与产出信息都是真实、准确的，绩效结果信息是可靠的，这些信息的质量能够得到保障。在现实中，信息不完整导致信息失真、信息质量不过关等问题，这些影响对地方高校教育

[①] 蔡连玉、眭依凡：《大学内部资源配置及其制度选择研究》，《清华大学教育研究》2017年第6期。

资源绩效评价体系的运行。源头信息不真实，无法保障资源绩效评价的结果，也无法真正有利于地方高校的高质量发展。投入与产出信息失真将导致地方高校教育资源绩效评价体系的价值大打折扣。更重要的是，在二维分析框架指导下，对地方高校教育资源内部配置绩效评价需要相关利益相关者参与，但由于信息不对称，缺少信息沟通和交流对话机制，被评价者的焦虑得不到回应，被评价者就不会完全理解地方高校的行为意图和评价结果，绩效评价的主动性和积极性将会降低。评价利益相关者如果缺少信息沟通和对话交流机制，会使绩效评价结果的解读缺乏合理性，导致地方高校教育资源绩效评价体系的建构存在困难，绩效评价活动也就难以有效开展。

四是实施教育资源使用改进机制。绩效评价的本质在于实现绩效改进，因此，资源使用改进机制是地方高校教育资源绩效评价运行机制的最为核心的组成部分，是绩效评价的落脚点。教育资源绩效的不断提高和持续改进是地方高校绩效评价的根本目的，根据绩效结果实施的各种资源配置形式都是促进绩效改进的手段，是激励地方高校内部院系实施更高质量发展的制度化工具。地方高校教育资源绩效评价要重视评价院系的发展变化，通过纵向、横向对比研判评价院系的优势和不足，根据评价结果给予正向的激励和改进意见。地方高校应该在公布资源使用绩效等级的基础上，在评价报告明确院系在教学、科研、社会服务等领域的绩效处于其他可供比较的院系群体内的区间位置，为院系提供完整的画像，帮助院系更加精细地了解资源绩效评价结果的相关信息，以便院系认清自身的优势和缺陷，及时准确地制定整改方案。学校层面根据院系的绩效评价结果以及对未来的发展定位，精准、合理调整资源配置，从真正意义上发挥资源绩效评价的以评促改、以评促建的功能。

三　建立教育资源内部配置绩效评价的反馈机制

无论是绩效评价过程还是绩效评价结果，都需要建立完善的反馈机制，要完善绩效信息收集和披露机制。绩效信息是绩效评价的重要信息，要实现绩效评价的良好运行，需要快捷的绩效信息收集。要充分挖掘、利用高校内部信息，同时，借鉴官方权威机构信息，提高绩效评价的可信度。要重视绩效评价结果的合理使用，评价不是最终目的，评价真正的目的在于监督和改善高校资源绩效，必须将评价的结果运用到高校内部教学科研之中，运用到高校内部教育资源优化配置之中。要发挥评价结果的导向作用，形成高校内部激励，发挥评价标准的尺度作用，促进高校内在激励，通过资源的绩效评价，逐步建立以绩效评价结果为导向的资源配置机制，促进高校之间和高校内部的良性竞争，使得高校对教育资源的使用更为充分和有效。

一是开展评价结论的协商反馈。对教育资源内部配置绩效评价结论的应用或公开范围应当提前协商并达成共识，评价结论形成过程应当是公开透明的，这样的结论公开之前应当进行充分的沟通，给被评价院系提出疑问的机会。在结论形成阶段被评价院系应该有充分的知情与参与，最终的结论应当得到确认，如果有异议应给予足够的机会申辩与举证，并确保申诉渠道的畅通。被评价院系如果不能提出推翻或者改变评价结论的证据和理由，就应该接受这样的结论。

二是重视绩效反馈的形式。绩效反馈是教育资源内部配置绩效评价的重要环节，是绩效评价的最后一个环节，也是发挥绩效评价发挥导向、激励、改进功能的重要手段。如果教育资源绩效反馈环节缺失，绩效评价结果等重要信息无法及时有效地反馈至高校内部院系和部门，进而可能影响教育资源绩效评价结果导向功能的发挥。绩效反馈是建立教育资源绩效评价沟通桥梁，是解决上述问题的有效策略。教育资源配置情况的绩效反馈作为绩效评价的重要组成部分，应采用书面报告与正式面谈相结合的正式反馈形式，书面报告记录高校内部各院系教育资源使用绩效评价的结果以及对评价结果的具体分析，提出该院系教育资源管理中存在的问题等，书面报告供高校内部管理层决策和院系自我改进提高。正式面谈是地方高校评价主体与院系负责人及其师生通过正式会议就绩效评价结果等问题进行的沟通，在反馈的过程中应以评价客体为中心，绩效评价主体采用定性与定量相结合方式进行绩效反馈,反馈过程中秉持信任、平等、鼓励的原则,双方共同探讨提高教育资源绩效的改进策略。书面报告与正式面谈相结合的方式有利于地方高校内部院系更加深入地了解资源使用中面临的问题,并在后续教育活动中采取行之有效的改进策略。

三是反馈过程要秉承具体、客观、正面引导、着眼未来的原则。其中,具体原则注重对院系教育资源绩效反馈的内容要翔实具体,对资源使用评价结果进行客观分析,总结周期内教育资源使用的长处和短处。客观原则注重教育资源绩效反馈得要客观,每一个绩效评价结论都需要客观依据作为支撑,保障教育资源绩效评价反馈的有效性,同时评价主体在绩效反馈的过程中要保持客观的态度,避免因非客观原因影响绩效反馈的效果。正面引导原则注重在对教育资源绩效评价结果进行归因分析时,关注评价结果较差的院系,本着持续改进的原则,在绩效反馈过程中给予院系一定的激励。绩效评价反馈重在发现差距、查找问题,绩效评价结果按区间及梯度形式分类呈现,一般不建议计算总分、不建议发布排名,连同改进意见反馈建设院系,供建设中持续改进。着眼未来原则强调教育资源绩效反馈并不能局限于教育资源过去使用的状况,而是应该在解决现存问题的基础上,合理采取资源调配措施,制定下一个院系发展目标,将各阶段的院系发展与资源使用有效地连接在一起。

第二节 注重绩效评价结果运用

地方高校教育资源内部配置绩效评价的应然作用是通过评价促使地方高校和其内部院系去主动认识、关注、发展、解决办学活动中的教育资源配置问题。评价机制是绩效评价的过程,评价结果如何运用是关键,因此,有必要明晰如何运用地方高校教育资源内部配置绩效评价的结果。

一 以绩效为导向的动态增量调整机制

近年来,我国也在探索以绩效导向的高等教育资源配置,国家层面针对原有"211""985"重点大学建设中"身份固化、竞争缺失"的弊端,"双一流"建设提出要创新国家财政拨付方式,突出绩效导向,鼓励公平竞争,逐步构建基于绩效评价情况的动态资源支持机制,这也正是新公共管理理论的绩效思路在高校的价值体现。但从目前实施情况来看,绩效拨款制度的效果并不总如预期的那样乐观,我国高校还没有真正实施具有强激励特征的绩效拨款制度,这是因为,如果绩效评价指标选取与拨款挂钩机制设计不当,绩效拨款制度不仅不能提高高校办学质量,反而还会导致目标与手段的本末倒置,造成负面规制效应,进而侵蚀高等教育发展的良性生态。

从20世纪80年代开始,澳大利亚大学绩效拨款制度根据外在的社会环境和发展所面临的主要矛盾变化不断地进行调整、演变,先后经历了量化指标导向、嵌入质量因子及激励重心转移等渐进式、多阶段变迁之后,形成了自身鲜明的制度特征:时间兼容历史成就和前瞻取向,指标兼顾社会贡献和学术质量,功能兼具绩效激励和成本补偿。[①] 2016年开始,广西对省属高校按"生均定额+专项拨款+绩效奖补"核算分配高校财政拨款,发挥高校绩效考评的作用,采取更加灵活的基本运行经费核算,提高资源保障水平与质量。[②]

借鉴澳大利亚经验和我国部分省份经验,我国高等教育应根据高校发展不同阶段动态调整绩效拨款制度,在兼顾绩效激励与成本补偿基础上,注重效益、质量、特色,梯度推进和升级激励目标,保障资源配置绩效与高质量发展并重。在地方高校内部以绩效为导向、以学科为基础、以质量为条件,要通过直接资源配置的方式保障公平与稳定,保障院系基本发展资源,防止两极分化、陷入恶性循环;以绩效评价的结果,择优进行动态调整,优化以绩效为导向、以质量为条件的动态调整机制,采用间接资源配置方式保障效率,提高高校院系的

---

① 宗晓华、张强:《澳大利亚大学科研绩效拨款的制度演变及启示》,《清华大学教育研究》2021年第6期。
② 金鹤:《基于专业结构优化的广西高等教育财政拨款机制研究》,硕士学位论文,广西大学,2017年,第10页。

内生动力和活力,激发办学效能。地方高校将院系教育资源绩效评价结果与院系规模核定、招生计划安排、专业结构调整、业务经费投入、科研项目支持等教育资源分配相结合,提升现有教育资源配置和使用绩效。问卷调查显示,83%的地方高校师生赞同根据评价的结果来内部配置教育资源。为减少改革的阻力,需要以高校增量资源来保障以绩效为导向的资源配置顺利推进。也可以探索对建设成效显著、资源使用有效的院系探索实行后奖补政策。

以绩效为导向的资源动态调整机制,要处理好效率与公平的关系,要以资源的增量撬动改革。在地方高校教育资源内部配置的绩效评价中,根据目前的困境,本书试图使教育规律和市场规律在地方高校场域中找到某种逻辑平衡,既要强化资源的绩效,又要注重教育的公平。根据地方高校教育资源实际情况来看,地方高校教育资源总体上每年呈现递增的趋势,无论是生均拨款还是课题经费收入,无论是人力资源还是物力资源,每年的教育资源总量通常来说总体会呈现增长状态。以绩效为导向的资源动态配置模式,"竞争获得"和"公平配置"两种机制并存,以学校资源的增量去推动改革,对于资源绩效高的院系,使用学校资源增量对其有针对性地加大投入,确保资源配置的最优化。对于绩效不高的院系,为保障人才培养的质量,为了促进教育公平,维持原有资源的总量投入,不削减其资源投入,保障基本人才培养资源需求量,但需调整资源的配置结构,通过选择性激励带动整个学校绩效提升,进而优化资源配置。也就是说,为了减小改革的阻力,为了顺利推进资源配置绩效评价,地方高校在不打破原有院系利益格局的条件下,以学校资源的增量去撬动改革,将增量资源配置到绩效高的院系,保障绩效不高的院系资源原有量。

二 建立资源配置适度良性竞争机制

英国逻辑学家奥卡姆在其《箴言书注》中指出:"切勿浪费较多东西去做,用较少的东西同样可以做好的事情。"奥卡姆定律为:如无必要,勿增实体,即简单有效原理。有学者批评"高等教育是中国计划经济的最后堡垒，高校是平均主义的最后一块领地"①。就我国高等教育资源配置机制而言，表现出显著的计划性。计划和平均配置资源造成高校发展趋同，忽视高校选择发展模式的主体意志，忽视了作为不同个体的高校所处的具体发展环境，忽视了高校作为一个社会与市场组织其发展的具体性和灵活性，忽视了不同阶段的高等教育成本分析，从而导致经费使用的低效、无效。② 因此，针对当前地方高校资源配置现状，为提高高校内部资源绩效，应以奥卡姆定律的理念去优化资源配置，实施教育资源绩效评价管理，以此提高资源的使用效能。

从实证分析可以看出，地方高校内部存在部分学科资源投入不够、资源配置不合理等问题，比如案例中的 Q 大学，信息学院投入多，但绩效低，这种高投入低产出的现象，意味着资源不能只是增加投入，还要通过改革提高资源配置绩效；美术学院、历史与行政学院投入较低，而绩效最高，这种低投入高产出的现象，体现绩效与投入不匹配。因此，地方高校内部要完善科学合理的教育资源绩效评价机制，基于数据校内共享常态化监测，强化诊断功能，着力建设"监测—改进—评价"机制，建立资源配置绩效竞争机制，研究制定合理资源配置方案或预算，加大对教育资源管理整合和整体资源配置科学规划，提高高等教育资源配置绩效，避免教育资源的投入冗余，通过市场激励措施，将有限教育资源用在刀刃上，实现地方高校教育资源配置绩效最优化。

教育资源在一定时期内往往是有限的，为了发挥资源最大效率，必须坚持"效率优先、兼顾公平"的理念，努力实现高校内部资源配置的"绩效优先"，是激发地方高吸优势与潜力的现实需要，也是实现微观意义上教育效率的必然选择。适度的竞争促使高校内部适度的压力，

---

① 赵世超：《攻克平均主义的最后堡垒——"北大改革"的启示与反思》，《国家教育行政学院学报》2003 年第 5 期。
② 张继明：《我国高等教育财政拨款机制改革探微—基于绩效与竞争的视角》，《复旦教育论坛》2008 年第 4 期。

增强师生发展的内部驱动力,使高校自身发展具有挑战性。任何一所高校如果没有适度的压力,就说明高校内部组织机构管理缺乏激励。竞争应当是适度的,根据组织管理学研究,压力与绩效的关系呈钟状曲线。在竞争中关注差异公平,不以评价结果对所有院系进行统一要求,基于不同学科学院产出的长周期性、产生效果的滞后性以及学科个体的差异性特征,对其进行适当地域性加权和"公平性补偿"。

在高等教育资源配置中采用有限竞争机制,构建"政府—学校—院系"三方协调运作机制,从单一的参数公式资源配置到多指标公式配置转变。内部资源配置作为地方高校对院系进行控制的一种重要手段,优化现有的资源配置方式,实施适度竞争机制,强化资源精准支持,突出绩效导向,加大绩效导向的配置力度,在公平竞争中体现地方高校内部扶优、扶强、扶特,这是地方高校资源配置改革的走向和突破口。通过改革资源配置机制和方法,开展适度的良性竞争,立足长期,动态调整,减少绩效评价工作对院系建设的影响,形成激励约束机制,引导院系着眼长远发展、聚焦内涵建设,提高高校资源的使用效率和质量。

令人欣慰的是,近年来,不少地方高校内部资源配置中就体现出基于绩效评价结果的资源配置理念,如针对同一专业多院系重复开设效率低下的问题,要求连续三年招生或就业不达标的专业予以停招,以破釜沉舟、自我革命的魄力削减资源使用效率低的专业,降低资源无效供给,提高资源使用效能,以实现教育资源的最优化配置。

三 渐进性绩效责任"警示"机制

在我国财政资源提质增效的大背景下,公共预算绩效管理改革的不断推进,"花钱必问效、无效必问责"的理念已基本树立,绩效管理激励约束作用进一步强化。绩效评价有利于形成科学民主的责任确定机制、督查考核的制度化监督机制、奖惩兑现的导向化激励机制,促使有效责任机制的建立。

绩效责任制度是保障与提高高等教育质量的关键。2022年2月

14日,《教育部、财政部、国家发展改革委关于公布第二轮"双一流"建设高校及建设学科名单的通知》正式公开发布,其中引人注目的是,北京中医药大学的中药学学科、宁波大学力学学科、安徽大学材料科学与工程学科等16个建设学科由于整体发展水平、可持续发展能力和成长提升程度相对滞后等原因被公开警示。公开警示意味着学科建设能进能出,有必要淘汰不合格的学科,以学科建设的动态优化提升"集中力量办大事"的效能。[①] 我国"双一流"建设为激励督促各高校学科建设,也是为了警示其他建设学科,采取了公开警示机制。由此可见,依托绩效评价推进高校教育资源使用的绩效责任机制建设,给予绩效考核靠后的院系校内外"公开警示"的办法,可以强化高校内部责任与层级治理,从而推进高校内部责任机制建设。

针对案例Q大学的实证评价中,对部分长期资源配置无效的学院可以尝试建立公开警示制度,定期在学校官方网站上公开资源绩效评价的相关情况,建立公示制度以促进评价结果的反馈应用。要使地方高校教育资源内部配置绩效评价真正发挥实效,避免评价流于形式,真正将评价结果作为学校资源配置决策的参考依据,可以将评价的结果在一定范围内公示。在我国信息公开正逐步成为常态化的大背景下,信息公开可以提高绩效评价的透明度。督促地方高校内部院系重视绩效评价的有效手段之一,便是建立绩效评价公示制度,从而更好地促进结果反馈与运用,实现地方高校资源配置的帕累托改进。

访谈调查显示,72%的师生赞同建立教育资源使用警示办法,81%的师生赞同建立教育资源使用情况公示公告制度。运用高校教育资源绩效评价结果,实施警示与公示制度,发挥高校绩效责任制度的激励与发展功能,在责任与自主之间保持张力,建立有效的高校教育

---

① 邓晖、周世祥:《16个首轮"双一流"建设学科被公开警示或撤销,如何看待》,《光明日报》2022年2月15日第4版。

资源绩效责任制度，积极推进责任院系建设，使高校内部责任机制有效地运行起来。

四 推进部分教育资源有偿使用机制

根据绩效评价的结果，一些竞争性资源如公用房资源，可以适度引入有偿使用机制，通过市场竞争来提高资源配置的绩效。高校的教育属性奠定了高校资源无偿使用的习惯，高校内部普遍存在对资源"不用白不用"观念。地方高校运用绩效评价结果，可以打破传统资源无偿使用观念，将客观实际需求与市场价值规律相结合，将使用权利和经济责任相结合的方式，可降低资源配置的边际效用递减，在保障基本资源的前提下推行超出部分推行有偿使用，可使资源占用者产生压力感、紧迫感，将会根据自己承担的任务及其所能产生的教学科研任务来申请资源量，而不会盲目地争资源。公用房有偿使用是高校资源使用的管理突破口，目前国内部分高校已经实行。访谈调查显示，78%的师生赞同房屋超标准有偿使用制度。资源管理部门可以通过科学的核算方式，依据学生和教师人数、教学科研任务量等计算出所需要的定额面积，在定额范围内不收费，超额部门有偿使用。公房有偿使用制度改变了原有的单纯依靠行政手段调节用房的弊端，通过经济杠杆调控来缓解资源紧张局面，最大限度地发挥公用房的使用效率，实现教育资源的合理使用和优化配置。

五 权变渐进式推进内部资源配置

利用绩效评价的结果，地方高校可以从时间梯度和内容梯度两个方面渐进式推进内部资源配置。

从时间梯度上，着眼于历史和现实客观实际，公平配置教育资源需要一个漫长的过程，短时间内难以实现理想公平的状态。地方高校可以根据不同发展阶段进行选择，对院系建设实行差异化的资源支持。第一阶段为底线保障配置阶段。这个阶段更多关注公平，保障最基本最低线的资源配置，以满足办学的基本条件为主，对未达到教育部本科、专科规定标准要求的要确保投入达标。这是资源配置的底线和硬性规则。第二阶段为平等基础上的竞争重点配置阶段。这一阶段在平等的基础上注重效率提升，集中优质资源进行重点配置，保障地方高校办学特色形成和办学质量提升。配置过程中要求做到程序公开、平等竞争、民主决策。目前大部分地方高校应该注重这种机制的使用。第三阶段是在丰富的资源保障基础上实现更高效率的重点配置。这是一种兼顾效率与公平的配置，是一种标准和层次更高的科学化、民主化的配置模式，高校内部教育资源公平配置所要追求的理想境界。

从内容梯度上，分类资源配置要考虑高校整体发展的需要，结合校内各发展主体的现实状况与自身诉求，实施学科分层发展、院系分类转型、教师分类管理、学生分类培养，构建一个多层次、多维度的资源配置框架。一方面，从整体发展的角度，通过对各院系目前发展的纵向、横向比较，科学定位院系发展，将全校院系分类为研究型院系、研究教学型院系、教学研究型院系以及教学型院系，进行动态管理，以资源流向引导不同院系按照自己的规划目标进行转型发展，以院系的资源需求进行分类配置，降低资源校内无序竞争的消耗。另一方面，依据学科分层分类资源配置。学科建设是高校发展的龙头。地方高校应建立以学科分层建设为导向的资源配置模式。根据发展状况，选准一流学科、基础优势学科、新工科、新文科，进行分层分类管理。针对一流学科或主干学科，建立"学科特区"，集中整合优质资源，下放资源配置权力，精心打造高峰学科。通过一流学科与其他相关学科交叉融合共享，打造支撑学科，进而组建学科群。以地方需求为导向，利用地方资源，发挥特色学科优势，发展应用学科，服务地方社会。通过学科分层建设，对不同发展层次的学科采取分类资源配置，形成地方高校学科发展的生态化发展局面。

六 把握评价结果的使用边界

由于地方高校在现实教学科研中存在的复杂性与不确定性，教育资源配置绩效评价往往也是在不确定环境下进行的。无论以什么样的方式呈现评价结论，地方高校教育资源配置内部绩效评价总会产生对院系绩效状况的判断。那么，如何看待和使用资源绩效评价结果呢？是否将绩效评价结果与资源内部配置挂钩呢？如何避免内部绩效评价被赋予过高甚至不切实际的期望呢？这些问题都涉及评价结果的边界问题。其实，地方高校教育资源内部配置绩效评价的结论是有其使用边界的。

一是规范评价的行为与边界。目前我国高等教育不缺评价，也不缺评价的技术和办法，缺的是真正合理有效的评价。地方高校教育绩效评价不是所有内容都能评价，要坚持"有所为有所不为"，如果这个问题的认识模糊或处理不当，如果评价指向过宽，就会带来高额的评价成本和制度创新障碍，造成成本和效能不对称，不仅评价的预期效能没有实现，而且还会对高校内部的生态系统造成破坏。因此，要规范评价行为与边界，适当给高校预留内部自我约束和保障的空间。

二是要慎用绩效评价结果与资源配置简单挂钩的做法。可以作为一种重要的依据参考，但避免评价结果的功利化。教育产出指标所体现的是教育的外在工具价值，一旦和评价对象的利益直接挂钩，就可能使评价沦为一种利益攫取的工具，在人情关系的介入下为寻租行为的发生埋下隐患，也会诱使高校内部对指标的过度依赖和对短期利益的过度追求，必然导致与教育本体价值的疏离。[①] 20 世纪 80 年代初，绩效评价情况成了不少国家高等教育资源分配的重要依据，美国在 1979—2007 年有 26 个州政府根据绩效评价情况进行资源分配，但过程中先后有 14 个州政府放弃了这种做法，主要原因是这种做法对推动高校实质性发展的作用值得探讨。"绩效导向的资源配置使用过度的话，会影响教师基本生存，影响教师学术自主研究的积极性"[②]，

---

① 司林波：《新时代教育评价改革的现实背景、内在逻辑与实践路向》，《陕西师范大学学报》（哲学社会科学版）2022 年第 1 期。

② 张男星、姜朝晖：《改进大学评价，深化高等教育综合改革——访天津大学党委书记刘建平》，《大学》（研究版）2014 年第 9 期。

高校可以探索采用"基本资源配置来保障公平""绩效导向方式配置增量资源来提高效能"。

三是理性认识绩效评价的作用与价值。高校教育资源内部配置绩效评价属于"中观叙事",不关注教师的专业发展,不关注某类学生的学习提高,不关注某个科研项目的效用,更多从组织、单位角度关注高校内部办学效益与质量,关注院系的运行效能和发展速度,通过内部评价结果的鉴定与比较,为优化资源内部配置提供决策参考。教育资源绩效评价重点在于"建设",以发展改进为宗旨,而不是通过评价划定身份、层次,不是给院系分层,也不是贴标签,更不能在高校内部划分"三六九等"。

四是资源绩效内部配置评价有其时段性。高校教育资源内部配置绩效评价是对一段时期内的评价,少的是一年,多的是十年,时间上终归是有期限的。而高校教育活动效果存在滞后性、潜在性、多样性,特别是科研成果对经济、社会、文化的影响是需要更长时间的,人才培养的效果具有文化性、内在性特征更是难以测量评价,加之指标的动态变化,因此,高校资源绩效评价的结果不具有终极意义[①],要给予高校充分的稳定发展的时间和空间,促使高校内部院系遵循教育规律,充分发挥自身特色和优势,通过管理、制度的改革来实现高质量发展,不应急功近利。

因此,要客观理性地运用评价结果。教育评价是一项很困难的任务,任何教育评价都不是绝对的科学合理。高校教育资源绩效评价是一项复杂而又敏感的任务,要用发展、全面、剖析、辩证的眼光看待。作为一种综合评价,高校教育资源内部配置绩效评价只是一种评价补充,不能替代其他评价,也不能将评价结果作为院系办学质量的唯一参照。无论是高校层面还是院系层面,都要辩证取舍、分化使用,重视但不唯是,扬其长避其短,最大限度地发挥资源配置和绩效评价的激励、引导、诊断、改进功能。

---

① 张男星:《高等学校绩效评价研究》,科学出版社2018年版,第11页。

第三节　提升教育资源内部配置绩效评价的效能

教育资源绩效评价不仅反映了各院系资源占用总量和绩效贡献总量的情况，而且还反映了院系人均资源使用和绩效贡献情况及发展潜力，更体现了资源使用的质量高低。绩效评价指标可以作为"晴雨表"调控资源配置，地方高校内部院系首先被稳妥性赋予竞争和市场的心理特征，通过资源绩效评价进而促使院系本身必须提供相应的教学科研业绩。高校实施绩效评价，将有限资源投入预计产出最大的学科，资源梯度合理配置，会达到有限的资源限度下高校最快的发展速度。高等教育进入普及化时代之后，地方高校教育资源绩效评价的方向、方式和方法需做出相应调整。针对当前评价存在不足，在二维分析框架的基础上，既要重视地方高校的教育资源配置绩效，也要进一步回应绩效评价带来的弊端，在多元共建理念下，要积极寻找制度创新和结构变革，要积极总结教育资源绩效评价的经验教训，回归教育资源评价本真导向，回归资源评价初心，凸显大学精神对大学职能的观照，以评促改，让资源更好地服务高校发展。要引入新的理念，以建构主义理论为基础，使资源评价从管理秩序向学术秩序转变，让实体学院从学校绩效评价制度或政策的执行者转变为制度或政策的制定者。要超越科学实证主义范式，优化内部治理评价机制，改进评价指标和评价方式，完善建设成效监测评价体系，评价方式凸显师生的主体性价值，探索同行评议，评价内容彰显科学研究与人才培养深度融合的发展理性，聚焦立德树人，突出诊断功能，实施不同类型院系分类评价，破除"五唯"顽疾，构建以创新价值、能力、贡献为导向，具有地方院校特色发展和内涵发展的多元、多维教育资源绩效评价体系。

基于上述分析，当前，为持续提升地方高校教育资源内部配置绩效评价的效能，具体建议如下。

一 着眼国际与国内，加强理论研究与实践探索

在高校资源绩效评价方面，英国、美国、澳大利亚在高校绩效评价方面走在世界前列，在多年的反对和批判的论战中形成了客观认识，基本达成了"绩效评价既是对外部的问责回应也是提高自身效率的手段"的共识，在实施中不断反思与批判，促进了实践的改进。三个国家绩效评价均重视信任、沟通、激励，营造评价互信氛围，其评价指标结合被评价对象特点理解其存在价值并尽可能反映评价对象的本质，体现了经济理性观和组织再造观。我国高校资源绩效评价要让高校每一个成员认识到"绩效评价的目的旨在提升内部质量的同时回应外部需求，在获得资助和支持的同时以获得更多的自由和自主为最终目的"[1]。英美国家高等教育系统层面实施了拨款激励绩效评价，其政策方案具有一定的指引性和操作性。我国高校实施绩效评价的政策方案指引性强但实践操作性弱，在系统层面没有激励高校实施绩效评价的措施，实践规范性不强。国外高校实施绩效评价的目的性很强，就是政府基于绩效评价的结果来分配资源，院系基于绩效评价结果主动改进质量，获得更多资源。

高校教育资源绩效评价本质上是一种管理手段，各国都有自己的绩效评价体系，然而其成熟度、认可度、可行性等方面均存在差异，我国高校需要对高校资源绩效评价体系进行系统考察，运用比较研究法、历史分析法、个案研究法进行总结和提炼，发掘高校教育资源绩效评价的特征，从而为构建地方高校教育资源绩效评价提供借鉴。同时，由于高等教育发展历史的不同、社会制度和市场环境的差异，西方发达国家的高校资源绩效评价体系也各有千秋，这需要我国高校从现实的维度来研究英美国家高校资源绩效评价体系的典型样态，把握英美国家高校资源绩效评价的结构组成、制度环境、保障措施等，这

---

[1] 郭芳芳、张男星：《高等教育绩效评价的需求、内涵与机制》，《高教发展与评估》2016年第1期。

将有助于从理论和实践层面推动我国地方高校教育资源绩效评价体系的健全和完善。

与国外教育资源绩效评价相比，国外的高校资源绩效评价理论基础较为多元并来自实践，我国高校大多借鉴国外理论应用于实践；国外资源绩效评价政策方案具有指引性和操作性，我国高校教育资源绩效评价政策方案指引性强但操作性弱；国外通过资源绩效评价实施拨款激励机制，且实践措施规范，我国在制度层面有激励政策，但实践规范性不强；国外教育资源绩效评价整体处于实施推进、讨论反思、继续实施突进的不断改革的过程中，实际上，我国高校教育资源绩效评价也是处于这样的发展过程中。我国绩效评价未建立与资源分配挂钩的机制，高校没有动力实施评价，导致绩效评价大多沦为可有可无的说辞。我国个别高校也实行相关资源绩效评价，但缺乏基于大学教育本质而制定的可操作性政策引导，更没有在校内微观层面形成一种基于大学教育本质的可操作性政策外溢效应，存在模糊理解和意会，没有达到诊断、改进和提高的目的。

变革中的西方高校资源绩效评价给我国提供了借鉴，但还需要形成高等教育绩效评价的中国智慧，还需要结合地方高等教育实际，立足于地方高校的地方性、职业性、区域性等特点，通过对国外资源评价的聚类集成与整体升华，对长时段的历史变迁和现时段的实践样态、价值判断予以综合考量，构建地方高校本土模型，形成地方高校资源绩效评价改革的思想和理念、模式和对策、战略和措施。

令人欣慰的是，近年来，江苏省2021年2月发布的《江苏高水平大学建设方案（2021—2025年)》中指出："高水平大学建设要聚焦内涵发展、深化综合改革、实行分类指导、强化绩效管理。"同年10月，《江苏高水平大学建设高峰计划绩效评价办法》出台。江苏省高校深刻理解江苏高水平大学建设绩效评价的重要意义，部分高校认为，绩效评价是全面提升江苏高等教育综合实力及核心竞争力的重要抓手，是着力提升江苏高等教育高质量内涵式发展的重大举措，是面向2035年构建江苏高等教育现代化发展模式的核心任务,① 为此,江苏省高校积极构建高水平大学建设绩效评价指标体系,在理论与实践层面积极推动高校绩效评价。江苏省高校绩效评价涉及高校的资源投入和教育活动产出,其评价理念、实施路径和保障机制必将为我国地方高校教育资源内部配置绩效评价提供有益借鉴。

二 立足客观与科学,充分发挥院系的自评作用

自我评价是组织内部自行组织的评价形式,是加强和改善组织内部管理的重要举措,也是开展外部评价的重要参考。真正实现教育资源自我绩效评价与改进是地方高校评价治理现代化的重要内容,保证教育资源绩效评价制度开展与实施中的自主权力也是地方高校内部评价改革的重点内容。我国高等教育评价制度改革中,明确地方高校教育资源内部绩效评价制度不可或缺的地位与作用,推进地方高校教育资源内部绩效评价制度规范化、体系化建设,引导其规范、自主发展也是重要的改革方向。② 自主开展教育资源内部绩效评价制度既是地方高校依法治校的权利,也是地方高校治理现代化的内在要求。我国地方高校教育资源内部绩效评价制度对外依赖性强,面临被动发展局面,要认识到内部评价对推动高等教育治理现代化的重要作用,依法评价,提高自身治理水平,在外部力量的引导与支持下,主动建构符合本校发展的评价制度,主动开展与实施教育资源内部绩效评价。

除了校级层面积极开展自主评价外,内部院系可以依据本校的评价体系,开展自我诊断评价。与学校主导的评价相比,院系自我评价可以贯彻绩效评价的始终,体现了绩效评价院系组织的主体性和自发

---

① 雍莉莉:《新发展格局下江苏高水平大学建设绩效评价研究》,《江苏高教》2023年第1期。
② 蒋家琼、张亮亮:《英国高等教育多元主体评价制度的缘起、架构与特征——兼论对新时代我国高等教育评价制度改革的启示》,《陕西师范大学学报》(哲学社会科学版)2022年第1期。

性，其内容可以涉及资源的使用情况、资源使用的改革和创新力度、完成预期目标的效度诸多方面。当前，地方高校自身高质量发展面临各种矛盾和压力，在发展的过程中必须凸显自身特色和优势，根据内部院系组织的发展状态对自我进行改革，从而提升自身的整体办学实力和水平，由此，地方高校就有了自我评价的内部动力。评价的目的是在分析近年来数据的基础上了解资源配置情况，分析自身发展的优势与不足，研究资源配置方向和高质量发展的规划。地方高校内部院系要处理好资源绩效评价"内与外"的关系，克服发展惰性和评价的外部依赖性，加强自我变革力度，强化自我评价的主体地位和评价自信，建立基于资源使用结果自主评价的机制。

院系自我评价的意义和作用在于：首先，内部院系最清楚资源使用的程度和绩效。从对 Q 大学的调研情况来看，在绩效评价方面，被访谈者主张强调怎样激发院系动力，而不仅仅是照搬专家评议结果。因此，部分被访谈者主张自我评价和学校评价相结合的评价机制是比较理想的机制，本着客观的原则，在对院系进行绩效评价时，自我评价应成为其中重要的组成部分。其次，自我评价有助于为学校评价提供辅助和参考。院系自我评价通过检验、反馈、激励等方式更好地推动自身良性发展，更有利于发现和挖掘自身存在的优势和不足，也更能促进院系提升资源使用绩效的提高，发挥绩效评价"以评促建、以评促改"的内生作用。最后，自我评价本身具有重要的自我监督导向功能。相对于组织外部评价，院系自我评价的自我检测和监督导向功能尤为显著，且评价氛围相对宽松，能够在一定程度上弥补外部评价在过程中的不足。

尽管院系自我评价具有自主自发、灵活机动、便于操作等显著特征，但地方高校资源绩效评价更关注多方参与的回应、协商、共同建构的评价方式，目的是使评价结果反映地方高校内部院系的客观实际。然而，由于资源投入掌握不准、无标准参考依据等原因，地方高校内部院系自主评价存在客观性、对比参照性不足的情况，因此，院系自我评价不能是教育资源内部配置绩效评价的全部，而只能将其与学校主导的评价有机结合,将其作为学校评价重要组成部分,用以验证和完善学校评价的结果。

三 致力于诊断与促进,积极推进协同建构评价

评价目的是绩效评价的落脚点,评价目的对评价内容的确立、评价标准和评价方法的选择都具有重要的影响和作用。地方高校教育资源内部配置绩效评价只有明确评价的最终目的,才能达到评价的预期效果。地方高校教育资源内部配置绩效评价的目的,是通过科学合理的评价体系对地方高校内部资源配置情况开展相对客观、阶段性的评价,基于事实判断进而做出价值选择,以绩效评价为介质达到提高资源配置的绩效,进而促进地方高校内涵式、高质量的发展。资源效能的提升是绩效评价的根本目的。

首先,要以二维分析框架为指导,树立科学的绩效评价理念,避免为了评价而评价。绩效评价行为的开展离不开绩效评价理念的指导,对地方高校教育资源内部配置绩效评价,二维分析框架是关键和核心。绩效评价是地方高校进行资源配置过程中监督的必要手段和措施,开展绩效评价有利于掌握资源配置的现状和成效,是对地方高校内部院系资源使用的共同诊断和改进。

其次,营造和谐的共同建构氛围,避免有了评价却失去了创新。协商、参与、共同建构的评价理念,要求营造公平、和谐的绩效评价氛围和环境,避免造成地方高校内部院系为了应付评价而打乱正常的教学科研工作。也就是说,绩效评价侧重考察院系资源使用的过程,对发现问题提出反馈意见,重在考察院系使用资源做了哪些工作,是否可以修正或者改进。高校绩效评价要注重评价的多维性和复杂性,珍视高校的独特性,需深入与评价对象沟通,发挥相关利益主体的主动性,构建良好的评价主体关系。在访谈中,有院系管理者提出,资源绩效评价不会给院系带来太多的干扰,不会将重心由教学科研转移到应付绩效评价上来,更不会让绩效评价成为阻碍师生创新的障碍。

最后，遵循教育规律和协同建构的方式，变甄别评价为发展评价。尽管甄别是绩效评价结果的运用之一，但仍不是最终的目的。甄别评价通常强调选拔功能，容易忽视评价的诊断、指导、激励和导向作用，而发展评价更加注重评价对象的问题、持续发展和质量提升。地方高校教育资源配置绩效评价要遵循教育规律，遵循协同参与的建构模式，要由单向度评价转变为双向互动，让被评价者共同参与评价工作，给予评价对象足够的尊重，敦促信息互通和双向监督，提升评价过程的伦理向度。① 要保持资源绩效问责与教学科研发展的适度平衡，强调过程性评价，强调在真实情境中评价，通过评价促进、鼓励内部院系反思、改进和发展，重视地方高校内部院系的生成价值。

四 聚焦真实与质量，建立良好的评价生态

科学有效的教育资源绩效评价能促使评价的实然性趋于其应然性，实现两者的博弈平衡，使教育资源的功能得到最大限度发挥、教育的本质得到最大彰显。教育资源绩效评价作为地方高校改革和发展的"指挥棒""风向标"和"助推器"，是对高等教育活动或现象的价值判断，对高等教育事业的改革和发展具有重要的引领作用。在全面推进高等教育现代化的新时期，需要充分认识教育资源绩效评价的内涵和功能，树立正确的评价观和政绩观，强化评价导向、评价标准、评价机制和评价管理等方面的改革，聚焦立德树人、体现地方特色、加强技术创新，以教育资源绩效评价改革助推高等教育现代化事业。

不可否认，当前地方高校教育资源绩效评价产出质量标准异化，具体表现为：以"排名"为质量；以办学表征数据为质量；以获得"项目"和"帽子"的大小与数量多寡为质量。不可否认的是，这几个方面能够在一定程度上体现院系办学绩效产出，但这些都是质量的条件，而不是质量本身。在当前办学质量标准和实施程序内卷化严重

---

① 王顶明、黄葱：《新时代高校科研评价改革的思考》，《高校教育管理》2021年第2期。

的情况下，具有质量条件并不一定必然产生质量。长此以往，地方高校内部系统的生态发展陷入失调困境。因此，地方高校教育资源绩效评价要从简单地依靠质量条件得出结论的误区中走出来，聚焦真实质量。那么，教育资源绩效评价的真实高质量产出是什么？其实很简单，从立德树人成效看学生的学习成果，从学科建设成效来看教师的发展成果。如果我们认真研究如何从学生学习成果和教师学术成果中得出质量，那么就能真正做到教育评价"破五唯"，也才能真正得出教育资源绩效评价的科学结论。

聚焦于绩效评价的真实和质量，需构建良好的教育资源绩效评价生态，推动改革创新。教育资源绩效评价生态是指，从资源配置评价相关因素出发，以多维结构性视角，观察教育活动及其相关元素的投入产出运行状态。教育资源绩效评价价值观、体系构建、评价组织、评价应用及其产生的影响，具有系统性特征，不仅仅局限于评价体系建设、评价组织本身，还涉及评价结果应用和产生影响。教育资源绩效评价行为和作用并不是孤立的，评价价值观、体系导向、方法创新、信息公布、评价影响、利益相关等都会影响评价生态。因此，以评价为主线，聚焦相关因素，研究教育评价生态，探索教育资源绩效评价改革创新，促进评价改革落地生根，具有独特意义。在教育资源绩效评价改革过程中，评价的视角需要转向对评价对象生态环境的关注，坚守立德树人的评价导向，构建质量为本的评价标准，完善多元主体的评价机制，推进校院两级分级负责的评价管理，在协商合作中寻求评价利益主体间的价值共意，在评价主客观的二元融合中优化评价的方式方法，通过分析态势，发现问题，正向调整，打造最佳生态，推进地方高校高质量高效能发展。

五 定位长远与持续，构建绩效评价的长效机制

首先，建立健全资源绩效评价长效机制建设的制度规范。制度规范是指导高校资源绩效评价实践的重要遵循，地方高校资源绩效评价的效能取决于制度供给和实践。建立健全地方高校教育资源绩效评价

长效机制，是一个系统化的工程，需要不断建设制度规范，从而以制度创新促使资源配置绩效评价改进。制度规范要着眼于解决长效机制，针对资源配置绩效评价中存在的实际问题，在原有制度规范的基础上探索制定新的制度规范，研究制定新的绩效评价规章制度，以解决评价中出现的新问题。对已有的制度规范，及时结合地方高校发展的要求，进一步进行完善修订，针对不同院系性质和特点，细化资源绩效评价的指标体系、评价方法、评价过程及结果运用，使制度体系不断完善，且行之有效。

其次，不断丰富资源绩效评价手段与方法。提高地方高校资源绩效评价的科学水平，离不开有效的方法和手段。在方式方法上，持续完善自我评价与外部评价相结合、定量评价与定性评价相统一的方法，提高资源配置绩效评价的公正性和权威性。如针对地方高校教育活动产出滞后的特殊性，采取延后绩效评价的方式，以保证资源配置绩效评价的合理及有效性。随着地方高校的发展，要根据评价结果不断修正、完善绩效指标的设计，优化不合理、不科学的指标设定，补充新的评价指标，进一步突出地方高校资源配置过程中内部院系绩效特色，使资源配置绩效评价手段和方式更加科学、合理。

最后，给予院系充分的稳定的发展时间和空间。著名教育家叶圣陶先生指出："教育是农业，不是工业。"地方高校教学科研过程需要循序渐进且是一个漫长的进程，资源配置绩效不可能在短期看出显著成效，因此，对地方高校教育资源内部配置的绩效评价应该是一个长久持续的具有跟踪效应的过程，应构建一套相对稳定而又长远的资源绩效评价长效机制，以促进地方高校教育资源绩效评价机制的长远健康发展。为此，要给予院系充分的时间和空间，遵循教育规律，充分发掘自身特色和优势，通过改革追求稳步发展，不能急功近利。

地方高校教育资源配置绩效评价要在新的形势下，发挥治理者的主体性和能动性，不断优化和推进。行动主义治理突出行动者的能动性和创造性，要求高校治理者在具体问题求解的实践探索中达成新的治理秩序——制度规范创新和治理结构变革①。提升地方高校教育资源内部配置绩效评价，要以绩效评价为抓手，遵循"……配置—使用—评价—改进配置—使用增效—改进评价……"螺旋式上升路径，进而促进现有教育资源的合理配置和充分利用，达到资源改进的帕累托最优状态，这种思路符合地方高校目前发展的现实，是地方高校解决现实问题以实现自身发展的路向。在此思路下，地方高校提高资源配置绩效，要紧紧抓好绩效评价这个有效手段，不断改进对资源配置绩效评价的认识，建立完善的绩效评价机制和结果运用措施，通过绩效评价有效促进教育资源内部配置的绩效提升。

---

① 张衡：《大学治理方法论取向：结构主义、制度主义与行动主义》，《清华大学教育研究》2021年第2期。

第七章 研究结论与展望

本章是本书的总结。本书主要目的是在高等教育内涵式发展的背景下，以地方高校内部院系为评价对象，在新公共管理理论和第四代评价理论观照下，通过构建教育资源内部配置的评价体系，并运用适当、科学的评价方法，对地方高校教育资源内部配置进行绩效评价，从而促进地方高校战略改进。针对上述研究目的，本章对相关研究进行回顾和总结，主要包括本书的结论和成果，局限和开展进一步研究的展望。

第一节 研究结论与创新之处

本书涉及教育资源配置和教育评价两个范畴，在系统地对这两个问题的相关理论进行总结和实际调研的基础上，构建了适用于地方高校教育资源内部配置绩效评价的分析框架及其指标体系，为了对这个分析框架和指标体系进行验证，依据回应—协商—共同构建的原则，以 Q 大学为案例，采用包络数据分析方法进行了实证评价。本书所做的工作的相关结论和创新之处如下。

一 研究结论

（一）案例高校资源配置错位和绩效评价不到位，导致内部配置绩效不高

通过问卷调查与访谈，发展地方高校教育资源内部配置存在两个

问题,一是教育资源配置存在不重视绩效的问题,表现在:资源相对短缺的同时又忽视自身的浪费资源配置,依然以行政手段为主;资源使用的激励机制不够,过于关注资源得失,忽视资源配置绩效。二是教育资源绩效评价存在效能发挥欠缺的问题,主要表现在:开展评价不到位,评价主体单一,评价过程改进不够,评价开展效果不理想,工具理性大于价值理性,理论与实践脱节。由于资源配置存在错位和绩效评价不到位的问题,导致当前地方高校教育资源内部配置绩效不高。

(二)资源配置绩效评价既要注重绩效竞争又要体现多元共建

研究在系统梳理国内外高校教育资源配置绩效评价的基础上,提出了既要在新公共管理理论指导下重视高校绩效和竞争机制,又要在第四代教育评价理论指导下克服"管理主义"倾向,回归评价的教育属性,在教育规律的指引下构建"回应—协商—共同构建"的评价机制,消弭追求资源绩效与遵循教育规律之间的"鸿沟",建立以绩效和多元共建为核心的分析框架,使新公共管理理念和第四代评价理念两种力量在高校内部场域达到逻辑平衡。同时,在绩效评价产出维度方面,从投入产出、目标达成、发展能力三个方面构建了教育资源产出分析框架。

(三)评价产出指标体现目标达成、发展能力和产出效益三个维度

从评价主体与客体、评价指标、评价方法、评价标准等方面建立了地方高校教育资源内部配置绩效评价体系。由效率到绩效,拓展研究范畴。评价指标体系教育投入从人力、物力、财力资源分析,教育产出绩效从目标达成、发展潜力、产出效益三个维度分析。本书在第四代评价理论指导下,注重被评价院系的心理建构过程,克服"强烈的管理主义倾向""忽视教育价值的多元性"和"过于强调科学实证主义"的弊端,以行动主义为方法论,重视被评价者的能动性与创造性,在共同建构中进行"问题求解",达成新的评价治理秩序。研究邀请被评价院系师生、管理者和专家共同参与指标的制定,以教育资

源投入和教育绩效产出为基本指标，投入指标包括人力资源、物力资源、财力资源，教育绩效产出指标包括目标达成绩效、发展能力绩效和产出效益绩效。评价指标涵盖了地方高校教育活动的主要方面，彰显了人才培养、科学研究、服务社会、文化传承等大学功能。在结合地方高校发展现状的基础上，提出了相关指标的计量依据与换算关系，并对指标进行了信效度验证，从而为实践中进行地方高校教育资源绩效评价提供了可借鉴的指标体系和相关参数。

（四）案例高校教育资源配置绩效不均衡，且有下降趋势

高校内部院系是高校组织中的重要组成部分，是高校生存发展的基本细胞，院系的绩效好坏直接影响着教育资源的配置，关乎高校的高质量发展。因此，研究对Q大学19个学院的教育资源内部配置绩效进行了实证分析。为了验证评价指标体系和评价方法的科学性与可行性，笔者调研走访了Q大学29个职能管理部门和19个学院，调查收集了1000多个数据，统计了1200多份评价表，获取了研究必需的第一手资料和数据，对Q大学19个学院2018—2020年的绩效配置情况进行评价，发现地方高校教育资源配置绩效不均衡，部分学院投入存在冗余，一半以上学院处于非有效状态，且有下降趋势。研究得出博士占教师比例、科研配套经费等是影响地方高校教育资源配置绩效的关键因素。

（五）绩效评价要建立运行机制和结果运用机制

根据实证评价结论，结合国际借鉴，研究得出，地方高校要不断加强自我评价，以绩效评价为抓手，建立绩效评价的保障机制、运行机制和结果运用机制。研究从完善资源配置评价和提升资源内部配置绩效两个方面，为地方高校资源配置决策提供了重要参考，为地方高校管理提出了有效建议。

二 创新之处

（一）构建了地方高校教育资源内部配置绩效评价的二维理论分析框架

基于新公共管理理论和第四代教育评价理论两个维度，针对目前

地方高校教育资源配置及其绩效评价存在问题，构建了地方高校教育资源内部配置绩效评价的二维理论分析框架，明晰了二维分析框架的价值取向、目标、内涵、要素与应用等。

(二) 构建了地方高校教育资源内部配置的绩效评价体系

依据二维分析框架，结合地方高校实际，从教育的本质出发，在教育经济学的话语体系下，建立了地方高校教育资源内部配置绩效评价体系，明晰了评价指标体系、评价方法、评价标准等。其中，绩效评价指标体系从目标达成、发展能力和产出效益三个维度构建教育活动产出。绩效评价体系一定程度体现了评价的教育规律和多元共建思想，强化了教育资源配置绩效评价的教育规律和人文属性，体现了工具理性与价值理性的统一。

(三) 对Q大学教育资源内部配置情况进行了实证研究

结合教育博士理论联系实际的使命，运用地方高校教育资源内部配置绩效评价体系，特别是评价指标体系，使用DEA方法中的CCR模型、BCC模型、Malmquist模型，对Q大学教育资源内部配置进行了实证绩效评价，揭示了Q大学教育资源内部配置的整体状况，对被评价学院绩效进行分区，通过实证数据找出无效原因，分析了影响教育资源内部配置的因素，有针对性地提出改进资源配置绩效的建议。

第二节 研究不足与展望

教育资源绩效评价是一项复杂的系统工程，评价体系的考虑、数据获得和清洗都会面临抉择，不可能毕其功于一役。在研究设计和实施过程中，笔者结合教育博士的职责和使命，尽可能理论联系实践，注重研究成果的实践意义，注重通过实践探索创生知识，解决教育管理实践中的真实问题，力求符合实际与科学原则，杜绝纸上谈兵，研究过程虽然借鉴了相关已有研究，咨询了专家学者和高校管理事务界领导，体现了多元共建思想，然而由于诸多限制，研究的过程和结果仍然存在局限。

一 研究不足

(一) 研究对象方面

做一个反思型实践者，在行动中思考，是教育博士需要具备的关键素养。就研究对象而言，研究结合笔者反思实践的情况，以一所地方高校为案例，虽然 Q 大学为综合性省属大学，但并不能代表全部地方大学情况，研究还是一个尝试，还缺乏长期跟踪，因此，在学科上还不能全部包含，在代表性上还不能全部直接揭示其他类型的高校的教育资源绩效评价情况。另外，在对地方高校教育资源的界定上，鉴于研究目的或重心在绩效评价体系，地方高校学科和专业资源又具有稳定性，因此还未将学科与专业等文化资源作为研究的资源投入，仅通过人、财、物资源为例提供一种绩效评价范式。

(二) 研究方法方面

本书的研究方法是以文献研究与数理统计为主，规范研究与实地研究相结合，但在实地研究方面，个案案例虽然具有一定代表性，但其推广度毕竟有限，各个高校发展情况不尽相同，广泛推广还要具体高校具体分析。限于时间和精力，未使用不同的评价方法，相互验证评价结果。另外，在访谈方面，访谈对象的选取主要还是以 Q 大学熟悉的为主，由于被访谈对象对高校教育资源绩效知觉程度不同，无法完全排除主观因素影响。

(三) 研究内容方面

绩效评价源于经济学和管理学，起初主要用于企业组织的营业绩效，由于高校是承担着培养社会主义接班人的职责，其绩效评价是一个复杂的问题，在具体运用绩效管理时与企业存在诸多不同，例如高校资源配置既不是纯粹市场的，也不是纯粹行政的，实践中纷繁复杂，资源配置过程和结果受到学术权力、行政权力、政治权力、市场竞争、人情关系、领导的注意力等诸多影响，有限的指标说明部分问题，要对评价指标和结果辩证对待。另外，为了研究内容的聚焦，考虑其差异性，没有对地方高校的行政部门、教辅部门和管理型学院进行绩效评价探讨，也未将国际交流作为绩效产出的指标。

二 研究展望

高等教育普及与"十四五"规划的双向交汇，促使我国高等教育进入高质量发展的新阶段，随着"双一流"建设的不断推进，高质量发展与绩效思维日益成为高等教育管理者追求的目标和承担的责任。对地方高校教育资源绩效评价将继续探索，破立结合，系统推进。今后的地方高校教育资源绩效评价，将拥有新的发展环境，其应用范围将不断拓展，其使用价值将从反映质量到争取资源，以绩效为导向的资源配置模式逐步建立，彰显出评价的管理杠杆作用，呈现出新的生产需求，努力向更为科学、精准的方向发展。

（一）研究范围

一方面，本书受限于时间和主题，未对多所地方高校开展更大样本的实证研究，因此，建议后续采用多案例的比较研究和大样本的实证研究，以进一步提高研究成果的外部效应和可推广性。另一方面，高等教育绩效产出具有联结性、滞后性、发散性、多元性和难以测量性等特征，评价指标也十分繁杂，在案例中仅揭示了 Q 大学的技术效率、纯技术效率和 Malmquist 指数，进行了基础的描述与刻画，并没有深入分析其变动的弹性和发展的内在动力，因此还要结合一些定性的方法，做更深入、细致的分析，这也有待后续进一步深入探讨。

（二）研究内容

在评价体系的构建方面，要建立评价体系逻辑导向，还要结合地方高校发展定位，建立以学校发展特色为导向的资源绩效评价体系，例如：师范院校要建立以教师教育为特色的资源绩效评价体系。在绩效与高等教育结合方面，建议进一步丰富绩效的内涵，适当多选用一些定性指标和非量化指标，继续细化、优化指标体系，从而扩充高校教育资源绩效的内容，同时，进一步加大对地方高校行政管理部门、后勤教辅部门的绩效评价研究，从而整体提升地方高校的综合绩效水平。

(三) 研究方法

本书在研究方法方面采用了 DEA 的数理统计方法,在产出角度虽然引入了目标达成、发展能力等维度,实施了指标共建和多主体参与评价,从而提升绩效评价准确性,但总体偏重以定量为主、定性为辅,下一步,建议着力开展定性为主、定量为辅的绩效评价方法。虽然考察了连续三年的绩效情况,但未考虑学院成立的时间长短,建议下一步研究考虑学院存续时间因素,以求做出更深刻细致的探讨。相信经过持续的探索,研究方法更加注重技术方法与目标理念之间的适切性,高校教育资源绩效评价的方法不断科学化、合理化。

高校资源配置绩效问题是当前地方高校发展面临的重要课题,涉及教育学、经济学、管理学、系统科学等学科,是多学科相互交叉、相互影响的问题。本人将继续开展教育资源绩效评价的研究工作,并结合实践进一步提升完善研究的理论体系,以期为地方高校更好地开展教育资源配置绩效评价作出理论与实践上的探索。

参考文献

一 中文文献

(一) 著作

戴纯玉:《基于战略的大学绩效管理》,中国科学技术大学出版社2007年版。

顾佳峰:《中国教育资源非均衡配置研究——空间计量分析》,光明日报出版社2010年版。

高丽:《教育公平与教育资源配置》,中国社会科学出版社2009年版。

郭为禄、林炊利:《大学运行模式再造——大学内部决策系统改革的路径选择》,上海教育出版社2012年版。

郭为禄主编:《新时代高校内部评价改革探索》,华东师范大学出版社2022年版。

郭雅娴:《中国教育资源配置效率研究》,人民出版社2012年版。

黄朝峰:《高校办学效益模糊DEA评价》,中国经济出版社2009年版。

胡仁东:《大学组织绩效管理制度设计研究》,中国社会科学出版社2021年版。

胡卓君主编:《地方高校内部管理创新》,浙江大学出版社2006年版。

姜华、李漫红、吕光洙等:《资源与效率——国外高等教育绩效评价研究》,科学出版社2010年版。

康宁：《中国高等教育资源配置转型程度指标体系研究》，教育科学出版社 2010 年版。

康宁：《中国经济转型中高等教育资源配置的制度创新》，教育科学出版社 2005 年版。

李福华：《高等学校资源利用效率研究》，北京师范大学出版社 2002 年版。

刘亚荣：《从双轨到和谐：中国高等教育资源配置机制的转轨》，浙江大学出版社 2010 年版。

倪渊：《高校综合评价模式：基于复杂视阈的实证研究》，社会科学文献出版社 2015 年版。

彭勃：《高等教育资源的生态化配置与培植》，中国矿业大学出版社 2017 年版。

王成端、游建军：《中国西部高等教育资源优化配置研究》，西南交通大学出版社 2014 年版。

王定云、王世雄：《西方国家新公共管理理论综述与实务分析》，上海三联书店 2008 年版。

吴合文：《基于协同创新的高校内部治理研究》，陕西师范大学出版社 2017 年版。

王连森：《大学发展的经济分析——以资源和产权为中心》，高等教育出版社 2013 年版。

王平心、殷俊明：《高等院校内部绩效评价研究》，科学出版社 2010 年版。

王善迈：《经济变革与教育发展：教育资源配置研究》，北京师范大学出版社 2014 年版。

岳建军：《高等学校教育资源共享的理论与实证研究》，中国社会科学出版社 2018 年版。

岳武、靳英丽：《中国高等教育资源配置改革问题及对策研究》，东北师范大学出版社 2015 年版。

杨秀芹：《教育资源利用效率与教育制度安排：一种新制度经济学分

析的视角》，华中师范大学出版社 2009 年版。

赵成根：《新公共管理改革：不断塑造新的平衡》，北京大学出版社 2007 年版。

张男星：《高等学校绩效评价研究》，教育科学出版社 2018 年版。

张男星：《高等学校绩效评价论》，教育科学出版社 2012 年版。

臧兴兵：《后 4% 时代教育投入与高校绩效薪酬研究》，中国社会科学出版社 2015 年版。

张忠家：《大学教育资源优化配置研究》，武汉理工大学出版社 2014 年版。

杜瑛：《高等教育评价范式转换研究》，上海教育出版社 2013 年版。

［英］安东尼·史密斯、弗兰克·韦伯斯特主编：《后现代大学来临》，侯定凯等译，北京大学出版社 2014 年版。

［美］埃贡·G. 古贝、伊冯娜·S. 林肯：《第四代评估》，秦霖、蒋燕玲等译，中国人民大学出版社 2008 年版。

［美］奥斯特罗姆：《公共事物的治理之道：集体行动制度的演进》，余逊达、陈旭东译，上海译文出版社 2000 年版。

［英］阿特金森、［美］斯蒂格里茨：《公共经济学》，蔡江南、许斌、邹华明译，上海三联书店、上海人民出版社 1994 年版。

［美］伯顿·克拉克主编：《高等教育新论——多学科的研究》，王承绪等译，浙江教育出版社 2002 年版。

［美］伯顿·克拉克：《高等教育系统——学术组织的跨国研究》，王承绪等译，杭州大学出版社 1994 年版。

［美］巴泽尔：《产权的经济分析》，费方域、段毅才译，上海三联书店、上海人民出版社 1997 年版。

［美］彼得·德鲁克：《管理实践》，毛忠明、程韵文、孙康琦译，上海译文出版社 1999 年版。

［美］戴维·奥斯本、特德·盖布勒：《改革政府：企业家精神如何改革着公共部门》，周敦仁等译，上海译文出版社 2006 年版。

［美］菲力浦·库姆斯：《世界教育危机——80 年代的观点》，赵宝恒

等译，人民教育出版社 2000 年版。

［荷］弗兰斯·F. 范富格特主编：《国际高等教育政策比较研究》，王承绪等译，浙江教育出版社 2001 年版。

［美］杰弗里·菲佛、杰勒尔德·R. 萨兰基克：《组织的外部控制——对组织资源依赖的分析》，闫蕊译，东方出版社 2006 年版。

［英］简·莱恩：《新公共管理》，赵成根等译，中国青年出版社 2004 年版。

［美］杰瑞·穆勒：《指标陷阱：过度量化如何威胁当今的商业、社会和生活》，闾佳译，中国出版集团东方出版中心 2020 年版。

［美］科恩：《教育经济学》，王玉崑、李国良、李超译，华东师范大学出版社 1989 年版。

［美］克拉克·克尔：《高等教育不能回避历史——21 世纪的问题》，王承绪等译，浙江教育出版社 2003 年版。

［美］理查德·鲁克：《高等教育公司：营利性大学的崛起》，于培文译，北京大学出版社 2006 年版。

［美］米尔格罗姆、约翰·罗伯茨：《经济学、组织与管理》，费方域译，经济科学出版社 2006 年版。

［英］迈克尔·夏托克编：《高等教育的结构和管理》，王义端译，华东师范大学出版社 1987 年版。

［美］盖瑞·J. 米勒：《管理困境——科层的政治经济学》，王勇等译，上海三联书店、上海人民出版社 2006 年版。

［美］诺斯：《制度、制度变迁与经济绩效》，杭行译，格致出版社、上海三联书店、上海人民出版社 2009 年版。

［美］A. 爱伦·斯密德：《财产、权力和公共选择——对法和经济学的进一步思考》，黄祖辉等译，上海三联书店、上海人民出版社 1999 年版。

［美］希拉·斯劳特、拉里·莱斯利：《学术资本主义》，梁骁、黎丽译，北京大学出版社 2014 年版。

［美］约翰·S. 布鲁贝克：《高等教育哲学》，郑继伟等译，浙江教育

出版社 2002 年版。

[英] 约翰·亨利·纽曼：《大学的理想》，徐辉等译，浙江教育出版社 2003 年版。

[美] 约翰斯通：《高等教育财政问题与出路》，沈红、李红桃译，人民教育出版社 2004 年版。

（二）期刊

包海芹：《教育资源配置中的政府与高校——国家学科基地政策案例的分析》，《高教探索》2008 年第 1 期。

白海泉、陈艳秋、刘旭东：《关于高校教育资源利用效率的思考》，《会计之友》（中旬刊）2008 年第 4 期。

马力：《资源再造理念下高校教育资源的理性开发》，《中国成人教育》2016 年第 10 期。

白志琴：《高校学科教育资源社会性评价指标的构建》，《中国成人教育》2017 年第 10 期。

白宗颖：《以高校绩效管理推进高等教育治理现代化》，《现代教育管理》2019 年第 7 期。

陈道：《深化高校内部管理体制改革提高教育资源利用效益》，《中国高教研究》2000 年第 2 期。

成刚：《更多的教育投入能带来更好的教育吗？》，《北京师范大学学报》（社会科学版）2019 年第 2 期。

崔琳琳、宋冬梅、夏宏奎：《基于 DEA 测度的江苏省高校 R&D 资源效率研究》，《统计与决策》2011 年第 20 期。

初立新：《辽宁省省属高校教育经费运行态势及对策、建议》，《辽宁教育研究》2004 年第 5 期。

操太圣：《遭遇问责的高等教育绩效化评价：一个反思性讨论》，《南京社会科学》2018 年第 10 期。

段丹、邹晓东：《试论我国高校内部教育资源的合理配置》，《高教探索》2003 年第 3 期。

丁福兴：《高校内部教育评价中的冲突归因及治理路径——以利益分析为解释框架》，《教育发展研究》2014年第1期。

戴胜利、李霞：《高等教育资源配置能力综合评价研究——以长江沿岸九省二市为例》，《教育发展研究》2015年第9期。

董云川：《高等教育普及化语境下的评价反思》，《江苏高教》2021年第4期。

方超、黄斌：《我国高等教育经费投入的资源配置效率评价——基于空间计量经济学的实证检验》，《重庆高教研究》2019年第5期。

樊慧玲：《我国义务教育资源配置的绩效评估体系构建》，《教育科学研究》2019年第8期。

高宝嘉、朱飞：《中国高校教育资源绩效评价研究述评》，《现代教育管理》2011年第9期。

郭松克：《论高校利用资本市场配置教育资源的必要性及可行性》，《河南金融管理干部学院学报》2001年第3期。

郭晓娟：《高校转型背景下教育资源配置研究》，《中国成人教育》2017年第9期。

葛贤平、黄鹏：《我国高等教育资源配置中的消费主义倾向及其消解》，《江苏高教》2013年第5期。

胡赤弟、闫艳：《以绩效评价促进质量保障：高等教育质量保障体系建设的宁波实践》，《中国高教研究》2017年第12期。

胡芳、刘鸿锋：《民族省区高等教育财政经费支出效率评价——基于DEA-Malmquist和Tobit模型》，《湘潭大学学报》（哲学社会科学版）2022年第1期。

洪林、陆为群：《关于地方高校实施绩效评价的探讨》，《教育与职业》2007年第30期。

胡仁东：《权力与市场：两种高等教育资源配置模式》，《高等工程教育研究》2006年第2期。

贺志强、张京彬：《教育资源建设的项目绩效管理机制研究》，《中国电化教育》2009年第11期。

姜华、李漫红、吕光洙：《资源与效率——国外高等教育绩效评价研究》，《现代教育管理》2017 年第 8 期。

姜华、吴跃、孙新宇、叶涛：《省属本科高校绩效评价研究》，《大连理工大学学报》（社会科学版）2013 年第 1 期。

贾少玲、刘家瑛：《提高高校教育资源利用效率的几点思考》，《中国成人教育》2011 年第 19 期。

姜昕：《我国教育评价制度存在的问题及改进建议》，《教学与管理》2017 年第 27 期。

蒋玉成、刘思源、洪玉管：《工业劳动生产率增长视角下高等教育资源配置效率地区差距研究》，《教育发展研究》2020 年第 11 期。

康宁、闵维方：《中国经济转型中高等教育资源配置的制度创新》，《高等教育研究》2005 年第 6 期。

卢彩晨：《高等教育绩效评价的缘起及功能》，《复旦教育论坛》2011 年第 3 期。

李红宇、曾孟夏、吕艳：《高等教育资源利用效率与高校"985 工程"实施绩效分析》，《中国高教研究》2014 年第 5 期。

廖开锐：《基于教育公共属性的资源配置绩效的研究》，《会计之友》2012 年第 20 期。

卢立涛：《测量、描述、判断与建构——四代教育评价理论述评》，《教育测量与评价》（理论版）2009 年第 3 期。

卢立涛：《回应、协商、共同建构——"第四代评价理论"述评》，《内蒙古师范大学学报》（教育科学版）2008 年第 8 期。

李石勇、王春梅：《省级政府教育统筹助推"双一流"建设路径研究——高等教育科技资源配置视角》，《高教探索》2019 年第 2 期。

刘卫民、杨媚、刘辉：《高校内部资源配置优化研究——基于财务管理角度》，《财会通讯》2013 年第 13 期。

吕晓红、柯清超：《基于 3E 理论的数字教育资源供给绩效评价研究》，《现代教育技术》2020 年第 8 期。

赖晓倩、陈蓉晖：《城乡学前教育资源投入绩效测评及差异分析——基于

DEA 和 Malmquist 指数模型》，《教育学术月刊》2021 年第 1 期。

刘燕平：《高校教育资源体系生态化构建战略要求》，《中国成人教育》2017 年第 24 期。

李作章：《价值共创视域下高等教育治理能力现代化的"赋能"进路》，《江苏高教》2022 年第 1 期。

马昊、罗光强：《试论地方高等教育资源配置改革》，《广西社会科学》2010 年第 2 期。

毛建军、赵祥、毛建斌：《我国高等教育财力资源配置研究》，《教育理论与实践》2011 年第 36 期。

么加利、罗琴：《高等教育评价的数字依附及消解》，《高校教育管理》2022 年第 1 期。

马健生、孙珂：《高校行政化的资源依赖病理分析》，《北京师范大学学报》（社会科学版）2011 年第 3 期。

马莉：《河南省高校教育资源整合问题对策研究》，《河南社会科学》2011 年第 5 期。

米歇尔·列申斯基、刘晗：《德国高等教育中的财政和绩效导向预算：竞争激发效率》，《北京大学教育评论》2008 年第 1 期。

孟照海、刘贵华：《教育科研评价如何走出困局》，《教育研究》2020 年第 10 期。

彭勃、南锐、靳科：《高等教育人才资源的生态化配置》，《学术论坛》2009 年第 10 期。

潘健、宗晓华：《基于数据包络分析的大学科研效率评价指标体系研究》，《清华大学教育研究》2016 年第 5 期。

戚业国：《论教育绩效与教育绩效管理》，《教师教育研究》2019 年第 5 期。

任沐霖：《高校教师绩效薪酬制度改革的困境与出路》，《江苏高教》2022 年第 1 期。

宋虎珍：《基于模糊理论的高校教育资源利用率评价》，《统计与决策》2012 年第 24 期。

孙科技、朱益明：《"双一流"建设评估的现实困境及其超越：第四代评估理论视角》，《复旦教育论坛》2021年第4期。

邵争艳、傅毓维：《黑龙江省高等教育资源配置现状及优化对策研究》，《黑龙江高教研究》2004年第10期。

涂朝莲：《高校内部资源配置失衡问题》，《江苏高教》2013年第2期。

唐静：《从教育资源配置的维度探析高校的教学与科研》，《湖北大学学报》（哲学社会科学版）2015年第1期。

田景仁、李思呈：《高校教学部门绩效评价研究——基于DEA模型的西部地区某大学绩效分析》，《财会通讯》2012年第22期。

童燕军：《高校绩效审计评价指标体系构建》，《财会通讯》2010年第34期。

王成端、周小波：《基于公平和绩效的高等学校教育事业费拨款问题研究》，《现代教育管理》2011年第8期。

王冬波：《高校教育资源配置非均衡化现状与对策》，《教育与职业》2016年第20期。

邬大光：《走出计划经济与市场经济的双重藩篱——我国高等教育70年发展的反思》，《苏州大学学报》（教育科学版）2019年第3期。

王顶明、黄葱：《新时代高校科研评价改革的思考》，《高校教育管理》2021年第2期。

王凤英：《浅谈高等教育财政支出绩效评价》，《会计之友》（中旬刊）2007年第9期。

王寰安：《教育资源配置的竞争基础》，《当代教育科学》2008年第11期。

王建华：《对高等教育中问责与绩效评价的反思》，《现代教育管理》2020年第7期。

王江曼：《高校二级学院评价的理性审视和进路构想——基于场域理论和第四代评价理论》，《浙江理工大学学报》（社会科学版）2022年第1期。

温涛、王小华、董文杰：《政府教育资源配置的绩效评价与改进路径——以重庆市为例》，《西南大学学报》（社会科学版）2013年第2期。

王小兵、刘畅：《实然到应然：地方高校地方性的评价与路径探索——基于湖南省7所高水平地方应用学院相关数据的分析》，《河北师范大学学报》（教育科学版）2021年第6期。

王旭光：《简论高等教学资源的公平配置》，《中国成人教育》2014年第7期。

王信敏、丁浩：《"双一流"建设背景下高校教育资源错配与调整——以山东省为例》，《财会月刊》2018年第8期。

王亚雄、王红悦、李洋波：《高校教育资源配置效率的实证分析》，《财经理论与实践》2007年第2期。

王志学、姜天龙：《吉林省高校内部教育资源配置研究——基于DEA模型》，《现代教育科学》2017年第2期。

徐超：《高校教育资源绩效评价体系的构建初探》，《中国成人教育》2012年第21期。

许明：《基于数据包络分析法的高校教育资源整合评价》，《教育与职业》2009年第6期。

谢梅、李强：《基于TOPDIS的高等学校绩效问责反馈机制》，《系统管理学报》2015年第1期。

许燕婵：《高等学校教育资源配置均衡研究》，《高教探索》2008年第2期。

杨春、王丽萍：《学分定价与高校教育资源配置》，《会计之友》（下旬刊）2007年第3期。

余达淮、邹阳：《推进教育评价改革，促进高水平大学建设——以江苏高水平大学建设绩效评价改革为例》，《高校教育管理》2021年第2期。

颜道胜：《论高校资源配置竞争与服务型教育体系构建》，《教育与职业》2006年第2期。

游丽、孔庆鹏：《"双一流"背景下我国高等教育资源配置效率测评及影响因素研究——基于超效率 DEA-Malmquist 方法和 Tobit 模型》，《教育与经济》2021 年第 6 期。

易明、彭甲超、张尧：《中国高等教育投入产出效率的综合评价——基于 Window-Malmquist 指数法》，《中国管理科学》2019 年第 12 期。

姚木云、胡百灵：《高校绩效管理的综合评价研究》，《会计之友》2014 年第 19 期。

阳敏、张宇蕊：《公共事业单位改革背景下的高等教育拨款考评机制：国际比较与政策建议》，《财政研究》2012 年第 7 期。

杨钋：《以绩效为基础的高等教育资源分配——比较的视角》，《教育发展研究》2008 年第 7 期。

余新：《论我国高校教育资源的合理配置》，《教育与经济》2006 年第 2 期。

杨秀芹：《个体参与成本补偿与教育资源效率：一种经济学的分析》，《江苏高教》2005 年第 1 期。

杨昱梅、李嫣资：《计及教育创新的高校教育资源配置评价》，《中国教育学刊》2015 年第 S2 期。

殷雅竹、李艺：《论教育绩效评价》，《电化教育研究》2002 年第 9 期。

张必胜：《我国高等教育效率的动态分析——基于博弈交叉效率模型与全局 Malmquist 指数》，《国家教育行政学院学报》2019 年第 10 期。

周川：《量化评价的泛滥及其危害》，《江苏高教》2021 年第 5 期。

赵霖平、王林芳：《新公共管理学对高等教育改革的影响》，《教育评论》2004 年第 4 期。

郑凌莺、陈思浩、刘月波：《地方高校 R&D 资源绩效评价研究》，《科技管理研究》2012 年第 18 期。

周敏、向定峰：《重庆市高等教育资源配置绩效及影响因素分析》，

《西南师范大学学报》（自然科学版）2015年第4期。

张庆玲、胡建华：《大学评价中的"计算主义"倾向分析》，《现代大学教育》2021年第4期。

张炜：《资源配置公平视角下的高等教育财政拨款模式》，《江苏高教》2008年第5期。

赵尉杰：《学术组织模式的构建与教育资源优化配置相关问题研究》，《山东师范大学学报》（人文社会科学版）2009年第4期。

张炜、周洪宇：《教育强国建设：指数与指向》，《教育研究》2022年第1期。

周小刚、林睿、陈晓、陈熹：《系统思维下中国高等教育投入产出效率评价研究——基于三阶段DEA和超效率DEA的实证》，《系统科学学报》2022年第4期。

张晓校：《教育资源优化配置与高校学科专业结构调整》，《现代远距离教育》2010年第5期。

周作宇：《论高等教育评价的交互性》，《上海教育评估研究》2021年第5期。

张玉龙、王伟同、高媛媛：《日本公共教育支出绩效考评制度》，《中国财政》2006年第11期。

张忠迪：《高等教育资源浪费的生态学分析》，《江西教育科研》2006年第9期。

张紫薇、牛风蕊：《究竟是什么影响地方高校教育经费收入？——基于省份、院校特征与教育经费收入的关联性分析》，《中国高教研究》2020年第2期。

（三）硕博论文

陈琦：《高校资产资源配置绩效的评价指标体系研究》，硕士学位论文，华南理工大学，2014年。

方林佑：《主体身份、政府角色与中介组织地位》，博士学位论文，湖南师范大学，2013年。

刘昊昕：《河北省高校教育资源配置效率研究》，硕士学位论文，东北大学，2009年。

刘经纬：《我国部属高校国库资金与教育资源配置效率研究》，博士学位论文，对外经济贸易大学，2016年。

李吉桢：《第四代教育评价理论的中国化研究》，硕士学位论文，天津师范大学，2019年。

李元静：《我国高等教育资源配置效率的空间计量分析》，博士学位论文，西南交通大学，2014年。

李志芳：《高校教育资源管理现状及研究》，硕士学位论文，重庆大学，2016年。

沈佳坤：《研究型大学财务资源两阶段配置的效率评价与提升研究》，博士学位论文，大连理工大学，2019年。

王佳伟：《中国高校教育资源配置效率的影响因素研究》，硕士学位论文，大连理工大学，2015年。

徐增辉：《新公共管理研究》，博士学位论文，吉林大学，2005年。

（四）其他

云南省人民政府办公厅：《云南省"十四五"教育事业发展规划》，http：//www.yn.gov.cn，2022-01-05。

张亚伟：《资源意识诉求下的现代大学绩效管理》，《光明日报》2010年1月25日第7版

二　外文文献

Amy Colbert, "Reuven R. Levary, Michael C. Shaner, "Determining the Relative Efficiency of MBA Programs Using DEA", *European Journal of Operational Research*, 2000, 125 (3).

Beasley J. E., "Comparing University Departments", *Omega*, 1990, 18 (2): 171–183.

Breu. T. M., Raab. R. L, "Efficiency and Perceived Quality of the Nations 'Top 25' Nationa Universities and National Liberal Arts Colleges: An Application of Data Envelopment A-nalysis to Higher Education", *Socio-Economic Planning Science.* 1994.

Breu Theodore M., Raab Raymond L., "Efficiency and Perceived Quality of the Nation's 'Top 25' National Universities and National Liberal Arts Colleges: An Application of Data Envelopment Analysis to Higher Education", *Socio-Economic Planning Sciences*, 1994, 28 (1).

Colbert, Levary, Shaner, "Determining the Relative Dfficiency of MBA Programs Using DEA", *European Journal of Operational Research*, 2000 (125): 656–669.

Diana Hicks, "Performance-based University Research Funding Systems", *Research Policy*, 2011 (2).

Fereydoon Azma, "Qualitative Indicators for the Evaluation of Universities Performance", *Procedia-Social and Behavioral Sciences*, 2010, 2 (2).

John F. Ryan, "Institutional Expenditures and Student Engagement: A Role for Financial Resources in Enhancing Student Learning and Development?", *Research in Higher Education*, 2005, 46 (2).

JOHN F. Ryan, "The Relationship between Institution Expenditures and Degree Attainment", *Research in Higher Education*, 2004.

M. Foucault, "Remarks on Marx: Conversations with Duccio Trombadori", *New York: Semiotext*, 1991: 20.

Murray Saunders, "A Political Economy of University Funding: the English Case", *Journal of Higher Education Policy and Management*, 2012, 34 (4).

McMahon Walter W., "Potential Resource Recovery in Higher Education in the Developing Countries and the Parents' Expected Contribution", *Economics of Education Review*, 1988, 7 (1).

Sinuany-Stern Z., Mehrez A., Barboy A., "Academic Departments Efficiency viadea", *Computers & Amp; Operations Research*, 1994, 21 (5): 543-556.

Sadri Tahar, Roman Boutellier, "Resource Allocation in Higher Education in The Context of New Public Management", *Public Management Review*, 2013, 15 (5).

T. Austin Lacy, Jacob Fowles, David A, "Tandberg, Shouping Hu. U. S. State Higher Education Appropriations: Assessing the Relationships Between Agency Politicization, Centralization, and Volatility", *Policy and Society*, 2017, 36 (1).

Tandberg David A., Hillman Nichola, Barakat Mohamed, "State Higher Education Performance Funding for Community Colleges: Diverse Effects and Policy Implications", *Teachers College Record: The Voice of Scholarship in Education*, 2014, 116 (12).

Thanassoulis E., Kortelainen M., et al., "Costs and Efficiency of Higher Education Institutions in England: a DEA Analysis", *Journal of the Operational Research Society* 2011 (7): 1282.

Webster W., Stufflebeam D., Webster W., et al., "An Analysis of Alternative Approaches to Evaluation", *Educational Evaluation & Policy Analysis*, 1980, 2 (3): 5-20.

附　　录

附录1：地方高校教育资源内部配置绩效评价调查问卷

尊敬的老师、同学：

您好！感谢您在百忙中参加调查，本次调查的目的是了解地方高校教育资源内部配置情况，更为科学合理地建构地方高校教育资源内部配置评价指标体系，仅供学术研究，不做其他使用，采用匿名方式，您的回答对于本研究非常重要，请您放心、认真、如实填写。本问卷答案没有对错之分，您只需根据实际情况选择即可。非常感谢您的支持与配合！

第一部分　基本信息

1. 您的身份　A. 学生　B. 专业教师　C. 校领导及职能部门管理者　D. 学院负责人及管理者　E. 用人单位　F. 家长　G. 其他
2. 您的学院　A. 文科　B. 理科　C. 交叉学科
3. 您的学历　A. 专科　B. 本科　C. 硕士　D. 博士
4. 您的职称　A. 初职　B. 中职　C. 副高　D. 正高
5. 您的职务　A. 厅级　B. 处级　C. 科级　D. 其他

第二部分　单选题

6. 您认为当前地方高校教育资源配置合理吗？

A. 很合理　B. 合理　C. 没有感觉　D. 不合理　E. 很不合理

7. 您认为当前地方高校教育资源配置是否存在闲置和浪费情况？

A. 很突出　B. 突出　C. 没有感觉　D. 不突出　E. 很合理

8. 您认为对地方高校是否有必要开展教育资源绩效评价？

A. 有必要　B. 不必要

9. 您所在学校有没有开展教育资源绩效评价工作？

A. 开展　B. 未开展　C. 不清楚

10. 您认为本校教育资源绩效评价的开展满意度？（若第9题未开展可跳过此题）

A. 非常满意　B. 满意　C. 比较满意　D. 不满意　E. 非常不满意

11. 您认为不同的指标是否要由不同的评价主体来进行评价？（如：教学指标由学生、教师同行或分管教学的院长等进行评价）

A. 是　B. 否

12. 您认为对教育资源绩效评价是否要将静态评价与动态评价相结合？

A. 是　B. 否

13. 您认为对地方高校内部资源配置绩效考核的评价方法是？

A. 定性分析　B. 定量分析　C. 定性为主、定量为辅　D. 定量为主、定性为辅

14. 您所在学校有没有建立教育资源绩效评价的规则制度？

A. 建立　B. 未建立　C. 不清楚

15. 您参与学校各类绩效评价标准和方案的制定情况？

A. 从不参与　B. 不参与　C. 偶尔参与

D. 参与　E. 都参与

第三部分　评价指标咨询表

目标层	一级指标	二级指标	三级指标	请选择指标的重要程度（五选一，打√）A→E					
				A. 很重要	B. 重要	C. 一般	D. 较不重要	E. 不重要
教育资源投入	人力资源	教师数量	教工总数					
			专任教师数					
		教师素质	博士人数					
			副高以上人数					
			45岁以下人数					
			代表性骨干教师					
	物力资源	建筑物资产	用房面积					
			固定资产总值					
	财力资源	事业经费	人员运行经费支出					
			教学经费支出					
			科研经费支出					
			学科建设经费支出					
目标层	一级指标	二级指标	三级指标	请选择指标的重要程度（五选一，打√）A→E					
				A. 很重要	B. 重要	C. 一般	D. 较不重要	E. 不重要
教育资源产出	人才培养	培养规模	当年在校生人数					
			精品课程建设					
		培养质量	学生代表性成果					
			学位论文质量					
			就业能力指数					
			教学成果奖					
			思想政治教育成效					
			学生国际交流情况					
	科学研究	著作	学术著作质量					
		论文	学术论文质量					
		科研奖项	国家科技奖					
			省级科技奖					
		成果应用	专利授权数					
			社科成果鉴定					

续表

目标层	一级指标	二级指标	三级指标	请选择指标的重要程度（五选一，打√）A→E				
				A. 很重要	B. 重要	C. 一般	D. 较不重要	E. 不重要
	社会服务	社会服务	横向课题					
			专利、技术转让					
			信息咨询服务					
	学科学位（增量情况）	高层次人才	代表性骨干教师					
		名牌专业	国家特色专业					
			省级特色专业					
		学位学科	国家学科评估情况					
	目标达成与发展能力	目标达成	立德树人成效					
			质量保障能力					
			师资队伍建设					
			社会贡献与声誉					
			院系自我认定					
		发展能力	成果生产力					
			外部资源竞争力					

第四部分　多选题

16. 您认为当前地方高校教育资源配置存在问题是什么？

　　A. 资源短缺　　B. 闲置浪费　　C. 重占有轻使用

　　D. 配置模式不当　　E. 配置对象和内容错位　　F. 使用效率低

G. 其他

17. 您认为地方高校内部教育资源投入包括哪些？

　　A. 人力资源　　B. 物力资源　　C. 财力资源　　D. 学科与专业资源

　　E. 制度资源　　F. 信息资源　　G. 时间资源　　H. 其他资源

18. 您认为教育资源绩效评价应关注哪些维度？

　　A. 目标达成　B. 建设效能　C. 投入产出

　　D. 发展潜力　E. 内部管理　F. 其他

19. 您认为地方高校教育资源内部配置的影响因素有哪些？

　　A. 资源现状　B. 配置理念　C. 配置模式

　　D. 学校综合实力　E. 领导的注意力　F. 配置绩效　G. 管理与评价机制

20. 您认为评价主体的构成是？

　　A. 学校内部各学院负责人　B. 校领导及校部机关部处长

　　C. 教育管理专家　D. 用人单位　E. 家长　F. 师生　G. 其他

21. 对于教育资源绩效评价的结果如何应用？

　　A. 根据评价结果配置资源　B. 作为资源配置重要参考

　　C. 警示机制　D. 公示公告　E. 房屋资源超标有偿使用

问卷调查结束，谢谢您的合作。请您确认每个问题都回答后再提交问卷。

附录2：访谈提纲

本次访谈目的是了解地方高校教育资源内部配置绩效评价情况，更为科学合理地建构地方高校教育资源内部配置绩效评价体系，为改进地方高校教育资源配置绩效评价提供咨询和建议。此次座谈所获资料仅用于课题研究，绝不会影响您的生活和工作。本次谈访谈时间60—100分钟。对您的支持和积极配合，表示诚挚感谢！

1. 您认为您所在学校的教育资源配置是否合理？

2. 您认为目前您所在学校的教育资源配置还存在哪些问题？

3. 请谈谈您认为目前您所在学校的教育资源配置绩效评价开展情况？是否有必要开展资源内部配置绩效评价？

4. 若对地方高校教育资源配置情况进行绩效评价，您更关注哪些方面？关注哪些指标？

5. 就贵校而言，是否建立了绩效与资源的关联机制？

6. 有哪些具体可实施的措施促进地方高校教育资源配置绩效评价？

7. 地方高校如何开展教育资源内部配置绩效评价？保障和运行措施有哪些？

8. 今后对改进地方高校教育资源配置绩效评价有什么举措和建议？

附录3：Q大学各学院目标达成与发展能力专家及学院打分表

项目 \ 学院	目标达成					高质量发展能力	
	立德树人	质量保障	师资队伍	社会贡献声誉	自我评定	成果生产力	外部竞争力
教育学部							
法学社会学学院							
文学院							
历史与行政学院							
外国语学院							
经济管理学院							
泛亚商学院							
马克思主义学院							
传媒学院							
音乐舞蹈学院							
美术学院							

续表

项目\学院	目标达成					高质量发展能力	
	立德树人	质量保障	师资队伍	社会贡献声誉	自我评定	成果生产力	外部竞争力
体育学院							
数学学院							
物理电信学院							
化学化工学院							
生命科学学院							
信息学院							
地理学部							
能源环境学院							

说明：结合学院实际，在 0—100 分打分。学院自我评定由学院报送分值。

后　　记

本书是在我的博士学位论文的基础上修改完成的。

回首过往，自己已经在高校机关从事管理工作十多年。面对专家学者，由于缺乏理论武装，总感觉自己视野狭隘、底气不足，并且随着时光流逝，"年与时驰，意与日去"。路遥在《平凡的世界》中写道：每个人都有一个觉醒期，但觉醒的早晚决定个人的命运。自己深知觉醒已晚，但"迟到总比不到好"，逐萌生了考博的意愿。恰逢学校2018教育博士招生，于是，下定决心攻读博士。承蒙恩师不弃，遂开始继续求学之心愿。

在学习研究过程中，我感受到了教育理论与实践的差距，并开始致力于解决地方高校教育实践中的现实问题。结合自己资源管理工作和教育博士的职责使命，遂锁定了资源配置绩效评价的选题。在研究过程中，经历了不少不眠之夜，无论寒假、春节、周末，放弃与父母、孩子团聚的机会，孤身一人深夜时刻在办公楼伏案思考、写作，对研究中出现的问题，一个一个解决，冲破道道关卡，历经诸多磨炼，熬过了一段不为人知的时光，也曾经自己把自己感动，"喧闹任其喧闹，自由我自为之"。回首往事时刻，注定是我人生中和高考一样，最充实最难忘的日子。

幸运的是，在研究的过程中，我得到了云南师范大学曹能秀教授、王凌教授的殷切指导。曹能秀教授学养深厚，治学严谨，孜孜不倦，笔耕不辍，结出智慧之果。王凌教授学识渊博，风趣幽默，谆谆教诲，循循诱导，不断鞭策着我。两位老师每一次教导，使我醍醐灌顶、如沐百里春风。两位教授平易近人、治学执教、为学为人，都将是一生我努力的方向。饮其流者怀其源，祝福两位教授桃李栋梁、下自成蹊，福寿安康、万事顺意。

本研究的完成得益于云南师范大学良好的氛围和条件。在此过程中，有幸得到云南师范大学教育学部陈瑶老师、杨超老师、杨舒涵老师、李鹏老师、李长吉老师、孙亚玲老师、刘六生老师、李天风老师、罗明东老师、张向众老师、茶世俊老师、王晶晶老师的指导与帮助。感谢张斌贤教授、王鉴教授、王艳玲教授给予我的指导。感谢研究生院罗利佳老师、卢石英老师的关心与鼓励。感谢姜纪垒、于秋月、芈莹、黄倩、扶斌、袁凤梅等博士们的热心帮助。感谢马妮箩、宋南争、衡雪玲等博士们给予我的鼓励。雅斯贝尔斯说："教育的本质是一棵树摇动另一棵树，一朵云推动另一朵云。"各位专家学者、各位博士给我们构建了一个理想的学术共同体家园，滋养我们共同的精神家园。

感谢妻子李正惺和家人的默默支持。家人的支持，给了我宝贵的学习时间。家人的鼓励，是我踔厉奋发、砥砺奋进的动力，特别是儿女的天真可爱，是我对生命意义的追寻和确认。

感谢李永明、沈庆柄等同事们的理解支持。感谢诸多专家学者接受我的访谈，并给出宝贵的意见和建议。最后的最后，感谢那些未一一提及，却在不同阶段提供了诸多帮助的同事与友人。

本书的出版得到中国社会科学出版社高歌老师的鼎力相助，对于高歌老师的辛勤付出，在此谨致谢忱！

诚如诗人普希金说过的："一切都是瞬息，一切都将会过去，而那过去了的，就会成为亲切的思念。"凡是过往，皆为序章。在图书出版过程中，加深了我对地方高校教育资源配置绩效评价这一研究主题认识，但我深知，学术研究之路道阻且长，本书的出版不是结束，而是一个崭新的开始。同时，作为初学之作，本书仍有许多不足，恳请各位读者批评指正，不吝赐教！

盛永红
2023 年 3 月 20 日于云南师范大学启园